陈嘉映著译作品集

第 10 卷

行止于象之间

陈嘉映 著

商务印书馆

创于1897　The Commercial Press

总　序

　　商务印书馆发心整理当代中国学术,拟陆续出版当代一些学人的合集,我有幸忝列其中。

　　商务意在纵览中国当代学人的工作全貌,故建议我把几十年来所写所译尽量收罗全整。我的几部著作和译作,一直在重印,也一路做着零星修订,就大致照原样收了进来。另外六卷文章集,这里做几点说明。1. 这六卷收入的,多数是文章,也有对谈、采访,少数几篇讲稿、日记、谈话记录、评审书等。2. 这些篇什不分种类,都按写作时间顺序编排。3. 我经常给《南方周末》等报刊推荐适合普通读者的书籍。其中篇幅较长的独立成篇,篇幅很小的介绍、评论则集中在一起,题作"泛读短议之某某年"。4. 多数文章曾经发表,在脚注里注明了首次刊载该文的杂志报纸,以此感谢这些媒体。5. 有些篇什附有简短的说明,其中很多是编订《白鸥三十载》时写的。

　　这套著译集虽说求其全整,我仍然没有把所写所译如数收进。例如我第一次正式刊发的是一篇译文,"瑞典食品包装标准化问题",连上图表什么的,长达三十多页。尽管后来"包装"成为我们这个时代一个最重要的概念,但我后来的"学术工作"都与包装无关。有一些文章,如"私有语言问题",没有收入,则是因为过于粗陋。还有一类文章没有收入，例如发表在《财新周刊》并收集在《价值的理由》中的不少文章，因为文章内容后来多半写入了《何为良好生活》之中。同一时期的不同访谈内容难免重叠，编订时做了不少删削合并。总之，这套著译集，一方面想要呈现我问学过程中进退萦绕的总体面貌，另一方面也尽量避免重复。

我开始发表的时候，很多外文书很难在国内找到，因此，我在注解中标出的通常是中译本，不少中译文则是我自己的。后来就一直沿用这个习惯。

我所写所译，大一半可归入"哲学"名下。希腊人名之为 philosophia 者，其精神不仅落在哲人们的著述之中，西方的科学、文学、艺术、法律、社会变革、政治制度，无不与哲学相联。所有这些，百数十年来，从科学到法律，都已融入中国的现实，但我们对名之为 philosophia 者仍然颇多隔膜。这套著译集，写作也罢，翻译也罢，不妨视作消减隔膜的努力，尝试在概念层面上用现代汉语来运思。所憾者，成就不彰；所幸者，始终有同好乐于分享。

这套著译集得以出版，首先要感谢主持这项工作的陈小文，同时要感谢李婷婷、李学梅等人组成的商务印书馆团队，感谢她们的负责、热情、周到、高效。编订过程中我还得到肖海鸥、吴芸菲、刘晓丽、梅剑华、李明、倪傅一豪等众多青年学子的协助，在此一并致谢。

陈嘉映

2021 年 3 月 3 日

惚兮恍兮，其中有象；恍兮惚兮，其中有物。

——老子

目　录

2003

2004

2005

2006

2007

2008

2009

社会生物学与道德问题 ①

　　这次有幸到同济大学这样著名的大学来做一次讲演，我要特别感谢孙周兴教授。据我了解，这个系列讲座主要是邀请一些有成就的学者，来教给一些我们原本不知道的事情。但孙周兴特别留出一次机会，让我来讲一个我刚刚开始摸索的题目。我相信孙教授这么做是有道理的。思考而得结论，固然是最好的事情，但尚未结论的思想，乃至不知道会不会有结论的思想，同样是很重要的，往往还是思考的乐趣的主要来源。我站在这里，虽然没有什么东西好教给你们，但还是很希望我所选的题目能引起你们的兴趣，大家一同来思考。

　　这个题目，是社会生物学与道德问题。社会生物学是个新兴的但很繁荣的学科，不是一个短短的讲演所能介绍的，我这里所提供的社会生物学只是最粗略的版本，所提出的质疑是原则上的。很多争点，需要远为更加细致的分析、讨论，那会是更有意思的事情，可惜无法今天来做。

　　社会生物学不是一个封闭的学科，通俗的社会生物学著作自由引用人类学、心理学、社会学、经济学等学科的材料和成果，我下

---

　　①　2003 年 5 月 25 日在同济大学的讲演，5 月 31 日在华东师范大学再次以此为题讲演。讲稿整理后原载于《浙江学刊》2004 年第 5 期。

面也是一样。我的真正关注点是一般科学与道德问题的关系，社会生物学与道德问题只是一个突出的例子。

事先说明，我今天的目标是尝试澄清社会生物学和道德问题的关系，而不是回答何者为善何者为恶，我将最多表明我们不能从哪里开始来探讨善和恶。就此而言，我们倒已经开始为讨论善恶做准备了。

自 利 论

我们所要讨论的威廉斯、威尔逊、道金斯这些学者，是三四十年前提出其主要观念的。然而，他们的观念框架，和近代以来十分流行的自利论相去不远。马基雅维利、霍布斯他们认为，个人自己的目标是其行为的唯一标准。所以，在介绍社会生物学对道德问题的一般见解之前，让我们先简短讨论一下自利论。

自利论可以说是一种理论。不过，道德理论和量子理论不一样，量子理论你没学过就一点儿都不知道它是怎么回事儿，道德理论呢，就其大意来说，和我们平常的议论似乎差不了太多。一种道德理论，无论它多玄奥多复杂，它的基本论点似乎和我们老百姓的议论没多大差别。街上的人有时也会说，嗨，人谁不为自己着想！人都是自私的嘛！

首先我们来澄清一下，这种理论是在描述我们实际所是的情况，还是要教导我们应该怎样做。用比较专门的话来说，它是描述性的还是规范性的。我们等地铁的时候，实际上堵在车门口，这不等于我们应当堵在车门口。如果自利论是描述性的，那么它就是主张：人们实际上是为了追求个体自我的利益和幸福而行动。如果是规范性的，自利论就是主张：人们应当为追求个体自我的利益和幸福而行动。

就自利论的通常表述来看，它显然是描述性的。实际上，如果自利论是一种规范，它会碰到一种麻烦：告诉别人、特别是告诉与你的利益相冲突的对手他应当自利，往往对你自己是不利的；即使你教给对手自利论，他也要想，你教给我这种理论只是因为它对你有好处，你我的利益冲突，对你有好处的恐怕不会对我有什么好处，我还是不要相信它为好。

看来，自利论不是规范性的而是描述性的。然而，作为描述，自利论似乎明显不合事实。在我们的日常世界里，似乎并非所有人时时处处都自私自利。有些人不那么自私，我们所有人有时候都会帮助别人。

自利论者可能争辩说，过度自利会引起他人反感，结果反而不能达到自利目标，不那么自私会让人喜爱，结果反而得了好处。然而，如果人本性就是自利，怎么才叫过度自利呢？为什么过度自利会引起他人反感呢？

也许，自利论者实际上是要说：利他只是表面的，甚至是装出来的，在本质上，人人都是自利的。这一点，我们后面再细论，眼下说一些不像装出来的利他事例。

最常见的一个例子是妈妈为子女牺牲自己的利益。也许这不是好例子，子女是妈妈的心头肉，为子女谋福利就是为自己谋福利。但一个巴勒斯坦青年身上绑了炸药去施行自杀性袭击呢？你可以反对这种行为，可以认为这种行为错误、愚蠢甚至罪恶，但它发生了，是个事实，需要解释。你用宗教信仰来解释是不行的，因为我们本来就是要问，如果人本性自利，而不是利真主，那么为真主献身的宗教感情是怎么产生的呢？自利论者最多可以这样解释：这个青年为了显示他是个英雄，是为了图个虚名，名也是自我的一部分，名利名利，名还放在利前面呢。

此外还有一类事例需要解释。我明知道赌博对我有害，但我上了赌瘾，一到晚上就手痒痒，最后赌了个倾家荡产。也许，自利论者会这样解释：安居乐业是你的利益，过把赌瘾也是你的利益，你赌得倾家荡产，是你禁不住眼前利益的诱惑，损失了长远利益。

我们前面说到，一种道德理论的基本论点似乎和我们老百姓的议论没多大差别。那么道德理论是干什么的呢？它的一个基本任务，甚至它的整个基本任务，似乎在于把话说圆。你无须任何理论训练就能说出人都是自私的，但你非得是个理论家才能把看起来一点儿都不自私的行为说成实际上是自私的。

把话说圆并不容易。母亲为子女牺牲自己的利益，可以说，女儿的利益就是母亲的利益，这话虽然有时不错，但在另一些情况下，女儿的利益并不是母亲的利益，母亲女儿经常会发生利益冲突。眼前利益和长远利益是另一个麻烦，用金里卡的话来追究：什么样的"时间贴现率"决定何者是我们的真正利益呢？眼前利益哪点儿不如长远利益呢？[1] 只说我们为自己的利益行动太宽泛了。

让我最后再设想个极端的例子。你这个人拧，就是不信自利论，为了反驳它，什么事情对你不利你就偏做什么，急了你就去自

①〔加拿大〕金里卡：《当代政治哲学》，刘莘译，上海三联书店2004年版，第32页。

杀。坚持自利论的理论家会说：反驳我的理论是你的欲望，为此你
去自杀，那是你要自杀，说到头来，你还是做了你自己要做的事儿。
"你要"是你的一部分，因此你还是自利的。

　　上面说到的这些驳难，以及自利论理论家所做的反驳难，都是
我从书上抄来的。这些反驳难站得住脚吗？至少，我们会有一种感
觉：随着论辩的发展，自利的概念越讲越宽，最后变得太宽泛了。
在平常的意义上，我做的事并非总等于我要做的事儿，有的事儿，
我不要做但不得不做，例如有人用刀抵在我后心口我不得不把钱包
给他。我们的语言，我们的思想，区分我要做的和我虽不要做却不
得不做的事情。用不自然的语言把它们都人为地叫作"要做"，话
说圆了，但思想还是不圆，在我们的思想里，我做的和我要做的还
是有区别。

　　我当然不敢说上面的三言两语就驳倒了自利论，但我相信要把
自利论说圆的确不容易。

自私的基因与利他行为

　　达尔文本人对人类道德的自然起源问题有极大兴趣，曾在《人
类的由来》等著作中，尝试用自然选择来解释大量的相关现象。[①]
达尔文这一方面的思想，经斯宾塞等人继承、扩展，形成了早期的
社会生物学，那时更多叫作社会达尔文主义。不过，今天我们说到

---

　　① 参见〔英〕达尔文：《人类的由来》，潘光旦、胡寿文译，商务印书馆1997年版，
第148—149页。

社会生物学，是由威廉斯、威尔逊、道金斯这些学者重新创建的一个学科。上个世纪上半叶，社会生物学和纳粹连在一起，二次大战以后的几十年里，社会生物学声名狼藉，很少有人做这方面的研究，即使做，往往也不敢径直打出社会生物学的旗号。直到七十年代，这个学科才重新复兴。1966年，乔治·威廉斯出版了《适应与自然选择》一书，开创了新达尔文主义，其中的一个重要思想，也许是最重要的思想是，不存在与群体有关的选择①，更进一步，选择被确定在基因层面，而不是我们通常理解的个体层面。1975年，威尔逊的《社会生物学》出版，标志着当代社会生物学的诞生。1976年，道金斯出版了《自私的基因》，使社会生物学人所周知。

自私的基因这个理论是相当简单的，大意是说，自然选择的单位是基因，生物个体，包括我们自己，都只是基因复制自身的"生存机器"，而基因则是这台机器的"发动机"。从长时段的自然选择的角度看，只有那些善于保护和复制（繁殖）自己的基因留存下来。也就是说，只有那些"自私的"基因留存下来，"凡是经过自然选择进化而产生的任何东西都会是自私的"。②"成功的基因的一个最突出的特性就是它的无情的自私。"既然我们人类也是长时段自然选择的结果，那么我们身上的基因当然也是这样一些自私的基因。"我们的本性生来就是自私的。"共同利益这类概念对整个物种来说是毫无意义的，尽管我们在理性上感到这是难以置信的。

---

① 〔美〕乔治·威廉斯:《适应与自然选择》，陈蓉霞译，上海科学技术出版社2002年版，第74页。

② 本文所引的道金斯的引文，除特别标明外，都出自〔英〕理查德·道金斯:《自私的基因》第一章，卢允中、张岱云、王兵译，吉林人民出版社1998年版，第2—11页。

　　近年来，社会生物学这个学科相当繁荣，但是，用生物学来解释人类行为是蛮危险的，从上面的引文可以看到，它得出的结论经常和我们的传统道德观念相抵牾，很容易让人觉得在政治上不正确，即使在欧美这些比较崇尚科学、言论比较自由的地方，社会生物学还是受到广泛的抵制，这一学科的研究者也吃过不少苦头。不过，我们这里讨论的是学理，不管它政治上正确不正确。

　　生物行为还有不少现在用基因的工作原理很难加以解释，更不用说人类行为了。例如，为什么那么多物种采用两性生殖这么费力费神的方式，为什么人类会采用一夫一妻制度。不过，我们今天只谈涉及道德问题的一个困难，那就是：若我们都是由自私的基因指挥的，为什么人会有利他行为？这个问题上一节已经开始讨论了，现在我们要从社会生物学的角度重新考虑这个问题。实际上，这也是社会生物学家花了很多精力来解释的事情。道金斯声明，《自私的基因》这本书的根本目的就是探讨"自私与利他的生物学本质"，解释为什么尽管成功的基因都是自私的，而我们却会看到"有些基因为了更有效地达到其自私的目的，在某些特殊情况下也会滋生出一种有限的利他主义"。

　　从生物进化的角度来想，最容易想到的是勇敢的工蜂或兵蚁，勇敢的人自己虽然献身了，但他让他的团体或国家保存下来了。这只是我们门外汉的想法，根据基因学说，这是讲不通的，因为，这只兵蚁和那只兵蚁所携带的基因是完全一样的，我死了让你活下来和你死了让我活下来，就基因的传播来说，没有什么区别。但人却不是这样。你的一套基因是独一无二的，无论别的什么人传下他的基因，总和你传下来的不一样。你死了，在下一代中，另一种基因就占了上风。

　　你可能立刻会想，牺牲自己的利他行为虽然损失了自己的基因，但是有利于保存人类的基因。这不行，因为新达尔文主义已经证明，没有群体选择。用赖特的话说，"即使一个人人无私的部落能胜过一个人人自私的部落，也仍难以看到一个部落一开始是如何达到人人无私的境界的"。[①]

　　这个困难由于下述事实加重了。英雄死掉了，他的英勇基因没传到下一代。(我们想一想，那些最敢玩命的差不多都是尚未结婚生子的男青年。)这个困难，社会生物学家用一种所谓"血缘选择假说"来解释。大意是：英雄的近亲携带准英雄的基因，英雄虽然死了，但若英雄多半为他的近亲献身，那么，他的近亲得以存活的概率就大大提高了，每一个近亲的英雄基因固然不如英雄本人多，但四五个近亲中的英雄基因加在一起，遗传概率也许抵得上这个英雄，若如此，人类的英雄基因整体上没有损失。(这个假说也被用来解释同性恋的基因遗传。)

　　这种解释听起来很勉强，充其量是个不成熟的假说。而且，近亲中的英雄基因加起来抵得上这个英雄身上的英雄基因，英雄还是用不着献身。他自己生个孩子就什么都有了。所以，血缘选择假说得假设近亲遗传下来的英雄基因加起来要比这个英雄身上的英雄基因更多。可我相信大多数人同意，人类的英雄基因不像在不断增加。

---

　　① 〔美〕罗伯特·赖特：《道德的动物》，陈蓉霞、曾凡林译，上海科学技术出版社2002年版，第171页。

　　我们还可以设想，我们逐渐发现善良、友爱等实际上更利于自己，于是自然选择把我们引向善良、友爱，达尔文本人就提出过这种观点："当部落成员的推理能力和料事能力逐渐有所增进之际，每一个人都会认识到，如果他帮助别人，他一般也会得到别人的帮助。从这样一个不太崇高的动机出发，他有可能养成帮助旁人的习惯。"①乔治·威廉斯继承了这一观点："一个能使他的朋友最大化和使他的敌人最小化的个体将有着进化上的优势……我认为这种进化上的因素已经强化了人类的利他主义和同情心，同时在伦理学上淡化了对于性以及侵略本能的接受。"②

　　这种解释会有两点困难。一，这种解释和我们对高尚行为的尊敬感觉不尽相合。这听起来不像是个科学争论的理由，但我们后面会看到，这个理由并非无足轻重。二，更直接的困难是，这种解释反过来又使得邪恶变得难以解释了：既然善良和友爱对我们更加有利，那么为什么实际上还存在着那么多邪恶和自私呢？

　　对后一点，或可争辩说，我们正在进化的途中，因此有些人更多利他，有些人更多利己。这个主张的困难在于，照这种说法，人虽然现在不都是善良友爱，然而有一种向完全的善良友爱发展的趋势。这虽然是个令人神往的未来，但是从人类以往的发展史却看不出这样的苗头。

---

　　① 〔英〕达尔文：《人类的由来》，第 202 页。

　　② 〔美〕乔治·威廉斯：《适应与自然选择》，第 75 页。乔治·威廉斯和达尔文的区别是技术性的。达尔文在做出这种解释的时候，以为获得性可以遗传，这虽然是错的，但在这里没有实质区别，因为通过基因选择，具有这种利他倾向的基因照样获得了遗传优势。

利他之为策略

多数社会生物学家相信，引进博弈论能部分克服上述缺点。博弈论可以证明，我们从自利出发有可能做出利他的行为，从而不必假定我们有整体的趋善倾向。可以说，正是由于引进了博弈论这一类数学工具，生物进化学说才获得充分的科学身份。"在最终意义上，自然选择涉及一个控制论意义上的抽象概念——基因，以及一个统计学意义上的抽象概念——平均表现型适合度。"① 很多思想家，包括恩格斯在内，早就断言，一个学科里的数学越多，它就越科学。生物学也应了这个断言。

简单的数理模型似乎会得出结论，赤裸裸的自利会成为理性行动的原则。博弈论中有个简单的模型叫囚徒困境。警察抓获了两个罪犯，张三、李四。警方有足够的证据证明两个人都犯有非法持有枪支的轻罪，每个人都将被判一年徒刑。同时，警方怀疑两人曾合伙抢劫银行，但证据不足，需要罪犯招供。警方分开审讯张三、李四，对每个人提出下述条件：如果你招供而另一个不招，你将被立即释放而另一个将被判二十年，如果你不招而他招了，就反过来；如果你们两人都招供，两人都将被判八年刑期。当然，如果两个人都不招，警方只能给每个人判一年。这里共有四种可能性：两个人都不招，各判一年；张三招了而李四不招，张三自由而李四判二十年；张三不招而李四招了，张三判二十年而李四自由；张三、李四

① 〔美〕乔治·威廉斯：《适应与自然选择》，第28页。

都招了，各判八年。

　　如果两个人都只考虑自己的利益，那么很容易算出，对于这两个被隔离开来的囚徒来说，无论对方招与不招，自己招供（背叛）都是最好的策略。张三会这样计算：假定李四不招，我招了我将获自由，我不招将判一年；假定李四招了，我招了将判八年，我不招将判二十年。张三李四都这样考虑，于是分别招供，结果是两个各判八年。[①]

　　请注意，如果张三和李四合作，两个人都坚持不招供，结果两个人就会被各判一年而不是八年。这个困境之所以是个困境甚至是个悖论，就在于，尽管客观上存在着一个更好的选择，但那却不是理性的选择。

　　不过，这个初级囚徒困境模型并不适合于讨论生物演化。演化是个长期的过程，不像张三李四那样的一锤子买卖。研究表明，如果上述囚徒困境对张三李四并非只出现一次，而是多次重复出现，那么，两个人的应对策略就会发生变化。这被称作重复发生的囚徒困境。[②] 在重复博弈中，与一味欺骗、背叛相比，采用合作策略（或以德报德以怨报怨的策略）是较佳的选择。

　　在经济学中，策略等同于基于自利原理的数理计算选择而不是生物的本能反应。但这一点并不妨碍社会生物学采用类似模型。

---

　　①　到处都可以找到囚徒困境的介绍。我这里依据的是〔美〕N.G.曼昆《经济学原理》（英文版），机械工业出版社1998年版，第346—347页。另见〔英〕理查德·道金斯：《自私的基因》，第258页。

　　②　重复发生的囚徒困境的一个最简单的版本可以参见〔美〕N.G.曼昆：《经济学原理》（英文版），第352—353页。更详细的介绍可参见〔英〕理查德·道金斯，《自私的基因》，第十二章，第254—291页。

我们可以把理性计算删掉，设想张三们李四们的反应是随机的，在一个长期的重复选择过程中，我们仍可以指望具有合作倾向的那一对张三李四获得了最佳的生存机会。

我们无法在这里深入讨论统计学、博弈论等，实际上我也没有能力细讲这些。好在我们的话题并不需要进入细节，只要知道结论就可以了。这个结论就是，即使人都是自利的，也并不会杜绝人的利他行为，因为利他或合作最终能使自己的收益最大化。这一点，无论我们是否意识到，它都可以在适应过程中发挥作用。

我认为重复博弈等理论的确和人类时而有利他行为是合拍的。但是仍有许多事情解释不了。我掩护战友牺牲了，从此再也没有我博弈的机会了，重复博弈在这里应用不上。我可能抱有侥幸心理，既当了英雄又保全了性命，作为策略游戏，这会让我得上最高分。但我们还是可以设想苏格拉底或黄继光那样无可侥幸的处境。

更加困难的是，即使在相同情况下，也有人比较利己、有人比较利他。这就很难用基因策略进化来说明了。

我们也许想用"路径依赖"来加以解释：张三和李四由于过去的经验不同，所以他们两个对既定情境的反应不同。例如，张三生活在一个比较友善的环境中，所以他一向是采用友善策略获得最大利益，李四生活在一个险恶的环境中，他一向采用赤裸裸的自利策略获得最大利益，因此，在面对同样情境的时候，张三和李四由于各自的定式不同而采用了不同的策略。

这个解释大致合乎常识。然而细讲起来，它不仅合乎我们的常识，它本来就是我们的常识。它是常识的一种表述，而不属于社会生物学。这是因为，张三形成这样的定式，李四形成那样的定式，是由于他们有不同的经验，由于他们对世界和人生有不同的理解，由于他们培育了不同的信念。这些经验、理解、信念不属于基因，只能在人性的层面上予以描述和解释。我认为，这是整个论题的关键点，我们后面将较为详细地加以阐论。

策 略 与 道 德

在巴西蒙都鲁库（Mundurucu）有个猎头族，他们把所有异族视作猎物，四处掠杀，以获得人头更多为荣耀。马来西亚的舍麦人（Semai）在英国殖民者把他们组建成军队之前，几乎从不使用暴力。在社会生物学家看来，这两个民族采用的是不同的生存策略，和道德无关。

在我们今天的开明心智看来，指责猎头族残暴不道德、赞扬舍麦人的和平主义，的确有点儿古板可笑。但这种开明心智，在某种意义上，会不会恰恰是一种自大呢？人类学研究那些落后的民族，那些落后地区的群体。如果我们用人类学和社会生物学来研究一下我们自己呢？（人类学也许天生采取了一种本文化中心论，被研究者被当作对象，研究者似乎天然具有优越地位。）

一个漂亮的农村姑娘进城卖菜，卖出一斤青菜赚一毛钱，一天挣二十几块钱；旁边是发廊街，那里的姑娘一个钟头挣两百块。在社会生物学看来（在经济学看来也一样），她们之间的差别是生存策略的不同。我们是否也可以说，纳粹把犹太人送进焚尸炉、日本鬼子在南京烧杀奸掠，因为他们选择了一种和甘地、特蕾莎不同的生存策略？如果说纳粹和日本鬼子有什么错，那就是他们选择了一种不成功的生存策略,历史表明,甘地成功了,而纳粹德国和军国主义日本失败了。但这是个案。社会生物学,甚至任何学科,大概都很难证明和平最终会战胜暴力。威尔逊说:"可悲的是,那些最擅长使用战争工具的社会成了最成功的社会。"①他接着又引用了昆西·赖特的话,赖特干脆说:"文明产生于好战的民族。"②从猎头族到征服了美洲的西班牙,都是例证。不说远的,我们今天的世界看起来好像仍然是这个样子。我们也许得把甘地视作一次例外的成功。但这仍然不够。如果没有甘地的同志们同时开展的各种暴力活动,单凭甘地的和平主义是否能够成功,是大可疑问的。无论如何,我们赞赏甘地,不是因为甘地成功了,而是因为他树立了一种道德榜样。

我不是在指责社会生物学不道德。一般认为,科学本来是道德中立的。判断科学的是它真不真,而不是它是否冲击我们的道德观念、宗教传统等,我们这个时代的人,不能再因为哥白尼学说有可能危及基督教教义来驳斥它,不能再因为达尔文主张人是猴子变的有损人的尊严来驳斥它。

科学是描述性的而非规范性的,它并不告诉我们应当怎样做。道金斯说:"我并不提倡以进化论为基础的道德观,我们讨论的只是事物是如何进化的,而不是讲人类应该怎样做才符合道德规范。"充其量,科学只能为我们应当怎样做提供资讯,就像物价统计部门每周公布各种汽车的实际售价,要买汽车的人可以参考这些数据,

---

① 〔美〕爱德华·O.威尔逊:《论人性》,方展画、周丹译,浙江教育出版社2001年版,第104页。
② 转引自〔美〕爱德华·O.威尔逊,《论人性》,第105页。

但物价统计部门并不决定你该买哪种车子。道金斯特别申明，他像我们一样认为，生活在普遍自私的社会中是极其令人厌恶的，他像我们一样希望建立一个博爱的世界。

可是奇怪，在这一点上，社会生物学和别的科学似乎不大一样，它几乎无可避免地涉及道德问题，无可避免地在提出某种道德性质的判断。如果"我们的本性生来就是自私的"不是道德判断，那什么才是道德判断呢？实际上，社会生物学家无不非常关注道德问题。他们自己也强烈地意识到，科学和道德观念可能发生冲突。恰恰因为道金斯所希望见到的博爱的世界和他所断定的自私基因明显冲突，他才反复重申，道德诉求不要指望从什么生物属性中得到帮助，我们还是"通过教育把慷慨大度和克己利人的精神灌输到人们的头脑当中去吧"。

然而，如果我们的本性生来就是自私的，把慷慨大度和克己利人的精神灌输到人们的头脑中去绝不会是一件容易的事。但我们现在不是在探讨青少年的德育策略问题。真正的问题在于，如果我们的本性生来就是自私的，道金斯所说的实施灌输的"我们"一开始怎么会产生慷慨大度和克己利人的精神？

看起来，社会生物学并不只是提供一些资讯，它是一种理论，是用来解释人类行为、社会行为的理论。要么，社会生物学实际上已经提供了一种整体的道德理论，和其他的道德理论处在非此即彼的地位上；要么，在社会生物学理论中没有通常道德的存身之地，如果它是真的，道德就是虚幻。简单说，张三慷慨善良，李四阴险狠毒，区别在于他们两个采纳了不同的生存策略。我们赞扬张三道德高尚，谴责李四缺德，只是主观浮面之见，没有科学根据。日本鬼子和抗日战士，赚黑心钱的商人和奉公守法的商人，卖春女和赚辛苦钱的女性，他们的差别是生存策略上的差别，无需在这里奢谈道德。我们用了鬼子、黑心、战士、英雄、奉公守法这些词，它们有道德含义，这只是我们的道德偏见而已。我们不仅编造出这些偏见，而且这些偏见还伴随着强烈的感情色彩："人类的一切利他行为都伴随着强烈的感情色彩"，人们本能地期望这种行为是无条件的。[①] 但我们若细细审视生物的利他行为，我们就会发现这些行为背后都隐藏着自私的动机。利他行为应该被理解为一种变形的利己行为，没有必要"上升到神圣的高度"。

当然，在发现双螺旋之前，我们自己并不知道我们是按照基因的利益行动的，我们会用情义、爱国情操、对上帝的信仰、嫉妒、残忍本性的爆发等来解释人类行为。猎头族人不知道自己是根据什么在行动，"他们在头脑中创造了一个更简单生动的世界，这个世界里有朋友、敌人、猎物以及起中介作用的森林精灵"。岂止猎头族，即使在科学昌明的今天，我们仍忍不住要谈论朋友、敌人、高尚与邪恶。然而，这是个编造出来的虚幻世界，实际上，"这些森林精灵所起的作用完全可以从生物学的科学意义上来理解"，可以通过生态学原理、生物密度决定论等来加以理解。[②]

高 贵 的 谎 言

我们在这里碰到了最关键的问题，虽然这个问题初听时有点儿

---

① 〔美〕爱德华·O. 威尔逊:《论人性》，第 147 页。
② 同上书，第 102 页。

奇怪，那就是：从猎头族人直到十九世纪的人，为什么一开始不知道真相，为什么一开始要编造一个虚假的世界，一些虚假的理由，例如道德理由？

你可能会说，因为一旦知道真相，人们可能就不那么勇敢，不那么利他了，道德是 noble lies*，它让我们更勇敢、更高尚。然而，如果我们当真坚持社会生物学的立场，这种解释就完全站不住脚。社会生物学主张，一个人舍己救人是有生物学根据的，在生物学上是说得通的，否则为什么我们要用社会生物学来解释舍己救人呢？也就是说，按照生物学规律，这个人原本就将舍己救人，那干吗还要骗他呢？或者，他干吗还要骗自己呢？（我们说，大自然通过性快感来诱惑两性从事繁殖，这时我们面对同样的疑问。）

反过来问：如果我们知道不知道生物学反正我们都将这样行动，那么，我们干吗要知道社会生物学呢？也许科学家会说，我们知道了生物学的规律能行动得更好。但这不行。我们将面临同样的问题：我们一开始为什么要欺骗自己？请注意，问题不在于我们欺骗自己。我们无法欺骗自己，只有知道真相的人才能欺骗。问题是，大自然或上帝为什么要造出道德感来欺骗我们。按照社会生物学的理论，生物是按照最有利于自己的方式行动的，既然如此，既然我们知道了生物学的规律能行动得更好，大自然或上帝为什么一开始不让我们知道？而是绕了这么大的一个圈子，两三百万年以后才让社会生物学家发现这些真理？上帝为何要施此狡计？理性为何要施此狡计？

---

* noble lies，高尚的谎言。——编者

　　我们还可以换一个角度来表达这种困惑。既然利他行为和利己行为在生物学上是等值的,那么,人类为什么出现了一种倾向,要把利他行为"上升到神圣的高度"?人们为什么要期待这种行为是无条件的,而且还是"本能地期待"?我们一开始设定,利他行为和利己行为在生物学上是等值的,我们没道理专门鼓励利他行为而不鼓励利己行为。

　　你回答说:这是个骗局,我鼓励你多多地利他,这样一来,我就可以坐享其成了。有些人格外傻,被我们对利他行为的歌颂骗迷糊了,真的去利他了,于是,我们剩下的人就得了便宜。但这还是不行。一开始我们在用利他基因解释利他行为,现在我们发现的不是利他基因,我们发现的是如何让人上当的技巧,这显然不是生物学的问题,而是社会问题。

　　听众可能觉得这场虚拟的争论已经有点儿荒唐了。的确有点儿荒唐。但我们还是得想一想才能知道,是什么东西把事情弄得荒唐的。

　　简单说,荒唐来自这样一个事实:我们一时在生物学层面上谈论问题,一时又"不加警告地"转到社会文化层面上,转到人性层面上谈论问题。在我看来,这恰恰是社会生物学的根本问题。

人 的 层 面

　　社会生物学的道德学说和自利论有很多相同之处,但也有一些不同。一,自利论是一种思辨,社会生物学是一种科学。社会生物学的道德学说不是一个单独的道德学说,它和生物学连在一起,因此是一种远为更加强有力的理论。二,自利论要定义利益会碰到许多麻烦,社会生物学很明确:利益就是基因的繁衍。

　　但是,两者的差别似乎更多涉及论证的材料,而不是论证的路线。乃至我想说,社会生物学的道德理论无非是以科学面貌出现的自利论。自利的单位是基因或自利的单位是个体,两者似乎并无原则区别,只是让我们对有些事情的解释来得更为自然,例如母亲为孩子的福利牺牲自己。不过,即使按照常识式的自利论,这本来也是不难解释的。在另外一些事情上,例如在舍己救人或自杀式袭击这样的事情上,自利论有点儿为难,社会生物学也有点儿为难,甚至更加为难。在这类事情上,即使采纳了重复博弈的理论,也并没有解决前人的困难。前面曾讲到:我掩护战友牺牲了,从此再也没有我博弈的机会了。我们还讲到:问题并不在于人类生活中既有利他行为也有利己行为,而是,即使在相同情况下,也有人比较利己、有人比较利他。

　　我还不是在追究有哪些具体的社会生活现象,生物社会生理学尚未提供满意的解释。也许随着社会生物学的发展,这些现象最终会得到解释。我的 claim* 要强得多:社会生活现象原则上不可能由生物学理论得到解释。

　　要论证这一点,我们就得考虑生物学的本性、实证科学的本性这些大问题。今天我只从一个比较简明的要点切入这些问题。这个要点是:社会生物学无视人的意识层面。

　　生物学是一门实证科学,科学理论,包括人类社会行为的科学理论,所定义的原因,是那些无论我们对这种原因有意识还是没意识它总要起作用的东西。生物学从基因、自然选择、生物分布密度

----

　　* claim,断言,声明。——编者

等角度来解释生物行为，社会生物学则进一步把这些洗去了意识的因素视作人类行为的原因。

社会生物学自视为一门实证科学，因此，社会生物学之无视人的意识，不是某些科学家的疏忽，实际上，所有的社会生物学家都明言，他们要把意识排除在考虑之外。一个女人爱上一个男人，她会有很多想法，但这些想法都不重要，她所有真正的"思想"，"都是无意识地、在隐含的意义上通过自然选择来完成的。那些曾经对她祖先的遗传资源带来好处的有吸引力的基因得到繁荣，而那些吸引力较低的基因就无法繁荣"。[①] 实证科学的本质规定了它必须无视意识。即使它的研究对象是意识本身，它也不能祈灵于内省意识来加以说明，它也仍然要由外部证据来加以说明。外部证据是科学的一个基本要求。[②]

而我们的问题恰恰是：我们能不能脱离我们对行为的意识和理解来解释人的行为？能不能脱离道德感来澄清道德领域的问题？

我的回答，让我简明一次：不能。这一点的明证就是：生物学家根本不判断什么行为是道德的，什么行为是不道德的。道德的行为和不道德的行为，当然，都是有原因的，不道德的行为的原因一点儿也不少于道德行为。对于旨在寻找事物"客观原因"的科学家来说，道德不道德的区别从不落入他们的眼帘。（当然，他作为一个像我们一样的普通人会做出道德判断。是我们，而不是生物学家，判定或争论何者为善，何者为恶。）巴勒斯坦青年身缚炸药闯进平

---

① 〔美〕罗伯特·赖特：《道德的动物》，第20页。

② 关于知识的外部性，我将另行撰文阐论。此外，对我这里的断论，弗洛伊德似乎是个例外。不过，尽管弗洛伊德本人一再强调他的理论是科学理论，精神分析究竟算不算科学，始终是有争论的。不管怎么样，我都希望另文讨论弗洛伊德。

民人群之中，引爆炸弹，这是自利还是利他？是英勇就义还是滥杀无辜？无论你怎样回答这个问题，它都不是一个生物学问题。要回答这样的问题，（如果没有答案，那么，就要思考这样的问题，）我们需要查看的不是基因，而是我们的道德感、道德观，我们的政治正义概念，巴勒斯坦和以色列的历史，它们双方对这段历史的经验和感受，等等。

　　生物学家从生存策略来解释我们的行为。前面讲到，这类解释会碰到一个困难，那就是，面对同样的处境，张三和李四可能采用不同的策略。而他们采用不同的策略，是由于他们有不同经验，由于他们对世界和人生有不同的理解，由于他们培育了不同的信念。这些经验、理解、信念只有在人的层面上，在人对世界的意识层面上，才能予以描述和解释。人之为人在于：他对这个世界的经验和理解构成了他的生存。无视意识的层面，因而就无视人的层面。张三、李四的处境和经历不是一些与张三李四的认知无关的"客观事物"。处境是张三的处境，经历是张三的经历，而不是张三的基因的处境和经历。张三作为一个整个的人，作为一个处在社会关系之中的人，有意识或无意识地应对他的环境。张三作为一个人具有道德观念，他身处其中的社会关系包含道德评价。

余　　论

　　我和社会生物学无冤无仇，实际上，我是个 big fan of sociobiology*。

---

　　* 　big fan of sociobiology，社会生物学的忠实粉丝。——编者

我从这个新生领域学到很多东西，得到很多启发。社会生物学拉近了我们和其他生物，也许有助于我们爱护整个生物界。一个地球上，除了几十亿上百亿的人，就是他们建造的水泥楼房和沥青公路，这个世界就变得越来越单调乏味了。

这个学科很容易提出某些政治上不正确的观念，因此就反对它绝不是一个求知者的态度。身为研究者，我们随时准备迎接真相，我们理应习惯于冷峻地面对世界，不被人世间的甜言蜜语、温情脉脉蒙蔽理智。我们需要培养一种能力，从某些貌似利他的行为中看到深藏的利己动机。我们大多数的道德说辞也许是虚假的或夸张的，我们至少应当带着怀疑加以审视。社会生物学也许有助于我们培养这种能力。虽然，在社会生物学出现之前，早就有很多眼光冷峻的探索者展示了这样的能力。

只有那些能够成功复制自己的基因才能留存下来，达尔文主义或新达尔文主义的这一原理并没有错。但这一点的逻辑引申不是：我们的一切活动都必须有利于基因的复制。人必须得有饭吃才能活下来，但并非人的一切活动都是为了有饭吃。我们当然承认，人类文化不可能长期与基因保存和复制相悖。如果曾有一个种族成功地鼓励了它的所有成员自杀，或完全禁欲，这个种族的文化现在肯定已经不存于世了。不过，这是我们从第一天就知道的事情，食色性也，不管我们怎么道德，总要吃饭养孩子。

我断定，我们不能在社会生物学的层次上来探讨道德问题。我并不是担心社会生物学会瓦解我们的道德观，如果我们的道德观只是谎言，哪怕是高贵的谎言，那瓦解就瓦解吧。何况，无论人们是否懂得社会生物学，传统的道德观本来就在瓦解，赖不到道金斯和威尔逊头上。现在有一种流行的看法，认为理性与科学败坏了我们的道德。近代科学的总体发展与当今道德状况的关系是一个极其复杂的问题。今天是不是发生了道德崩溃，今人是不是比古人更缺德，我不大清楚。即使是，那是不是由于理性与科学的发展，也还是个问题。我无法在这里讨论这么大的问题。一般说来，我倾向于认为，一种理性如果专门和我们的健全常识为敌，我就会怀疑，那是一种健全的理性抑或只是半吊子的理性。

　　我所要表明的只有一点：只有我们人类懂得善与恶，而这种"懂得"影响我们的生活。人类懂得善与恶，这并不意味着我们人类格外善良。实际上，我们对人类自己的残害，对相邻物种的残害，不是任何一个其他的物种能够做到的。人类懂得善与恶，这意味的是，这种"懂得"影响我们的生活，因此我们在解释人类行为的时候，就必须把这种"懂得"包括进来。

　　很遗憾，即使上面说的都是对的，我们仍然没有开始对善和恶的探讨，我最多只是表明了，我们不能从哪里开始来探讨善和恶。

艺 术 札 记 ①

　　题记：这些是我关于艺术的一些困惑，和自己尝试解惑的零星想法，竟敢发表，是想发表出来有可能得到知者指教。

　　艺术是否有进步？贡布里希的回答类似于库恩关于科学是否有进步的回答：在一个范式之内可以谈论进步。不过，两个人的趣向正好相反。人们一般认为科学是个不断进步的过程，于是，库恩强调的是范式转变；人们一般认为艺术无所谓进步，贡布里希强调的是在范式之内艺术是不断进步的。

　　贡布里希喜欢强调艺术和科学的相似之处，喜欢引用某些艺术家和艺术史家"艺术是一门科学"的提法。这在很大程度上旨在反对关于艺术的纯主观解释。在反对关于艺术的纯主观解释方面，布尔迪厄比贡布里希要严厉得多。技术的继承、作品的市场等多种因素支持贡布里希、布尔迪厄等人的观点。纯主观解释不是解释，经常只是一个借口。

　　但若我们在实证科学的意义上定义科学，那么应当说，一个科学发现确立自身的方式完全不同于一件艺术作品确立自己的方式。

　　① 原载于孙周兴、高士明编：《视觉的思想："现象学与艺术"国际学术研讨会论文集》，中国美术学院出版社 2003 年 10 月出版。

且不说《科学革命的结构》的大结论本来就不成立，库恩本人也很快作出了重大修正。

到了现代艺术家圈子里，"品味"这个词不说用不得，也至少是够外行够现眼的。

就像说到追星族青年"订婚"。现在的男女朋友，哪怕是排他的男女朋友，和订婚的确不同。订婚的男女不可或至少不宜公开共枕。不过，"交朋友"和"订婚"的不同，主要还不在指称上，而是在背后的社会状况。同样的道理，品味这个词要不得，主要不是因为它不再指称什么东西了，而在于品味所依赖的社会条件改变得厉害。

但曾几何时，品味可是谈论艺术的主导词。

品味的一个重要的意思是，数学题只有一个正确答案，而且要一步一步论证出来，但在艺术领域，人各有其爱好，说不上谁对谁错，用洋话说，no dispute about taste，用土话说，萝卜白菜各有一爱。

你爱萝卜我爱白菜，看起来大家很平等。然而不，品味毕竟不是味道，它有个"品"字，而这个品字，比什么都厉害，何况"品味"和"品位"同音，意思也差不太多。"这就是你的品味啊"，我说这话，没说你错，我只不过是说你品味较低而已。我们大多数人不是布鲁诺，说我错我倒觉得没什么，但要说我品味低，那可真伤了我的自尊心了。更苦的是，人家认为我错，我还可以想办法讲个道理一辩，要是被人看作品味低劣，而品味无争论，我有口莫辩。

艺术感觉无争论吗？我们随时听到人们在争论那首诗好不好，

那个演员是不是出色，窗帘应该用什么颜色才和地板相配。

交流促进艺术。敦煌是一例。巴黎和纽约都是实例。这些人们谈得很多。人们似乎不大谈论，过速的交流摧毁艺术。在地球村里，不是第一流的东西立刻被淘汰了，等不及慢慢表明它可能生长成为一种新的形态。再没有柬埔寨的丛林里慢慢生长出来的别具一格的建筑了。每一样新形式都是某个个人的灵感，来不及等一个团体、一个流派、一个民族慢慢形成一种风格。在日夜交流的世界里，只有个人才是创造的主体，这就像一个悖论。

艺术史家总结说，到二十世纪末，艺术的进步观早就和整个启蒙进步观一道被否定。既然无进步可言，也就无所谓 avant-garde*。接着，主流观念和运动观念也受到质疑——它们总是和某种陈旧的永恒观念联系在一起的。个人的创造力，特别是个人对艺术界的主导作用受到强烈质疑——再没有毕加索这样的人物。

趣味和品质早就被否定了。精美艺术、高雅艺术或 fine arts、原始艺术、民间艺术、人民艺术、群众艺术、大众艺术，不再区别。

绘画、雕塑、手工艺，不再区别。艺术（包括手工艺在内）和日常行为、机械产品之间的界限也在很大程度上被取消。

但似乎无可避免，艺术和非艺术还是有区别。仍然有些人被叫作艺术家，他们也这样叫自己，或者即使不这样叫，也还是这样认

---

*   avant-garde，先锋，前卫。——编者

为。他们过一种艺术家的生活，和普通上班族或打工仔的工作方式和生活方式很不一样。这恐怕不可能只是以往时代的余荫，只是艺术这个旧美名的余荫。

太平繁荣的时代，学者和艺术家的地位就高。我想这道理是很简单的：学问和艺术是最好的东西，但不是最必要的东西。食不果腹的时候、你死我活掐架的时候，想不起八大山人来。

从艺术家地位的变迁，可以看到历史变迁的很多内容。

这两个世纪，艺术家往往有一种历史使命感，似乎他们肩负着重大的社会责任，即使他们强调为艺术而艺术的时候，强调艺术脱离政治的时候，我们也不难感到这一点，不难感到其中的使命意味。

初看起来，这实在很怪异。艺术要么是沙龙里的雅事，要么是群众喜闻乐见的娱乐，政治却是硬碰硬的算计。再看看艺术家，散漫、不谙礼节、师心自用，艺术家生活在自己的小圈子里，无论是功成名就的那一群，还是苦苦挣扎的那一群，都离开普通人远远的。

科学家受到重视并不奇怪，因为他们属于第一生产力。可艺术的政治抱负从何而来？我想，一部分来自宗教的式微。我们的社会无疑过度外在化了，股票指数和经济学、政治谈判、求职、封面女郎、外延逻辑，一切都是用外部标准来衡量的。内在的精神（spiritual 被翻译成"精神"的时候多多少少减弱了它原有的"内在"意味）很少在体制中得到反映。

创造艺术的人和欣赏艺术的是两类人。贝多芬是"蒙古蛮子"

（海顿语），到音乐厅去听贝多芬的是些衣冠楚楚的淑女雅士。

　　浪漫主义或 romanticism 内部包含一个尖锐的误解。romanticism 有点不寻常、怪异，特别注重纯想象，在这些方面，浪漫主义有点"浪漫"。但 romanticism 总体上是内向的、反思甚至过度反思的，因而有点阴沉，在这个本质维度上，和浪漫、和"罗曼蒂克"差不多是相反的。

　　我们是人，对人的细节特别敏感，真是一颦一笑一步一摇我们都看得出这个人和那个人的差别。改变脸上的一个微不足道的细节，这张脸就会表现出一种完全不同的情绪、气质。而这些细节是无穷无尽的。一个细节的改变会改变整体。这就难怪人对人的评价那么千差万别。你我气味相投，互相觉得眼光高明，但说起张三，还是很可能你觉得千好万好，我觉得一塌糊涂。

　　艺术永远是泛精神论的，那些不和人发生感应的东西在艺术中没有任何意义。淮水东边旧时月，夜深还过女墙来，一物一景，都是我们的情怀。水泥墙，仓储式超市的货架，它们不入诗，不入画，不是因为艺术家故弄情怀喜旧厌新，而是这些事物不和我们发生感应。

　　我不是反对歌德提倡引现代事物入诗入画。明月夜、短松冈、寒江钓雪图，其意蕴早就在多种多样的形式中得到开发，explored、exploited，乃致我们很难重新引入这些事物。但引入新事物也不容易。你不能硬行让我们对超市的货架生发感应，就像你不能硬行给一个词下个定义就使这个词有一种新意义。

　　最近两个世纪，诗人和画家的确做了很多努力，尝试把现代事物引入艺术。成功的范例并不多。看起来,感应的语汇比语言的语汇变化得更慢。就像我们多数时候不得不用既有的语词来表达新思想一样,艺术家多数时候仍然是在尝试用新的方式引入那些从来就属于我们感应世界的事物。

　　比喻有好多种,类比、借喻等,最重要的区分是隐喻和明喻。流行的观点认为用"是"字带出的比喻是隐喻,用"像"字带出的比喻是明喻。张三像条狗是明喻,张三是条狗是隐喻。这种看法是从亚里士多德传下来的,虽然亚里士多德在具体阐述隐喻的时候常超出自己的定义。

　　我觉得这种看法把明喻和隐喻的区别弄得很没意思,锦绣前程和前程似锦有多大区别? 在我看来,明喻是两个并排的、现成的事物之间的比较,例如张三和猪之间的比较,隐喻则是一显一隐之间的"比较"。依此,张三是条狗、张三像条狗、张三这条狗都是明喻,都是明明白白的比喻,无非张三是猪比张三像猪说得更强烈些罢了。与此相对,下面是些典型的隐喻:你的论证跳跃太大、我的论证一步一步都很扎实、我看清了他的真实动机、生活是一场赌博。

　　不妨说,明喻利用的是"属性"上的相似性,隐喻则基于结构上的相似性。不过,在这里谈论"相似处"必须十分审慎,因为隐喻涉及的不是两个现成事物,所以不是在谈论两个现成属性之间的相似。隐喻是未成形的事物借已成形的事物成形,因此,我们简直不能说:由于论证和行走、跳跃相似,所以我们把一步一步、跳跃等语词应用在论证上;我们简直分不清是因为两者相似我们才有了隐喻抑或我们有了这个理解因此创造了两者的相似。隐喻是借喻体使所喻形式化，成为可以谈论的东西。与其说翻开尘封的历史这句话指出了历史与一本老书有某些相像之处，不如说它从一本老书界定了历史。

所以，隐喻不仅是比喻，不仅在修辞上是生动的，我们不仅是把理解比作看，看、看清规定着理解这个概念。张三在一个特定场合或在一特定方面和猪相似，但他即使不像猪仍不失其为张三。隐喻则不是对一个离开隐喻而有其所是的东西的比喻，而是从某种东西来确定所喻的本质或曰所是，例如从道路来确定思想之所是，从行路来确定推论之所是。我们除了说一个论证一步一步都很清楚或跳跃太多，没有什么别的办法说出我们要说的东西。推论在是走路的同时即是推论本身。

在一个更深的层次上，我们倒是可以说：明喻是"像"，隐喻是"是"。但这不在于字面是用了"像"还是"是"。张三是猪，虽然用了是，说的仍然是像，它仍然是一个明喻。逝者如斯，用的是如，却揭示着时间之所是，从而是一个隐喻。时间不仅像河流，它就是河流，河流规定时间之所是。

可见，隐喻之隐，是事情本身之隐，不是我们想把什么东西隐藏起来。恰恰相反，我们通过隐喻把蕴含的东西以蕴含的方式呈现出来。很多论者说，隐喻是未明言的明喻，好像只要我们愿意，我们就可以明言似的。然而，我说你这个推理不成立，跳跃太多了，这时我不能说如果咱们把推理比作走路的话，你这个推理跳跃太多了。为什么？因为如果咱们把推理比作走路这话隐含：我们可以不把推论比作走路，然而，我们恰恰始终是从步骤、跳跃来理解和谈论推论的。

人们说诗是广义的隐喻。这种见解十分入理，但我们首先得正确地理解隐喻。隐喻可不是说：一个字面意思背后藏有一个隐含的意思，好像我们本来可以直说却不直说，偏要藏头露尾的。那种诗充其量只得其皮毛。

诗人在句子的层面上创造隐喻。"东风不与周郎便，铜雀春深锁二乔"深富蕴含，但这不是因为其中哪个词影射了什么。只有最愚蠢的解释才会把它说成是通过借代暗指如果那天碰巧没有刮东风，魏国就会战胜吴国。这层意思的确也蕴含在诗中，但这句诗没有说出这个，而是蕴含着这个，而这层意思恰由于其为蕴含而与其他意思互相纠葛，邦国的战争、女人的命运、悲欢离合、古今之叹，这些内容互相渗透，而不是一些由逻辑常项串在一起的原子事实。

因此，"东风不与周郎便，铜雀春深锁二乔"当然不能改写成如果那天碰巧没有刮东风，魏国就会战胜吴国或任何其他什么句子。无法改写不是因为吴魏之争只是这句诗的内容的一部分。即使我们能掌握这句诗的全部内容，我们也不可能用穷举法改写这句诗，因为那将改变这些内容原初的蕴含状态，而诗原本通过蕴含的方式言说，从而使现实在互相牵挂中呈现。

李舜臣这样对照兴和比："兴之言象也，事存于物中，比之言类也，事与物并举。"古人多从兴来谈论蕴含，如钟嵘称"言有尽而意有余，兴也"。我们从比显而兴隐的角度来理解隐喻和明喻，实比从用了"是"还是用了"像"要中肯多了。

言有尽而意无穷，不是感叹深意无法言说——这些内容恰恰就由这句诗说出来了。实际上，想当诗人但还没有学会写诗的青年最喜欢谈论不可言说。适当的言说，说出所说的，让蕴含保持其为蕴含，让不曾明言的以最丰富的形态蕴含在明言之中，这是说的艺术，说的力量。在这里，不可说与不应说合二而一。

技术方面的知识能不能增加我们对音乐的理解？似乎是这样：技术知识越多，理解就越难，理解得就越好。

什么叫"理解得更好"？一个意思是：你理解到了别人没理解到的。

我们可以这么问：一个没怎么听过音乐的成年人被囚禁起来，无法和任何人交换意见，现在把古今中外的音乐给他听，几年之后，他会得出什么结论？

他的结论会和他从前的教育水平、对绘画和诗歌的评价等有关。他的趣味不能完全是自然的。

内在的东西往往是从外在的东西开始的，虽然不能还原为外在的东西。这对讨论审美、道德培养等是至关重要的。这里的危险是：不要把这个过程描述成"内化"，仿佛是外在的东西现成地转移到了内部，成了内在的现成的东西。

作品要包含相当的技巧，这是很朴实的要求，似乎也是无法摆脱的要求。无论你我喜欢的作品类型多么不同，无论艺术观念如何改变，这个要求似乎总在那里。观者如果觉得"这我也会画"，这幅画对他就没有什么吸引力。

有些例外，例如某些"观念艺术"。但我的感觉是，恰恰是这一点使得纯"观念艺术"不成其为艺术。很多人和我感觉相似，虽然这一点上还有很多需要探讨的。

不过，一件作品是否包含技巧，外行并不是总能判定的。我猜想这是观者不接受某些现代作品的缘故之一。面对西斯汀圣母，没有一个外行会有"这我也行"的感觉，看到蒙德里安的 Fox Trot A，很多外行会说，这是什么呀，这我也会画。多数画家和建筑师不这样说。

外行和专家之间的差别可能和这样一个因素有关。外行说到技巧，主要由是否容易复制来判断，内行说到技巧，是把构思与实施连成一片来考虑的。当作品已经摆在面前，摹仿 Fox Trot A 要比摹仿西斯汀圣母容易多了。但这不一定意味着，作为一个创作过程，实施前者要比实施后者来得容易。

我们说到技巧，总是说实施的技巧。但实施似乎有两个层次，一是从观念到构思，一是从构思到完成。

普通人也许看不出蒙德里安有什么本事，但他所喜爱的建筑师却可能从蒙德里安那里学到了好多东西。普通人多半不爱看"实验电影"，我们爱看好莱坞的大片；好莱坞大片的导演常看实验电影。

那我们可以把蒙德里安叫作"艺术家的艺术家"或"元艺术家"吗？

艺术家的艺术家，诗人的诗人，哲学家的哲学家，这类现象从前也有，但只是到了二十世纪才滥觞。

哲学家一共看过几幅普普通通的西方油画，他有没有资格谈论艺术哲学？他根本没到过希腊，他有没有资格谈论希腊神殿？但似乎康德和海德格尔比多数博物馆馆长谈得更深刻，实际上也比他们对艺术家产生了更大的影响。只因为他们是名气很大的哲学家，所以我们盲目听从他们对艺术的谈论？

我们怎么来想这类问题？

我们不一定要到过南美洲才能够谈论巴西热带雨林以及雨林里的珍禽异兽，更不一定见过航天飞机才能谈论它的设计。作家不一定自己先偷过东西才能写小偷，先自杀未遂才能写自杀。这些是老生常谈。

但那是真的吗？我们不是更愿意听常在雨林里生活或工作的人来谈论雨林吗？

想想我们以多少种不同的方式，从多少不同的角度，在多少不同的层次上谈论热带雨林。他谈论热带雨林在全球生态系统中的作用，呼吁我们为保护热带雨林贡献力量，这时我们不问：他是否到过热带雨林？

最粗说，我们有两个角度的谈论。一种是从原理开始的，这时候，所谈的事情是原理的一个例子，好像是在谈梵高的一幅画，谈得还挺细节，实际上和这幅画没多大关系，换个例子也一样，虽说选择合适的例子也是一种艺术，但那是选择例子的艺术，instantiation*。另一种是从经验开始的，这种谈论有时也会跳到某个原理式的结论上，这个原理往往表述得相当笨拙，但我们基于他所描述的经验，大致明白他的结论是什么意思。（我喜欢听哲学家讲哲学，听过来人讲经历。我当然不是说，一个被叫作哲学家的人不可能讲述很富

---

* instantiation，实例化。——编者

吸引力的经历，或对一件作品的深入感受，不是说一个被叫作艺术家的人不可能在原理层面上发表精彩的议论。）

　　外国人听你用外国语讲话的时候，很少批评你的发音、遣词造句。主要不是因为他客气，主要是因为他一开始就没打算欣赏你的发音和遣词造句。这些是外语进修班的同学之间成天互相评价的东西。

　　这种现象是普遍存在的。哲学家尽可以放心在艺术家面前谈论艺术哲学，在数学家面前谈论数理哲学，他有时会指出你的事实错误，但他不在意你对艺术史或数学了解得很少，这个事实也并不让他增添多少自豪感。除非你硬充作比艺术家还熟悉创作过程，比数学家还懂数学。这种事大概不会发生——你想炫耀自己的数学知识的时候，总是到另一些哲学家面前去炫耀。

　　粗说，这里牵涉的是两层"对艺术的思考"。一层是从艺术外部来思考，关心艺术的社会学，像布尔迪厄。另一层是艺术家对艺术的思考，那是通过作品来思考的。

　　艺术家当然可以跳到作品外面来思考艺术，不过那多半不会对作品本身有多少帮助。

　　哲学家容易滥用语词。"判断"这个词是受害者之一。近世哲学家经常混用陈述、判断这些词，把垫子上有只猫、她是我妈妈这样的话说成是个判断。这大不合于我们平常的用法，而且掩盖了关于判断的好多有趣之点。

　　我们陈述一个事实，但我们并不判断一个事实，虽然我们有时要判断那是不是一个事实。事涉判断，我们总是没有充分的根据，若有充分的根据，我们就无须判断，只需陈述了。判断力是一种特别的能力，我们看在眼里明明白白的事情是无须判断的，我们通过线索、征象等判断对看不到或还没发生的事情做出判断。

康德和很多别人用"判断力"这个词来指称涉及艺术作品的一种主要能力。这个选词有一点道理。看了一幅画然后说"垫子上有只猫"，那不是涉及艺术作品的能力，不是判断力。但这个词还是不太好。我们在不涉及艺术作品的时候也需要判断力，比如将军需要判断战场的形势，股民需要判断股票的走向，这些虽然和"艺术判断力"有点关系，但差别是明显的。但更重要的是另外一点。事涉客观事态时"判断"这个词比较正当。英语里 judgmental 这个词提示了这一点：在有些情况下，判断里面会有一种由于过分冷静而令人不快的东西。我们在充满感情的地方不判断，在友爱、情爱、信仰那里不判断。一个人太喜欢或明或暗作判断，我们就不爱和他交朋友，你的婚配若是个特爱作判断的人，你可够倒霉的。判断先把价值和事实分割开来了，使得那些原本连在一起的东西转化成为一种外在关系。做朋友，做夫妻，稀里糊涂的多好，谁愿自己一言一动都有双锐利的眼睛盯着？

那我们该用什么词来替换"判断力"呢？"审美判断力"固然把艺术作品和股票市场区别开了，但仍然有"判断"，而且，"审美"这个词也大有毛病。"鉴赏力"？这个词也不好，其中也包含了太多的判断意味，用在古玩市场上更适当些，虽然我承认古玩比战场和股票市场更接近艺术作品。"欣赏力"比"鉴赏力"稍微好一点，但还是有点居高临下的意味。

　　在有高人指点之前，我情愿选用"感受力"。别的先不说吧，"感"比"审美"更接近 aesthetic 的原义，这个词本来讲的是感性领会，对美的领会是其中一种，尽管，arguably*，可能是最重要的一种。我相信我们也不必担心"感受"太被动。我知道现在不愿把作品的接受视作完全被动的事情，但感受从来就不是完全被动的。

---

　　*　arguably，可论证地，可以说。——编者

漫谈中国大学 ①

　　刚来不久，对华师了解还不多。要讲北大哲学系和华师大的哲学系，我还比较熟悉一点。北大哲学系的总体实力的确很强，学科齐全。华师哲学系相对来讲，名师较少，门类也不是很全。华师现在中国哲学较强，西哲的力量也在逐渐加强；华师有一个特点，中哲的教师比较熟悉西哲，西哲的教师也比较熟悉中哲，有可能在中西交会方面多做出些成绩。

　　以往办哲学系有个倾向，以为门类越全越好；但是学校规模不同，力量不同，因此，我认为要因地制宜。办学与其以北大为榜样，不如办出自己的特色。不要求全，而是要突出优势学科。我想这也是今后多数大学的办学方向。在国外，学生不一定说："我要到哪个学校去学哲学。"他们会说研读柏拉图要到哪所大学，研读黑格尔要到哪所大学等。因为每个大学的哲学系都有它突出的方面，在某些方面有专家，或者在那里有哪个大家的文库。如比利时的鲁汶大学藏有胡塞尔的手稿，现在就是研究胡塞尔的最好的地方。这样置办专业，既符合实际，又有利于学术多元化，发挥各自的长处。中国古代学术发展就是多元的，各个学派有自己的视角、传统、特长。

　　① 本文整理自华东师范大学校报记者黄丹的采访记录，原以《论大学改革》为题载于 2003 年 12 月 12 日的《文汇读书周报》。

这对文科来说是一种更自然的状态，文科不能只看专业的区分，还要看学术传统的区别。

北大、清华在中国是一流的，但从世界范围来讲，差得还远。我们不一定总把整个中国看作一个单位，从人口规模、经济规模和文化传统来讲，一个华东地区和一个挺大的国家相当了，这么大一个地区完全有能力养育一些一流大学。之所以还没有出现这样的大学，有历史原因等多方面的原因，但是，最关键的还是我们的大学理念没有培养起来。华师和北大之间存在差距和区别，这是好事情。如果全中国的大学都一个模式，那将是我们民族的悲哀。差距是可以弥补的，而区别应该越来越大。因此，华师一定要凸显自己的特色，要有自己培养人才的目标，不要跟在别人（无论是国内还是国外）的屁股后面。泛泛说，看到比自己强的、好的事物，我们都会赞叹他们。我们可以欣赏别人，但不一定要模仿，因为别人的优点可能是与他们的某些特定条件联系在一起的。与其"临渊羡鱼"，不如"退而结网"，关键还是发扬自己的特色，一边欣赏别人，一边提升自己。

咱们学校女生多。师范类院校文科设置多，而文科的女生多，师范类院校的女生自然会多一些。华师现在正在向综合性大学的方向发展，但毕竟一直是师范大学。听说这同我们的考试招生体制也有关系，很多人说现在的高考制度对男生不很有利，女生读书比较规矩，比较适应考试制度。

哲学这个行当有宽有窄。从广义说，社会思想、文艺理论以及其他很多学科都和哲学有千丝万缕的联系。从狭义说，哲学是个纯理论学科，它是最抽象的。多数女生对狭义的哲学没什么兴趣，历史上的大哲学家差不多都是男性。何况大多数本科生不是出于自己的兴趣选择哲学系。因此，这对我们哲学系的课程设置也提出了一个很大的问题。在我看来，在本科阶段，我们要从广义上理解哲学。本科课程应该是以素质教育为主，而不是培养专业的哲学人才。到了研究生阶段，才进入狭义的哲学专业教育。纯理论的思辨对大部分本科生来说没多大意义。目前我正在考虑将理论研究性的课程集中到研究生阶段，同时考虑打通本科课程和研究生课程，这样，那些对狭义哲学有兴趣的本科生可以通过研究生课程得到比较严格的哲学训练。

华师大的校园非常美，有江南园林的味道，充满了人文气息，特别适合文科学系的生存和发展。尽管来华师大时间不长，我已经很喜欢这里了，这是个适合学习和工作的地方。

现在要在闵行建新校区，其中有不得不然的缘故，一个缘故是大学扩张太快。中国也许需要增加大学生的数量，本应该及早鼓励、支持民办大学，多办一些规模较小的、有特点专长的大学或学院，原来的大学，让它们慢慢生长。咱们举国上下，从上到下，急功近利，想打造航空母舰。航空母舰是整体制造出来的，你把好多鱼雷快艇捆绑到一起，它不会成为一艘航空母舰。

一方水土养一方人，文科类尤其如此。华师大的风水充满人文气息，很适合文科类的成长。比如，大家一提起华师，就是"丽娃河畔的作家群"，这是一笔财富，但我们现在却漠视它。近年华师文科人才的流失引起了学术界的关注。新校区的华丽和更优良的条件适合理工类学科的发展，但对需要历史积淀的文科来说，却可能反而不利。因此，我认为人文学院的搬迁不大对头。

从大环境来讲，哲学的处境比较艰难。本科生招生比较困难，多为调剂生，主动报名的较少，而且毕业生的就业形势也不太乐观。但另一方面，哲学仍然受到重视，被视作重点学科，不少大学还在新开哲学系。这是为什么呢？从传统上讲，哲学是个大领域，外国的各科博士大多数都叫"Ph. D"。但更重要的原因是，哲学的确重要，从某种意义上讲，没有哲学系就不像大学。

我们今天说到大学，有时说它是自由思想的园地，有时说它是培养人才的场所。培养什么样的人才呢？培养专才本来是大专的事情。大学要培养的，是具有自由思考精神、具有独立思考能力的人才。人文学科，尤其是哲学系，最能够体现自由思考的精神，哲学可以说是自由思想的园地，因为哲学这个行当本来就不受专业限制，几乎就是"明其道而不计其功"的。所以说，如果没有哲学系，大学就不像大学。所以，尽管哲学系的处境很艰难，还是有很多大学在兴办哲学系，我觉得这说明大家有意识无意识地还是在坚持大学的理念。

一些调剂到哲学系的学生，在经过一段时间的哲学学习后，发现哲学系也是蛮好的。我的一个朋友曾经说，要想促进哲学系的招生，就必须先改变大家在建国头三十年形成的对哲学的误解。哲学是什么，这是一个很复杂的问题。

听说研究生将要不加区别地收费，这势必会对哲学系的生存产生极大的影响。美国等国家一般都是按照职业前景来收费，比如学工商管理的、学医生的、学律师的，即使你没有钱，也可以贷款上学，因为学生的未来职业就是一个担保。哲学系研究生在国外好像没有收费的，反而还要提供充足的奖学金。一个大学不能没有哲学系，即使哲学系招生困难，就业前景不佳，大学还是要办哲学系，那么，办法之一就是哲学系学生不收费，反正哲学系学生不多，教育费用也比较低。有些学生本来可以去就业前景更好的专业上学，但是他们选择了哲学，这尤其应该得到鼓励，从而吸引一些成绩优秀的学生为了兴趣读大学，使哲学系不但能生存，而且品质较优。这是维护大学理念的关键之一。对哲学系及一些没有高薪前途的专业来说，收费将是灾难性的。可惜，教育部在制定政策时对大学的本质和理念缺乏认识。最好能从教育部、从高层解决这个问题，如果不行，也希望高校领导层能够在自己管理的学校慎重考虑某些基础学科的收费问题。

　　教育和产业是不同的，它们各有自己的特点。大学，特别是像哲学系这样的系所，是不能要求它们直接创收的。让哲学系主任带领教师搞创收，通过办各种"培训班"来获取哲学系生存的经费，这就像是把哲学系当产业来办。哲学系所当然也需要经费，靠什么？靠把本职工作做好，把学问做好，搞好教学。

　　现在的体制下，教师忙着搞创收，忙着应付各种项目、检查，反而荒疏了本职工作，对学生的关注远远不够。教什么，怎么教，几乎完全听不到学生的声音。教学不单纯是教师的事情，学生到底学到了什么，学生比教师知道得清楚。作为新上任的哲学系主任，希望这个系今后在研究、教学上能够有点儿作为。如果能多提供一些奖学金之类的东西，吸引更多的优秀学生进入这个行当，培养一些后继人才，那当然就最好了。

　　提升文科有一些具体的措施，关键还是在于教育部行政系统能够改变他们的思维模式。行政机构的出发点也许是好的，但往往不是从教育和学术的本性出发来考虑问题的，结果事倍功半，甚至南辕北辙。比如现在很多高校规定教师一年之内必须发表多少文章，但我们都知道一些研究项目要在好几年才做得完，不一定有什么阶段性成果。申请一个项目，要求你说好哪年达到什么预期目标，可我们都知道，在基础学科，哪儿有事先就知道结论会是什么样子的？这种要求只会让我们越来越"短期化""实利化"，从而伤害真才实学。

　　教育和产业不同，教育的周期很长，一个学校的年龄和学术的深度是有关系的，但不是正比例的关系。中国近一百年局势动荡，缺乏专心培养学术的机会和条件，北大的校龄长，一百年，但这一百年里并不是一直在培养一个良好的学术传统。相对而言，我们现在的环境还是不错的，我希望经过教师和学生的共同努力，中国大学能够变得更像大学，能够逐渐成为培养学术传统的园地。

沪申画廊落成感言 ①

　　作品与话语有相通之处，都是让我们看到新东西。你告诉我江边的月圆了，你告诉我那个满口五讲四美的长官利色熏心，你让我看到我没看到的东西。有人絮絮叨叨，好说街上太挤、房价太高、他太聪明而世界太愚蠢，he speaks a lot but says nothing，因为他所说的，人人不用他说都看得一清二楚。

　　话语让我们看到新东西。但作品还不止此。你告诉我的，我没有看到，但若我刚从江边来，我也会看到圆月，若我和那个长官打过交道，我多半也会看到他利色熏心。作品则不然，一件作品让我们看到新鲜的东西，而且，非通过这件作品我们就无法看到。邓肯起舞，你看到人生的热烈和无奈交织在一起，舞姿时急时缓，热烈和无奈却越织越紧。生活中的某种东西，心中的某种东西，你只在邓肯的舞蹈中看到。所以，人们说，一件真正的作品永远是独特的。

　　通过作品，我们看到了平时我们在世界中看不到的东西。作品不是日常世界的延伸，作品展现了世界的另一种景观，非这件作品，这个景观就无从呈现。这是作品无可取代的存在。

---

　　① 原载于 2004 年 1 月沪申画廊开幕时印发的画集《超越界限》，后载于《读书》2004 年第 7 期。

　　二十世纪，作品的涵义似乎发生了巨大的变化。实际上，一切都天翻地覆，方方面面都天翻地覆。怎样以偏概全呢？柯瓦雷说：宇宙坍落；荷尔德林说：众神隐遁。

　　这个过程早就开始了。如果非要找一个时间点，那让我们从伽利略在望远镜中看到了月球上的环形山开始。在古代，天和地是分开的，地上万物有兴衰生死，天上存在的则是纯精神的事物，谱写出来的是永恒的法则，用我们中国话说，"天不变，道亦不变"。希腊的宇宙，cosmos，意思就是以天地界分为主轴的万物秩序。但伽利略从他的望远镜里看到，月球、木星，乃至无比遥远的星云，都是一些像地球一样的物质实体，天上的星星和地上万物一样，服从同样的运动规律。不再有一道神力把天和地分开，此柯瓦雷所谓"宇宙坍落"。众神原本高居天界，天界坍落，诸神无所栖居，逐渐隐遁。

　　艺术和科学从相反的方向勾画出这一转变。物理和化学结合到一起了，宏观天体的演变和微观粒子的互相作用聚成了同一个理论，生理学也进入了分子研究的层次。林林总总的科学门类，正在合成"统一科学"。相反，在艺术领域，新主义层出不穷，新形式目不暇接。单看架上画，单看中国当代的架上画，罗中立和蔡锦之间，方力钧和丁乙之间，相去不可以道里计，且不说音乐、电影，且不说装置艺术、行为艺术。

　　把达·芬奇、米开朗基罗、拉斐尔放在一起是一回事，把利希滕斯坦（R. Lichtenstein）、达利、莫里斯·路易斯放在一起是完全不同的另外一回事。十八世纪，艺术爱好者很可能喜爱当时各家各派的绘画，尽管他会有所偏爱，对各个画家有高低不同的评价。对音乐也是这样。今天却不可能有这样的事情。意趣（趣味、taste、

Geschmack，我觉得都不好，不如"意趣"）回到了它原来的含义：意趣不仅有高下之分，也有趣向之别。各种意趣不再筑成一个金字塔，仿佛意趣只有高低之别、雅俗之别。品位还在，仍然，有些是高品位的意趣，有些是低品位的意趣，表现主义画家有棒的有差的，超现实主义有雅的有俗的，但我们没有同一把规尺来衡量表现主义和超现实主义。这不是更像人生吗？仍然有善恶，仍然有高低，但在这个标准化的全球生产机器里，不再有一个标准体系来衡量人性的一切善恶，品格的一切高低。

其实，在其他领域里发生了同样的转变。黑格尔曾是哲学之王，是一切既有哲学思考的归宿，是一切新生哲学思考的标尺。然而，黑格尔始弃世，各种另类思想就丛生于世，把那个博大精深的体系抛在一边。与其说尼采、克尔凯郭尔超过了黑格尔，不如说他们扭转了整个局面。哲学不再是一个统一的王国，思想的广大疆域里仍然漫步着三五退位的王者，但不再有一个王，不再需要一个王。

百家往而不返，必不合矣！但且慢悲叹道术为天下裂。若没有这一裂，就不会有儒墨老庄的百家之盛。

何况，后世之人，也不见得不见天地之纯，古人之大体。古典艺术、古典哲学，仍然高高耸立在那里。我认识的艺术家，尽管没有哪个仍在以古典方式创作，但没有一个不极口赞叹古典的辉煌。古典的成就不可逾越，但这并不意味着后来的艺术只因黔驴技穷，在绝望中花样翻新来欺骗自己和别人。金字塔仍然威严耸立在沙原上，但我们不再建造金字塔，哪怕我们有这个能力。

杜尚成了传奇，但拿他来比拉斐尔这样的古典大师毫无意义，也非杜尚本人之所愿。我们干吗非要拿"走下楼梯的裸女"去和西斯庭圣母像相比？它们是艺术的不同形态，坐落在不同形态的生活之中。

在我看，物理、伦理和艺术向之聚拢的核心已经爆裂，大爆炸已经发生，我们无可选择地跌入了一个膨胀着的宇宙，一个狂欢或癫狂的世代。物理真理像蛛网一样越织越密，越织越牢，小行星的碎片和 SARS 病毒，物无巨细，无一能逃脱科学知识之网，统统粘牢在上面。而我们对世界的观感，相反，挣脱开来、迸裂开来、飘浮起来、沉迷进去。现代艺术已经变得面目皆非，艺术圈内的人艺术圈外的人好多都不愿再叫它什么艺术，倒更愿意叫它反艺术；但是有一点似乎没变：艺术家仍然最敏锐地感觉着世界，展现着世界的实际现象：统驭万有的神明已经隐遁，精神要寻觅居所，只还剩人的灵魂，人的纷繁多样的灵魂。艺术不再吁请神明，它直接向个人发出召唤。

艺术类型的多样化和艺术接受的个人化却带来了一个严重的困境。科学、艺术、文学、哲学，这些东西曾是受教育阶层交往的共同平台。就说科学吧，十六、十七世纪新科学兴起的时候，多一半科学讨论不是在大学里进行的，而是在沙龙里进行的。气压计流体的高度取决于外部压力，这样的道理我们一听就懂。为了展示大气的压力，盖里克可以在马格德堡向公众展示他的实验，两个半球套在一起，圆球里抽空了空气，十六匹马也拉不开这个圆球。今天，如果不是苦学过十年物理学，你就别想知道粒子对撞机里发生了什么。

科学最早成为专家的事业。的确，科学从一开始就希望把我们从直接的感觉引开，进入客观的世界，一个越来越纯客观的世界。对这个世界，我们不再有所感觉。我们普通人只能通过科学技术的果实知道科学的存在，日常如塑钢门窗、移动电话，不日常如核电站、载人飞船。我们享用科学的成果，但我们不再理解科学。

科学把我们从纷繁的感性世界引开，把繁复的事物分解为简单的成分，然后用这些简单的成分重新构造世界。人生的意义在分解中失去了，而且也无法通过重构召回——生存的意义无法从粒子的互相作用推论出来。这个重新建构起来的世界由粒子的基本力量统制着，这里，一切都是铁一般的客体，这里没有主体。把主体漂洗干净而专骛客体世界本来就是科学的职责。

然而，艺术也可以这样吗？艺术，无论是抽象的还是具象的，无论前卫的还是好莱坞的，不能不直接诉诸我们的感性。只有可感的，才是有意义的。不仅是诉诸感性，而且是诉诸我们的感性，普通人的感性。科学可以只有科学家才懂，它还可以通过生产和我们联系，艺术却不能成为只有艺术家才懂的东西，艺术所"生产"的，本来就是和我们直接联系着的意义。

创造必然超出既定的规度。创作是一种冒险，从不确定的可能开始。不过，创新不仅仅是发生，创新是劳作，作品创造出来，落在现实之中，落在我们的感性之上。我们的感性是由作品参与塑造的现实，有待作品重新开启的现实。作品先行到未来，在未来与受众见面，让由它本身敞开的心灵来对它进行评判。今天与从前一样，艺术创造不可能只是对传统的盲目反抗，更不会"无论什么都行"。

作品之先行到未来，与进步史观无涉。进步史观中的未来是无论如何都会实现的东西，未来的人们将从什么东西顺应了历史必然性来评判它的优劣长短。创作却不是从铁的必然性推论出作品，它把未来作为一种可能性开放出来。因此，创作是一种冒险，索求牺牲。不过，未来将不在意谁顺应了历史的必然性，未来将依照未来的善恶美丑法度来品评前人的作品。作品由此葆真——尽管作品所从出的世界已经逝去，作品仍然屹立在那里。善恶美丑永远不是用谁顺应了历史来衡量的，真正的艺术家不可能为艺术潮流将涌向何处来指引自己的创作。我们在未来之中回顾，真诚的失败者就像成功者一样得到纪念。

作品的意义只能由作品本身展现。我们只有站在作品面前，才能了解作品全部丰富的存在。我们厌倦了道听途说地谈论作品，我们期待谁来给我们开辟一个与作品共在的场所。

当代作品五花八门，很容易让我们头晕目眩，良莠莫辨。滥竽充数、浑水摸鱼者自古有之。由于不再具有统一的标准，今天来滥竽充数来浑水摸鱼会比以往更加容易。贡布里希大概是对的："文艺复兴时期有差的艺术，但现在差的艺术更多"，不过，现在的艺术不都是差的。由于作品直接和个人的灵魂交涉，我们往往无法判明那是一件于我陌生的作品抑或是一件低劣的作品。作品在那里，我们毫无感觉，甚至感到厌恶，但我们不要轻率加以判断。我们尤其不可以某件作品来概观整个当代艺术。没有哪件作品代表当代艺术。在集体信仰的时代，我们需要集体的艺术，在个人面对自己灵魂的时代，我们渴望与我们的灵魂直接呼应的艺术，骚动的、厚重的、飞扬的、绝望的，与其去指摘与你无缘的，不如虚怀以待那和你呼应的。

　　就此而言，沪申画廊将在较宽幅度上展现中国的当代艺术，宁不让人期盼！它将有助于消除时人对当代艺术的偏见，同时为我们提供了一个重要的公共空间，让艺术回到普通人的现实中来。中国一两百年来民生艰难，政治成了当务之急，说到公共空间，说的差不多总是政治空间。但政治不是唯一的公共关切。全球化机器轰轰隆隆转动，我们渴望一角安静的所在，心灵能在那里娓娓交谈，或者，沉默着互相欣赏，又有什么不好？

　　我是新近从乡下来到上海的移民，尤有理由感激这个画廊的出现。因为长期以来，上海的民间文化实在有点儿萧条。上海雄心勃勃，要把自己建设成一个文化都市，据说上海政府已经为此做了不少规划。上海人善于规划，在经济规划上也颇为成功。但我对文化规划却心存疑窦。文化或 culture，讲的是"化""培养"，这和"建设""规划"有很大的不同。"文化建设""文化规划""文化战略"是近乎自相矛盾的用语。上海在经济上生气勃勃，但在文化领域却远不足与北京相比，余秋雨、陈逸飞、上海宝贝卖得很火，但那还是该算作经济事业的一部分，和文化艺术关系不大。我相信，都市文化的生命来自边缘、来自专精，要是没有边缘的专精的来提供养分，通俗文化慢慢就变成庸俗文化了。还得说北京是文化之都。搞现代艺术的，到北大蹭课的，小酒馆里的大作家，各色人等，雅的俗的，规矩的放浪的，于是就有意思了，有文化了，这些都不是规划出来的。弱智都知道，艺术、学术、文化上的事情，只有民间能办得好。沪申画廊其所谓焉？

我们怎么假装 ①

——介绍奥斯汀的论文 Pretending ②

这篇文章不是我的,是转述奥斯汀的一篇题为 Pretending 的论文。我不知道要不要为此道歉。在我的印象里,读到一篇好生介绍前贤思想的文章,通常都比读到一篇唠叨自己的无思想的文章有趣。这篇文章是转述,不是翻译,兴致所至,我自己还添加了一两句,有时还加个评注,这些评注有些是受到参与华东师大"心智哲学"课程讨论的听众启发的。此外还应说明,我尽量把 pretending 译作假装,以便表明原文始终用的是同一个词,虽然在汉语行文中,有时说成假扮、伪装之类更加顺口。

埃洛尔·贝德福德(Errol Bedford)在一篇论文中说,假装和实际所是之间是有个界限的,你假装生气时可以跺脚怒吼双拳乱舞,但如果你竟然砸毁家具殴打旁人,那就超过限度了,即使你自己这时不觉得生气,你还是在生气。是真在生气还是在假装生气,这是可以靠公共观察的证据来判定的。

奥斯汀从这篇论文起论,他先道歉说,他针对埃洛尔·贝德福

① 原载于《中文自学指导》,2004 年 1 月 18 日。

② Austin, J. L. & Anscombe, G. E. M., "Pretending", *Aristotelian Society Supplementary*, Vol. 32, 1958, pp.261-294.

德立论，这不大公平，因为贝德福德的论文本来不是专门谈假装的。实际上，奥斯汀虽然在自己的论文中时不时对贝德福德的论点提出批评，但总体上贝德福德只是个由头，奥斯汀是在对假装这个课题做自己的研究。

奥斯汀首先指出，真生气和假装生气不能从表现的剧烈程度来划分，一个真生气的人，举止可能相当克制，而一个假装生气的人可以做得很极端，他完全有可能砸毁自己的家具——如果导致他装假到这种程度的原因足够重大。辨别真生气还是假生气，不能只依赖表现本身，至少还要把周边情况考虑进来。

假装的确是有限度的，但那不是假装和真实之间的限度。郊游时你假装（这时候中国人多半会说假扮）一条鬣狗逗乐，你可以四脚落地连声狂吠，但你若扑到一条小牛身上当真咬下一大块皮肉来，你显然超过了假装的限度。凡事有个限度这说法太过老生常谈，多半没什么意思。在这里，界限并不在于一边是假装，一边是真的。你当真咬一大块牛肉下来，你也不是一条真实的鬣狗。真实与假装之间，不是划一条界限就可以了事的。一般说来，假装装过了头是指超出了社会在这个场合所承认的假装的界限，而不是超出了假装，成了真的。

并非假装不等于真的是。我们还可以加上说，并非真是也不一定等于假装。我们须得留意不被太过简单的两分法框定。

我们有时假装是某种东西，例如是一条鬣狗，有时则是假装做一件事情，例如，我假装咬下小牛身上的一块皮肉。这时候，似乎无论我怎么假装都有一个限度，那就是，我不能真咬下一块皮肉来。

正因此，有些事情很难假装做，例如在高尔夫球场的洞口边上把球轻击入洞，球就在洞口，你怎么假装一击，球都会真的落到洞里。如果有个桌子挡在前面，你可以不坐而假装坐在椅子上，但若没东西挡在前面，你就很难假装坐着。

还有一类事情很难假装，那就是你没有能力那样去做。你很难假装像大象那样把长鼻子卷起来，除非你先假装某样东西是一个象鼻子。小男孩骑在摇椅上假装在驾驶跑车，他首先要假装那把摇椅是辆跑车。

但我们真能确定，凡假装做一件事情就不能真做这件事情吗？我们来看看下面三个例子：

1、在一个木料加工厂，两个罪犯忽然见到警察来了，急忙装作在锯一根木头，为了装得像，他们显然必须当真在锯那根木头，锯齿要真正吃到木头里头。

2、魔术师假装在锯一个少女。锯齿要真的吃进身体，那就不大像是假装了。

3、一个小偷假装在擦玻璃窗，实际上却在窥探对面房间里的珠宝。

要分析这几个例子，我们最好先看看 pretending 这个词的拉丁词源，prae-tendere。这个拉丁词的意思是把一样东西撑开来遮挡另一样东西，借以保护它或伪装它。即使在奥维德的形象用法 Praetendens culpae splendida verba tuae（用如簧之舌伪饰恶毒心肠）中，praetendens 的原义仍然分明可见。

因此，在假装之中，一般有以下两个成分：1、借以进行伪装的活动；2、被遮掩的实际情形。黑夜里，我在羊群里偷羊，牧羊人走过来，我假装一只豹子，一窜窜进树丛里跑了；或者我假装豹子，低声吼叫着在羊群里窜来窜去。这两种做法中，显然是后一种更合于假装的本义，因为假装要求我自己仍然在场，被遮蔽的东西也仍然在场，只是被另一种东西遮蔽起来了。假装和误导别人以为如此并不同义，我有很多办法可以让你以为我生气了，不一定非要假装生气。例如，我可以让中间人骗你说我生气了。此外，在假装的时候，假装者不但必须在现场，而且他是用当前的行为误导观众，让观众把它误认为当下的事实。我假装发怒，叫骂着冲出会议室，这是标准的假装；但若我把会议室假造成我刚才曾经发怒的样子，椅子翻倒在地，杯子打碎，无论我假造得多成功，我们都不说这是假装。

在郊游中假装鬣狗，以及一般说来模仿某种不是自己真实所是的东西，是要遮掩什么呢？这种做法，从前只能说是模仿，我们今天把这也说成 pretend，这是一种相当晚近的用法。总的说来，pretend 这个词越用越宽。

我们平常在说到假装的时候，是拿假装的行为和被遮掩的实际情形相对照，例如他生气的样子和他实际上并不生气的实际情况。可是哲学家说到假装的时候，通常是拿假装的行为和本真的行为相对照，例如假装生气的样子和真正生气的样子对照。在我们平常说到假装的时候，假装的动机是连带考虑进来的，而哲学家的说法却把动机排除在外了，说起来，我们平常的说法要比哲学家的说法更有意义。

其实，我们很少能够十分肯定假装出来的行为和发自真心的行为在行为层面上是不是一模一样，因为行为和心态通常是连在一起描述的，我们说到某人假装发怒的样子，我们已经在行为层面上把假装的发怒和真正发怒说成是一回事了。除非在有的情况下，我们可以只在外部行为的层面上描述一件事情，例如"锯一个少女"。

回到上面三个例子。在第二例中，魔术师假装做的事情不是他真做的事情，他也不能弄假成真。在第一例中呢？我们可以增加一些考虑，例如时间的长短——警察走了以后，罪犯就扔下锯子，去干他们真正要干的事情了。但若警察疑心很重，踟蹰不走开呢？这就把我们引到第三例上了。在这一例中，小偷实际上是在擦窗户，然而他仍然是在假装擦窗户，是在用一种东西遮掩另一种东西。在英语里多半是这么区分的，he is only pretending to clean the windows，意指他没有在好好擦窗户，he is only pretending to be cleaning the windows 则意指无论他是不是在好好擦窗户，他都别有意图，他真正在做的是另一件事情。（汉语里有没有简单的语法区分来表示这种区别？汉语的假装，因为没有进行时，似乎兼含二者。但装模作样和别有用心这两个成语约略表达出了二者的区别。这也提示，别有用心真是所谓诛心之论，着实可怕，因为只从你正在做的事情看不出你是不是别有用心。）

总的说来，第三例表明，我假装做一件事情在一个层面上可以是真在做那件事情。关键只在于我的行为是用来遮蔽另外一件事情。

这里还显示出 pretence 和 pretext（托词、借口）的相似之处，托词所陈述的理由很可能在客观上是成立的，但它仍然是托词，不是真实的原因、动机。

哲学家在讨论假装时所采用的模式太过简单了。他们要么单在外部表现上寻找假装生气和真正生气的差别，要么认为两者在外部表现上是重合的，差别只在于当事人心里并没有感觉到生气。我们看到，这两条进路都未必合适。放开此点不论，我们还注意到在很多情况下，尽管我的外表像是在生气而我并不觉得生气，我也不一定是在假装。例如我长的那个样子老让人觉得我在生气，再例如我是在模仿生气（前面说过，如今人们用词不大讲究，往往把模仿也说成假装）。再说一遍，假装的要点在于用一样东西遮蔽另一样东西。

最后，奥斯汀自问：这些分析有多重要？他的回答成了名言：我不知道重要有多重要，重要的是求真。（不要一个无所不是者，也不要一个结束一切者。）我可以补充说，奥斯汀的分析不一定每一点都有重大的哲学意义，但他的分析总都是他自己的创见。这也部分解释了为什么奥斯汀的文章少且短——绝大多数论文，就像眼下这篇文章一样，都是转抄，即使自己以为独创，其实别人早说过，而且说得好得多，如维特根斯坦所言，一个人真正属于他自己的可说的东西不多。此外，即使奥斯汀的一段分析没有直接的建设性意义，也往往还是有防卫性的意义的，这警示我们在论述这一问题时不要急于跳上过度概括的草率结论。

关于假装，还有很多可探讨之点。奥斯汀提到了几点，我们自己还可以增加几点。

一、假装有没有时限？你可以一时假装慷慨，一辈子假装慷慨还是假装吗？然而假装似乎也能持续很久，电影里不是常见到这样的场景吗——太太冲到起居室门口，无法自制地喊道：我们要永远这样互相假装下去吗？

二、要是张三假装关怀李四，装得很像，还没来得及被李四看穿，突发心脏病死了，那岂不应了"若使当时身便死，一生真伪有谁知"这话?

三、如果真能假装很长时间,会不会弄假成真?张三假装爱一个女人,时间长了,还真爱上她了。奥维德在《爱经》里说:"装作爱的男人往往真的爱起来,他常常变成他当初是假装的那个样子。"在这种情况下,似乎应当说假装爱是一个机缘,并不是假装爱导致了真爱。

四、假装生气,装着装着还真气起来,假装伤心,装着装着还真伤心起来,这样的弄假成真的确不鲜见。假装睡觉,则更容易弄假成真。但詹姆士-朗格的情绪理论(The James-Lange Theory of Emotion)把所有的情绪发生都描述为从外到内,就似乎走得太远了一点儿。

五、我们不仅会假装,而且会假装假装,我假装打你一拳,可这一拳打得那么重,你不禁怀疑我心怀怨恨,假装打你是一种伪装。据说拍电影时就发生过这样的事情,演员张三对演员李四怀恨在心,于是借拍摄之机狠扇李四的耳光,镜头不成功,于是再扇。不一定只有怨恨有时需要双重的伪装,我也可能假装是在假装向你表达爱慕。尼采说,要掩饰自己个子太高,最好的伪装是踩着高跷走路。可是,我们也能假装假装假装吗?为什么不能?

六、假装还可以涉及自己以外的东西,例如小男孩骑在摇椅上的那个例子,孩子嘴里发出疾驰的响动,眼睛专注盯着前方,他假装开车,同时假装那把摇椅是辆跑车。又例如我假装钥匙昨天是放在书架上的,在那里乱找一通。但细想起来,至少在后一例中,假装所涉及的仍然是自己,这可以说是意识层面上的假装,假装自己的意识是某种样子,假装自己以为钥匙曾放在书架上。假装不记得她，假装爱她，应该都属于这一类。说到这里，我们难免还会想到——

七、人还可以对自己假装，即对自己遮蔽自己的真实意识。

八、假装我在山顶与想像我在山顶很不一样。假装总涉及行为，假装我是在山顶是一些动作的前奏，想象则不必。我被关在牢房里，可以成天想象监狱的墙不存在，但若假装它不存在，我就会让自己吃好多额外的苦头。

关于假装，还有更大的问题要问。例如，礼貌和伪装有没有区别？有什么区别？也许，如荀子所说，"善者伪也" [①] ？（荀子的"伪"在这里没多少道德谴责的含义，然而尽管如此，伪与诚毕竟不同。）有朋友说，也许区别在于假装是为了自己，礼貌是为了别人。我觉得这是一条有前景的思路。要展开这条思路，我们接下去也许要先看一看在动物世界里，伪装、假装是怎么开始的。

---

① 《荀子·性恶》。

施 指 与 符 号 [①]

我的学生陈业俊指出我在《语言哲学》一书的《索绪尔》一章中在两个不同意义上使用"施指"这个词。[②] 在论述施指／所指时，施指和所指结合而为符号，但在论述任意性原则时，施指和符号却时常互相换用，例如其中有这样的文字："在施指中，语言符号是最抽象的，……由于符号无需与所指相似，就创造了条件，使得符号可以和符号相似。"[③] 这里明显有用语的不一致，应予改正。

然而，应当以哪种用法为准来达成一致呢？索绪尔的定义是明明白白的："我们把概念（即所指）和听觉形象[④]（即施指）的结合叫作符号（signe）。"[⑤] 可在说了这话以后，索绪尔紧接着说，"但是在日常使用上，这个术语一般只指听觉形象"，例如指树这个声音。这是很自然的：我们拿符号来指什么东西，拿符号来指所指，所以，

---

① 原载于《华东师范大学学报》（哲学社会科学版）2004 年第 3 期。

② 陈业俊在信上说："符号是在'结合'的意义上使用还是在'施指'的意义上使用？这成为以后一系列混乱的根源。"这成为本文力图澄清的问题。

③ 陈嘉映：《语言哲学》，北京大学出版社 2003 年版，第 74—75 页。"符号无需与所指相似"一句也有疑问，但本文不讨论这一点。

④ image acoustique，高名凯译作声音形象，屠友祥译作听觉印象（有别于发声印象），我折中两种译法。

⑤ 〔瑞士〕索绪尔：《普通语言学教程》，高名凯译，商务印书馆 1999 年版，第102 页。

符号只能相当于施指，不可能相当于施指加所指——我们不能拿施指和所指的结合体来指所指。

　　然而在索绪尔看来，符号在日常用法中只指施指似乎是一种错误。在上面的引文之后，索绪尔又紧接着说："人们容易忘记，树之所以被称作符号，只是因为它带有'树'的概念。"这么说起来，人们把树叫作符号的时候，实际上符号还是施指和所指的结合体，只不过人们把自己对符号的用法解释错了。

　　是用错了还是虽然用对了但把自己的用法解释错了，这有很大区别，这一点我们且不论，能够明确的是，索绪尔在日常语言里选取符号一词是勉为其难之举。"至于'符号'，如果我们认为可以满意，那是因为我们不知道该用什么去代替，日常用语没有提供任何别的术语。"[①] 索绪尔需要一个词来表示施指和所指的结合体，而他在日常词汇中找不到这样一个词，他考虑了 signe、terme、mot 等词，说："我们仍然没有获得这样一个词，绝对明晰地表明了施指与所指的整体性。"[②] 可见，索绪尔用 signe 或符号这个词来指施指和所指的结合体，究竟和这个词本来的用法有出入，在某种程度上可说是个人工概念。

　　索绪尔为什么找不到一个词来指施指和所指的结合体？是日常语言贫乏吗？如果是那样，我们不妨自己造个新词，或者像索绪尔那样，在日常语词中选一个比较接近的，然后加上些人为的规定。

---

　　① 〔瑞士〕索绪尔：《普通语言学教程》，第102页。

　　② 〔瑞士〕索绪尔：《第三度讲授普通语言学教程》，屠友祥译，上海人民出版社2002年版，第107页。

　　然而，索绪尔本人意识到，这恐怕不止是个有没有现成语汇的问题："我们是希望称整体为符号，还是听觉形象本身可被称作符号，这是个我决断不了的问题。这是个需要解决的术语问题；这需要两个不同的词语。我将尽力避免混淆，这可能是个很严重的问题。"① 这里让人难以决断的困惑大致是这样的：一方面，我们拿符号来指所指，所以，符号只能相当于施指，不可能相当于施指和所指的结合体；另一方面，既然是符号，它必有所指，所以符号里带有所指，因此符号是施指和所指的结合。哪个结论是对的？抑或符号竟是两个结论的辩证统一？

　　当然是第一个结论对。索绪尔说，signe 带有所指，所以它是施指和所指的结合。然而在同样的意义上，施指也必然带有所指，否则我们怎么能叫它 signifiant，叫它"有所指者"呢？② 于是施指本身也是个结合体，是下一层施指和所指的结合。这样我们就会陷入无穷倒退。第一步走错了，才会一步错步步错。凡陷入无穷倒退，我们就得回过头来重新审视第一步。

　　索绪尔把施指和所指比作纸的正反面，我们可以说到纸的正面和纸的反面，但纸却不能只有正面或只有反面。他用这个比喻来说明，施指和所指总是结合在一起的。这是一个可疑的比喻，我曾评论说："纸的正面反面都实存，而声音和概念两者的本体论地位不同：声音是实存的，概念并不在同样的意义上实存：可以有无意义

①〔瑞士〕索绪尔：《第三度讲授普通语言学教程》，第85页。
② signifiant，多译作能指，也有译作施指的，我取后一译法。我更愿向索绪尔专家建议译作"指者"。

的声音,却不可能有无声音的意义。"① 施指和所指之"结合"不同于
纸的两面之"结合",更不同于秤砣和秤杆的结合。② 在秤这个统一
体中,结合在一起的秤砣和秤杆是两样东西,两样本体论地位相同
的东西。而在施指和所指中,一样东西是物质性的,另一样则是概
念性的。施指和所指的关系不像秤砣和秤杆的关系,而像秤杆与其
长度的关系。我们可以有秤砣和秤杆这两个词,此外还有一个秤这
样的词来指秤砣和秤杆的统一体,但我们不会有一个词来指秤杆和
它的长度的"结合"。诚如索绪尔所言,符号总已经带有它的所指,
然而,恰恰因为它逻辑上已经带有这样东西,它就无法再次与这样
东西结合。

　　难怪我们即使有了施指这个词,并且知道它只是符号的一半,
实际使用的时候,还是难免把它和符号用混。甚至索绪尔本人也难
避免混用。③

　　日常语言拒绝生育一个词儿来表示施指与所指的结合,不是因
为它贫瘠。有一种深层逻辑限制着自然语词的生育。每天都投入
实际使用的东西不得不比大多数哲学思考更加尊重逻辑。有鉴于
此,我们在人为地为某个自然语词规定意义的时候,当慎之又慎。
我们自以为考虑周详、言之成理,却仍然可能在更隐蔽处冲撞了自

<hr />

　　① 　陈嘉映:《语言哲学》,第73页。
　　② 　罗兰·巴尔特却不加批判地接受了索绪尔的这个比喻,并强调说,符号由施指
和所指结合而成这一主张"至关重要,应时刻不忘,因为人们总易于把符号当成施指"。
〔法〕罗兰·巴尔特:《符号学原理》,王东亮等译,生活·读书·新知三联书店1999年
版,第29页。
　　③ 　例见〔瑞士〕索绪尔:《第三度讲授普通语言学教程》,第109页。上面所引罗
兰·巴尔特"人们总易于把符号当成施指"指的也是这一难以避免的混用。

然的法则。硬行规定一个概念，通常不是问题的解决，反倒会掩盖
自然概念中积淀下来的精微理路。由此我们也可多一份体会，为什
么大师索绪尔在规定符号之为施指与所指之结合时如此审慎，如此
犹豫。

　　然而索绪尔所创的施指一词不是一个成功的范例吗？它投入
使用转眼已近一个世纪，运行状态良好，用得越来越广，已经是通
行的学术词汇了。施指一词之被广泛使用，自有道理。不过，在
澄清这个道理之前，我们先不妨自问：我们写论文动辄使用施指，
是因为的确非用它不可呢还是为了让自己的论文显得更学术一点
儿？如果我们不用施指而是回过头来使用符号行不行？谁在用施
指的时候像索绪尔所规定的那样想着它是符号的一半内容？
　　上面说到，把施指规定为符号的一半，是个不合逻辑的规定，
所以，没有人能够实际上这样使用施指——我们能够做出不合逻辑
的规定，却不能遵行不合逻辑的规定。（明乎此，教育部的官员可较
少因为某些规定得不到实施而感恼火。）考察学术人对施指的实际
用法，我们不难发现，它并不是在索绪尔一开始规定的意义上被使
用的，施指大致相当于广义的符号。
　　符号之为符号，当然在于它有所指。语词有所指，所以它是符
号。然而，有些东西，我们虽然平常不叫它符号，但它也能有所指，
天平、玫瑰、奔驰车皆此类也。奔驰车有它物质的存在，同时也可
能具有象征某种身份的意义。粗看起来，语词和奔驰车一样，有它
的物质存在和意义两个方面，作为物质存在，声音有音量、音高，
文字有笔画。但是，语音和奔驰车也有相当的区别。奔驰车首先是

一辆轿车,其首要的存在是轿车,虽然它有时候也可以被用作符号。实际上,奔驰车能够作为符号存在,恰说明它首要的存在不是符号。我们能够把一把餐刀视作武器,我们却不能把一把餐刀视作餐具。[①]

德国满街都是奔驰车,没什么符号意义,但奔驰车仍保有奔驰车的良好驾驶性能,保有其本来的存在。[②]语词却不是这样,符号是它首要所是的东西,也差不多是它唯一能是的东西。语词不仅有所指,而且它除了有所指而外,一无所是。所以,我们可以说奔驰车和某种身份相结合,玫瑰和爱情相结合,却不能在同样的意义上说语词和它的意义相结合。

正因为语词和玫瑰有这种重要区别,所以我们平时把语词之类称作符号,不把玫瑰称作符号,而称作花、植物等。可是,索绪尔在从事语言学研究的同时,还在考虑一门更广泛的科学,研究所有能指、能象征、能代表等的东西。我们需要一个词来统称这些东西,索绪尔建议的词儿是 semeion,研究这些东西的科学被称作semiologie,通译符号学。[③]semeion 大致就是希腊语里表示符号的词儿,所以,我们差不多等于仍然采用了符号这个词,但扩大它的外延。于是,我们有了日常对符号的狭义用法,又有了符号学对符号的广义用法。

---

① 参见〔奥〕维特根斯坦:《哲学研究》,陈嘉映译,商务印书馆 2016 年版,第211 页。

② 它们是"社会出于意指目的加以衍义的实用物品"。〔法〕罗兰·巴尔特:《符号学原理》,第 31 页。

③ 〔瑞士〕索绪尔:《普通语言学教程》,第 38 页。

　　然而，有时候人们谈论广义上有所表征的东西而不愿和狭义的符号混淆，他们就仍然需要另一个词。施指这个词落到他们手中。检索人们对施指的实际用法，它就是广义的符号，而不是索绪尔所规定的符号的偏于物质性的那一面。当然，我们原本也可以不用施指而用符号，好处是那是个人人本来就明白的词儿。不过，用施指这样一个新造的词儿也有它的好处，那就是突出了这一层意思：虽然有些东西通常不是个符号，但它有时候却作为符号起作用，即使我们没有注意到它在作为符号起作用的时候，它也可能在悄悄地有所指。现今的学术人特别热衷于通常事物的隐秘符号作用，无怪乎施指这个词大行其道，虽然它和索绪尔的原设想离开很远了。

以恶致善还是以善致善？ ①

读了今年第 4 期上盛洪的文章《在儒学中发现永久和平之道》。我常从盛洪的文章中学东西，这次也不例外，但读完后还有一二困惑，写出来向作者讨教。

这篇文章谈的是个无比重要的问题，那就是应当以恶致善还是以善致善。文章最基本的论证大概是：历史证明以恶不能致善，剩下的可能性就是儒学的"以善致善"了。我的困惑是：以往的历史的确表明人类做了很多恶事，并没有最终致善，但以往的历史同样也表明，有人做了很多善事，同样没有最终致善，否则宋襄公和孟子怎么没给中国带来持久和平呢？盛洪的结论似乎是这样得出来的：他用历史事实来反驳他要反驳的主张即以恶致善，用理念的方式来辩护他赞成的主张，即以善致善。此一论证法，如今虽颇流行，未见得成立。

我们通常用历史事实来证明西方的残暴，用孔孟的书来证明中国的仁义。的确，盛洪也举了几个中国史上"仁义之师"的实例。但这似乎不说明什么。盛洪大概不难在西方历史中也找出几个仁义的实例，更不难在中国历史中找到远为更多的残暴实例。用这种

---

① 原载于《读书》2004 年第 6 期。

办法来比较中国历史和西方历史哪个比较仁义，我想很难有什么结论。历史中更触目的是残暴和欺骗，吉本的这个断言似乎更合乎我们读史的印象，无论读的是外国史还是中国史。

　　盛洪最后指出，儒学并不全盘否定武力，评论说："儒学的思维方法，不同于形式逻辑的非此即彼"。这个评论也让我十分困惑。难道西方思想家都是要么主张无限使用武力要么全盘否定武力？这样的非此即彼，似乎是盛洪本人断言的，而没有任何形式逻辑会这样主张。

真理掌握我们 ①

倪梁康今年六月在我们华东师大做了一次讲演，题为《十二怒汉 VS. 罗生门》，用黑泽明导演的《罗生门》和悉尼·卢曼特导演的《十二怒汉》两个电影作引子谈政治哲学中的政治-哲学关系。② 讲演不长，但内容丰富。下面我尝试对讲演中的真理本性问题做一点儿诠释。我引用海德格尔来诠释梁康，不是意在调侃，只是尝试在适当的上下文中理解前贤的见解。下面的诠释若有过度诠释之处，望梁康及读者指正。

一般的真理问题而外，倪文中还有多种重要的提示。此文题为《政治哲学中的政治-哲学关系》，其中最重要的一点提示，在我看，是坚持人性中有对真理的渴求，因而不可能单用契约论来理解社会关系。可惜，学力不逮，无法就这多种提示多谈了。

真理之为前提

十二怒汉走进审议室的时候，每个人都自以为他握有真理。通过争论，有些人认识到，他刚才错了，他刚才并不握有真理。我们

---

① 本文原载于 2004 年 7 月 8 日《南方周末》阅读版。

② 这篇演讲的稿子后来也发表在 2004 年 7 月 8 日《南方周末》的阅读版上。

会说，有些人错了，有些人刚才是对的，一些人的意见战胜了另一些人。这说法当然不错，但容易把我们误引向一种错误的真理论。我愿说：在诚恳的交流中，参与者都向真理敞开，真理临现。人所能做的，不是掌握真理，而是敞开心扉，让真理来掌握自己。只要我们是在诚恳地交流，即使一开始每一个人都是错的，真理也可能来临。真理赢得我们所有的人，而不是一些人战胜了另一些人。看一眼科学发展史，有谁一开始是对的？哥白尼体系战胜了托勒密体系，这个说法并不妥帖，在后世哥白尼主义者那里，哥白尼体系中的论断被抛弃的远多于被接受的。

真理之能赢得我们，是因为真理出现的时候，我们承认它。这是人之为人的本质。倪梁康说："在相互说理中包含着对需要得到的论证的'理'的前设。"若用海德格尔的话说就是：我们以真理的存在为前提。[①] 以真理为前提，并不是说我一开始就认识了真理，而是说，尽管我自以为我是对的，但我承认我可能是错的或需要修正的。其实，"我是对的"这一提法已经包含了对真理的从属，已经以真理为标准，当我错时我准备认错。在这句话里，"对"是核心，"我"是从属的。除非你把那当作一个分析命题来说：我永远是对的，我无误敕令。

人之本性在于以真理为前提，真理是我们的本性、自然、天性。自以为是和相信自己的本性是两个层面上的事情。现代人提倡个体，仿佛与真理隔离的自我是一切的前提。然而，人之为人就在于人能区分小我和道理，区分所谓小我和大我。

---

① "我们必须把真理设为前提"（wir muessen die Wahrheit voraussetzen）。可见〔德〕海德格尔：《存在与时间》，陈嘉映、王庆节译，商务印书馆 2019 年版，第 316 页。

　　人们真会虚席以俟真理吗？在真理和利益发生冲突的时候，难道人们不是更经常选择了利益吗？我只是声称，人能区分什么是我的诉求，什么是道理，而不是声称人人随时准备顺从道理。也许在绝大多数时候人们更愿意顺从小我；我愿说，即使他顺从小我，不顺从真理，他也知道他现在不顺从真理，他仍然知道小我和大我的区分。

　　也许利益斗争占去了实际生存的大一半。我只想说，利益斗争不是生存的全部。人们争夺利益，并不奇怪，让人惊奇的是：人们有时竟会为真理放弃利益。

真理需要成见

　　为什么我们不说大某而说大"我"？真理，或普遍真理，不是某种与我无关的漂浮在什么地方的东西。普遍真理是我的规定性。海德格尔把人叫作 Dasein，想要提示个人和 Sein（普遍存在）有内在的联系。必须有凡人的参与，真理才能临现。从我的看法和体验开始，才有超越我的看法和体验的真理来临。

　　真理需要小我，需要我们这些抱有成见的凡人。真理需要人。还用海德格尔的话说，"唯当此在存在，才'有'真理"①。以真理的存在为前提，并非一开始不抱成见。倪梁康说："每个人都有偏见，或多或少而已，这是在探索真相的过程中无法避免的。"这么说虽

----

　　① 〔德〕海德格尔：《存在与时间》，第 314 页。我不妨再多引几句："真理当然不因此是主观的，因为就揭示活动的最本己的意义而言，它是把道出命题这回事从'主观'的任意那里取走，而把进行揭示的此在带到存在者本身前面来。"

不错，但口气不太适当，我是想说，只对那些抱有先见或成见的人，真理才会彰显。若把此在解释学中的 Vorhabe 理解为消极的东西，理解为人人都难免有偏见，这就错失了要点：成见对真理具有积极的构成作用。真理是一种克服，是对我们的成见的克服。海德格尔说，真理须争而后得。不是像宝藏那样藏在金银岛，我们互相争斗以夺取它，最后占有它；而是，真理和我自己的成见作斗争，真理在克服我们的成见之际展现自身。没有我们的看法，真理就无从显现。我在这个意义上理解维特根斯坦的话："人们一定是从错误开始，然后由此转向真理。……要让某人相信真理，仅仅说出真理是不够的，人们还必须找到从错误到真理的道路。"①

真理和谬误同根而生，两者都植根于关切。我们具有诚实的看法，已经是对真理的呼请；我若对所涉之事无所谓，真理就无从展现。奥古斯丁说，爱而后有真知，这竟被启蒙学者视作蒙昧。在你漠不关心的事情上，你连犯错误的机会都没有。若真有人对万事都无所谓，对什么都不持成见，他就与真理绝缘了。人家告诉我，火星上没有水，那英是中国最好的歌手，于是我相信，火星上没有水，那英是中国最好的歌手；人家明天告诉我，火星上有水，王菲是中国最好的歌手，于是我相信，火星上有水，王菲是中国最好的歌手。我一开始没错，现在也没对，在这些事情上，我或对或错都无所谓。无所谓的事情无所谓对错。在这些事情上，我和真理无缘，因为我一开始就和错误无缘。实际上，说我相信火星上有水或相信没有

---

① 〔奥〕维特根斯坦：《评弗雷泽的〈金枝〉》，见涂纪亮主编：《维特根斯坦全集》第 12 卷，陈启伟译，河北教育出版社 2003 年版，第 11 页。

水，原有用语不当之嫌：在这些事情上，我谈不上相信不相信，我没有信念，没有什么要坚持的东西，也没有什么要克服的东西。我只是在两种听说之间摆来摆去而已。[①] 可惜人们已经习惯在无根的浮面上谈论 belief 和 truth[*]。

这要求我们重新理解宽容。人们现在往往这样理解宽容：不坚持自己的主张，甚至不形成自己的主张，或有个主张却不提出来，对什么都模棱两可，声称哪种看法都同样有道理。然而，宽容却是这样一种态度：把自己的见解放到更宽的天地之中，聆听他人，准备修正自己。由于关切而具有主张，就自己的全部理性所及坚持自己的主张，这不是不宽容，这恰是宽容的主要条件。唯确有主张的人才能宽容。

不预知真理的内容

人以真理的存在为前提，并不是说，真理已经现成摆在那里，像放在保险柜里的项链那样只等我们打开锁把它取出来。[②] 关键始终是：真理存在的方式。海德格尔坚持把真理首要地理解为 aletheia，理解为一个始终和展示过程联系在一起的展示者。真理虽然是前提，但真理的内容却不是预知的。陪审员们拿出自己的看

---

① 但你只是在谈对你真或不真呀。——我不是在谈论对我是否为真。我是在谈论真理对我显现、对你显现、对人显现。我的确不在谈论与什么人都不相干的真理。"数学真理可不依赖于人是否认识到它！——在某种意义上，数学当然是一门学理，——但它也是人的作为。"〔奥〕维特根斯坦：《哲学研究》，陈嘉映译，第 246—247 页。

* belief，信心，信念，信仰。truth，事实，真实，真理。——编者

② 因此，在描述真理概念的时候，须警惕"发现真理"这一类说法。

法以前，我们不知道真理会怎样显现，不知道真理要取何种形态。当然，我们要的是事实、真相，但真相有一千副面孔，从一件事情上可以截取无数的事实。①

但若我们不预知真理的内容，又怎么分辨我的 doxa* 和超越于看法之上的 episteme** 呢？按照恩披里柯的说法：如果我们一开始只识得看法，那么，即使真理来临，我们又怎么认得它？的确，真理作为一种现成的东西，与看法没有什么不同，我们无法通过外貌把它与 doxa 区分开来。就此而言，doxa 是我所具有的全部。episteme 不是作为一个孤立的东西有别于 doxa，就像出了跑道，冠军和亚军看上去没有什么不同。真理与 doxa 的区别须在探索活动中寻找——"神并没有从一起头就把一切秘密指点给凡人，而是人们探索着逐渐找到更好的东西的"；② 一如善良并不写在脸上，我们须从行动中寻找。就此而言，我们最好不把真理视作简单的名词，而把它视作成就动词（achievement term）。它是我们现在的最高成就，然而却不是一旦发现了就永恒不变的东西。

"真理"这个词聚讼纷纭。海德格尔表示，若把 aletheia 译作揭示、去蔽、无蔽一类，既更合乎这个希腊词的字义，又有助于更正当地理解"真理问题"。③ 那么，我们为什么还要坚持用"真理"

---

①　参见陈嘉映：《事物，事实，论证》，引自陈嘉映：《泠风集》，东方出版社 2001 年版，第 171—204 页。

*　doxa，信条，观点。——编者

**　episteme，知识，认识型。——编者

②　〔古希腊〕克塞诺芬尼：《残篇》，引自北京大学哲学系外国哲学教研室编译：《古希腊罗马哲学》，商务印书馆 1982 年版，第 46 页。

③　〔德〕海德格尔：《真理的本质》，参见《路标》，孙周兴译，商务印书馆 2000 年版，第 220 页。

这个词呢？我承认，由于人们对真理概念的普遍误解，采用真理这个词会让这里的有些阐述变得较难接受。的确，在别的场合，我们不一定非要用真理这样的大词，但在这里情况不同，因为我们面对的恰恰是聚集在"真理问题"名下的成见，如果我们单单选用了去蔽而不用"真理"，就仿佛除了去蔽意义的真理，"真理"还可以去指与我们的探索过程无关的、永久不变的东西。没有这样的东西，所谓自然科学真理也并不是这样的东西。①

终 极 真 理

如果真理竟只是我们凡胎肉眼所见的最好的东西，如果真理竟只是眼下不可归谬的东西，如果真理竟是明天就可能改变的东西，

---

①　倪文是把真理问题和少数／多数问题结合在一起讨论的。他的结论似乎是，在自然科学领域，真理和多数没有关系，但在政治领域，真理最后应能赢得多数。这是个复杂的问题，我不敢问津。但我愿提到两点。一，科学知识好像是建构起来的正面的东西，不是从否定方面得到的看法。我们且不说科学也是在争论中生长的，我们只需注意到，科学知识通过摆脱经验看法才变成某种建构式的东西，而这一过程是否定性的，这一点从科学对常识进行否定的开端处看得最清楚。在眼下的论题里，自然真理和社会真理并无原则之分，关于真相的探索与关于价值的探索一样，都要求我们克服自己的成见，向超出我们自己的真理敞开。我们争论同性恋是否正当，争论我们是否应当引进磁悬浮列车，和争论火星上是否存在水并没有什么两样。二，我不大相信我们应该从少数／多数这个角度来区分科学真理和政治真理，要硬说，毕竟是科学真理最后为大家所接受（无论懂不懂），而政治上却很难出现共同接受的情形。尽管《十二怒汉》的实际结局是十二个陪审员都接受了真理，但这只是说：自由讨论为真理赢得我们大家创造了条件，还不是说：真理必然赢得多数。泛泛而言，我不认为真理和大多数人的赞同直接相干。可以顺便提到，倪梁康说，苏格拉底曾讽刺希腊人想通过多数票来决定真理，而黑泽明用他的电影再次传达了这个嘲讽。我觉得《罗生门》涉及的是真相是否可知，和多数少数没什么关系。

那么，真理只是相对的，我们还该叫它真理吗？我们不是在贬抑"真理"这个崇高的名号吗？

至少海德格尔不这么看。在上文所引的"唯当此在存在才有真理"之后，海德格尔说，"这种'限制'并不意味着减少'真理'的真在"，而"永恒真理"这样的提法，只是一种空幻的主张，应视作"哲学中尚未肃清的基督教神学残余"。① 真理是可变的，今天是真理的，明天可能不是真理。也许反过来说更好：今天是真理的，即使明天可能被否定，今天仍然是真理。这听起来似乎难解，就是说，在这里，对真理的初级反省形成了顽固的成见。

没有绝对真理，② 你今天就你心智所及赞成火化，赞成妇女可以自决堕胎。我们不会因此责怪孔孟时代的人反对火化，我们也不能保证，三百年后，我们仍然赞成这些。任何思考都不可能提供终极结论，论证可能由于新的知识而不再有效，或由于信念的改变而不再充分。

三百年后，我们可能拥有新的知识，抱持不同的态度，但我们今天应当据此反对女性有堕胎的自决权吗？真理是在特定的条件下显现的。就现在给定的条件来说，它是真的。你要证明它不是真的，现在就要提出相反论据，而不是声称总可能有这样的论据。你当然可以反对妇女堕胎自决，但你不能这样论证：即使我不知道错在哪里，但它总有可能是错的。

我当然不是说，我说不过你就必须服你。我感到你是错的，但我说不清楚你错在哪里。不信从某个听起来头头是道的道理，不一

---

① 〔德〕海德格尔：《存在与时间》，第314、315、318页。

② "没有绝对真理"被说成是悖论。我们另找机会讨论悖论问题。

定就是不讲道理。① 我向道理敞开，只不过我没有在你的说辞中体认出道理。我们甚至可以说，讲道理包含着一种危险，即今人所谓"话语权力"：弱者往往没受过系统教育，讲理的本事不如强者，强者就用讲道理做幌子来欺压弱者。对讲道理取抵制的态度有时不无道理，但我还是愿意补充几点：一，强者用讲道理做幌子来欺压弱者，往往优于不讲道理赤裸裸欺压人。相对而言，讲道理还是多给了弱者一个机会，乃至鲁迅说，只有弱者才要求讲道理。二，在有些看似没道理可讲的地方，其实是我们把道理限制得太窄了。我们要训练讲道理的能力。三，我们要训练对道理的敏感，学会识别什么是真讲道理，什么是宣称、欺骗、话语霸权。

　　我感到你是错的，但我说不清楚你错在哪里，这时候，我不服的是某个具体的结论。我们须得仔细，这不同于一般地声称：错误总是可能的，我不知道它错在哪里，但在上帝眼中，它一定是错的。这种态度不涉及具体的争点，它涉及的是真理理论。你暗中转移了争点。我们原本是在讨论这个结论是否真实可靠，现在你离开了"这是不是真的"这个提问，不动声色地转向了关于真理是什么的定义。你已经把"不可改变"作为真理的定义。所以你说，这不是真理，因为它可能出错，可能改变。我现在要表明的正是这种真理理论不足持信。在求真的路上，我们问：它在哪里错了？就我们所掌握的一切材料、就我们所具有的一切思想能力和形式要求来说，

---

　　① 或曰：讲道理预设了共同的立场，如果根本预设不同，那就无法交锋。我认为事情可说完全相反，讲道理总是在立场有所差异的人之间进行，否则岂不成了 preaching to the converted（向皈依者传道。——编者）？当然，立场相去越远，道理就越难讲通。

它哪里错了？这里是罗陀斯，就在这里跳吧。

　　诚然，无论我多么有把握，我终究是个凡人，我总可能是弄错了。知其不知，知之至也，这是对求真者永恒有效的警告。但这不是说，从无确定之事；[①] 这不是说，我不可以有把握，或我必须做出没有把握的高姿态。事不关己，我们可以永远不拿出一个确定的看法，始终停留在海德格尔所说的 Zweideutigkeit* 之中。我在这里不是在谈论事不关己侃山闲聊的看法，我是在谈论"看待"意义上的看法，谈论我们在待人接物之际所体现出来的看法。确定的看法是一个决断，甚至会是冒险。我们时时警惕我必然正确我永远正确这种理性的骄狂，然而，拿出确定的看法并仍然敞开心扉，这并不是理性的骄狂。

　　"我们不知道，上帝知道"，据说这是用对上帝的虔诚来反对理性的骄狂。我从不相信只要提到上帝就是谦卑。信从真理才是谦卑，信从上帝作为真理临现于这个世界才是谦卑。上帝知道那一定是错的，我通过对上帝的信仰知道那一定是错的，现在出场的不是上帝，是你和我，而我由于是上帝的信徒占据了优势，不管我在上帝面前多么谦卑，我在你面前却是上帝的代言人。

　　谦卑的信仰，多少骄狂假汝之名而行！

_____

　　① 　如维特根斯坦所指出，那只是对确定性做了错误的解释，参见维特根斯坦所著的《论确定性》全书。Wittgenstein, L., Anscombe, G. E. M., von Wright, G. H. & Paul, D., *On Certainty*, Oxford: Blackwell, 1969, vol. 174.

　　* 　Zweideutigkeit, 两可，被不清晰地理解。——编者

对　话

倪梁康说:"通过对话和论争,更确切地说,通过相互说理,各种意见最终可以指向对真理的认知。"真理若不是无关我们凡人的绝对自在者而是对成见的克服,那么,真理就只能在交流和争论中显现。[1]真理是一场对话。"柏拉图使辩论(辩证法、对话)这一术语获得了一种更深刻的含义——亦即探索和发现真理的方法。"[2]夏特莱则称对话为"新生哲学的标准形式",从柏拉图以来广为人知的辩证法,就是对话的艺术。[3]

今人说到对话,经常是指谈判、协商。真理在对话中临现,但对话不都是协商。真理不是协商的结果,不是对话者相互妥协达到的一种协议。我是这样理解倪梁康这段话的:"各种杂多的观点可以经过充分的讨论和论证达到共识,这种共识不仅具有主体间的有效性,而且可以切中主体以外的对象,即客观的真相。"[4]

谈判牵涉到利益对道理的构成作用,这里不谈,我们这里说到

---

[1]　不是说,真理不能在默默的交流中临现;只是说,言说规定人之为人,对人来说,其他方式的交流,即使一语不发,也渗透着言说。

[2]　〔法〕H.-I. 马鲁:《教育与修辞》,载于〔英〕F. I. 芬利主编:《希腊的遗产》,张强等译,上海人民出版社 2004 年版,第 213 页

[3]　〔法〕弗朗索瓦·夏特莱:《理性史》,冀可平、钱翰译,北京大学出版社 2000年版,第 23—24 页。

[4]　我相信梁康指出"不仅具有主体间的有效性"是极其敏锐的。固然,我们可以把主体间性理解为:真理只发生在众人之间(这是二十世纪语言哲学最深一层的意义),但主体间性太容易导向约定论、妥协论,而常见的情况是:人们一旦放弃符合论,似乎就只能落入约定论。不过,基于同样的理由,我对"共识"这个词也有保留。此外,"主体以外的对象""客观真相"这些用语似乎都需要商榷。

对话,说的是诚恳的对话。对话、交流的语义中包含诚恳,我有时说诚恳的对话,只是把隐含在对话概念中的一个内容明说了而已。[1]如果十二怒汉里有一个心怀鬼胎,决意要给那个男孩定罪,别人无论怎样有道理他也不听,那么他根本没有参与对话,对话只是一种伎俩。

　　在诚恳的对话中,对话者向真理敞开,虚席以俟真理临现,谁更有理,对话者就顺从谁。就此而言,对话者是平等的。平等不是说任何人可以就任何话题对话。对特定话题的知识准备等[2]且不说,你要就某件事情对话,首先你要有关切,海德格尔在 Gerede*题下入木三分地描述了没有关切的浮泛议论。

　　虚席以俟真理不是说:真理必定显现。诚而已矣,真理的临现是一种命运。"至于存在者是否显现以及如何显现,上帝与诸神、历史与自然是否进入以及如何进入存在的疏朗中……这些都不是人决定得了的。"[3]诚如倪梁康所说,在《罗生门》中,人们虽然没有找到真相,但还是承认有一个真相。但这个真相永远失去了。

　　就真理之为真相而言,确实如此;但我们凡人,诚而已矣,我们为真理的临现做好了准备,这就是我们的至高真理了。经上说,只要有两个人在场,我就在你们中间了。

---

　　[1]　这可说是格赖斯所称的 conversational implicatures(会话含义。——编者),参见〔美〕格赖斯:《逻辑与会话》,载于〔美〕A.P. 马蒂尼奇编:《语言哲学》,牟博等译,商务印书馆 1998 年版,第 296—316 页。

　　[2]　这些知识来自前人的经验和探索,如今却不是真理的显现,不是 aletheia 意义上的真理,而是真理显现的条件。

　　*　Gerede,闲谈。——编者

　　[3]　〔德〕海德格尔:《关于人道主义的信》,引自《路标》,第 391 页。

读《鼠疫》

　　《鼠疫》常被视作一部象征小说，象征纳粹对法国的占领。加缪调动了纳粹占领时期的感受，这无疑，但我不认为这样一个完整的故事是个象征。鼠疫和纳粹暴行很不一样。从死亡统计表看，天灾人祸一样无情，不过，天灾尽可以残酷，但那不叫残忍——只有人对人的暴行才可能残忍。因为只有人才会侮辱人，才会乐于残酷。搜集成百的双胞胎来做活体解剖；把剃着阴阳头的黑五类拉到台上，逼迫他们合唱"我是牛鬼蛇神"，然后用皮带把他们活活打死——这是残忍。也许，人对人并不永远是地狱，但只有人能够营造最令人恐怖的地狱。

　　《鼠疫》写的不是这种残忍，它写一场天灾。一群群垂死的老鼠在街上东撞西撞，然后死在自己的污血中；一个病人死了，第二个死了。就这样，一场灾难从天而降，死神的镰刀任意挥动，无贤无不肖。事情就这样发生了，无可解释，世界就这样荒诞地旋转起来。灾难把恐惧和荒诞合在一起，加重了荒诞的力量，这种力量又反抛回来，乃至我们回首以往，那些井井有条的日子下面原来也是一个无意义的空洞而已。

　　然而，灾难不也显示出了某种意义吗？瘟疫开始肆虐后不久，全城最受人尊敬的帕纳卢神甫做了一次布道，他说，鼠疫今天降临到人间，那是因为思考问题的时间到了。只有通过这样的灾难，人们才会开始刷新他们对生灵和事物的看法，"你们现在明白了，终于要回到根本的问题上来了"，这场鼠疫使我们更有远见，从而能察觉到隐藏在痛苦深处的天主所昭示的永生之光。

这却没有说服里厄。这次布道后不久，本书主人公里厄医生和洞明世事的塔鲁有一次谈话。里厄说：这场鼠疫也许可以使有些人思想得到提高，然而，看看它给我们带来的苦难吧。面对这些苦难，我们就不能逆来顺受，我们只有站起来和它抗争。里厄是个医生，他"首先会去照顾受苦的人，然后才会想证明苦难是一件好事"。里厄承认，他没有"远见"，他的抗争只是暂时的，甚至就是"一连串没完没了的失败"，但这不是停止抗争的理由。里厄不是个不讲功效的理想主义者。这里不谈道德主义和功效主义的理论，常情是，我们做事，总期望有点儿功效。真正的区别毋宁在于，在某些极端情势之下，做什么都无补于事，这时候，有理想者仍然有所为。理想不是上限，恰恰在落到底线的时候，理想才最为彰显。

里厄医生不是个喜欢倾诉的人。这一次例外，面对塔鲁这个古怪而又给他亲切之感的人，他产生了一诉肺腑之言的念头。此前他在街上曾和记者朗贝尔有一次谈话，朗贝尔十分激动，指责他生活在抽象观念之中，这个指责触动了他，但他始终非常冷静，也许有点冷静得过分。人的有些作为是讲不出什么动机的，说抗争，说仁爱，话一出口，就像抢夺了行动本身的意义。

但里厄还是对塔鲁说了。因为塔鲁能够理解。谈话要一种缘分，无论何时无论对谁都能吐诉的，都是些不值一听的东西。那么，我们是否有缘分听到加缪的言说呢？

据说加缪是个存在主义哲学家，据说存在主义主张一切都是可行的。然而，加缪似乎在告诉我们，上帝死了，但却并非怎么做都行。多少世纪以来，中国人不信上帝，但中国人并没有怎么都行。永远有善恶，永远有好一点差一点，哪怕没有至善的照耀。

塔鲁自问："一个人不信上帝，是否照样可以成为圣人？"

里厄自语："我对圣人之道不感兴趣。我所感兴趣的是做一个真正的人。"

塔鲁应道："对，我们追求的目标是一致的，不过，我的雄心没您的大。"

当然，《鼠疫》不是来对我们讲一番道理，它自讲述它自己的故事，讲述小人物的悲欢和恐惧，讲述男人之间的友爱，讲述弥留和死亡，这一切，始终是用冷静却绝不冷漠的笔调讲述的。这些也许是局外人永远无法理解的故事和道理。

武夷青龙瀑布

　　说明：桥影和我都好道，她长于茶道。几个朋友到青龙瀑布前的巨石上坐下，桥影把山溪的水煮沸，三四种茶分别沏上两三道，把每一种的韵味娓娓道出，给我们这些茶盲启蒙。一面羡慕人家的道，一面不禁恼恨自家的凡俗。

　　清新桐溪路，探幽到源头。
　　白水云中走，轻雷石上流。
　　桥影捧月桂，其香逸且柔。
　　人世多烦累，愿从神仙游。

钱冠连先生《语言：人类
最后的家园》序 [①]

　　钱冠连先生从事语言学研究已二十余年，成绩斐然，三部专著，论文无算。这几年来，钱先生对语言哲学产生了很大的兴趣，涉猎颇广。这也是自然而然的事，因为钱先生多在语用学上用功，语用学是一门新兴学科，凡新兴学科，总和哲学思辨有千丝万缕的联系。

　　在西方哲学中，钱先生似乎受海德格尔的影响最深，这一部著作，就是从"语言是存在的家园"一语开始的。不过，钱先生并不自限于诠释海德格尔的思想，更不是照搬海德格尔的文句，而是有自己的心得和推进。绪论中的一段话扼要体现了这一点："在海德格尔心中，栖居在语言所筑的家中的看家人是思考者与诗人。而本书命题却指出：以语言为最后的家园者，是每一个普通人，是行为中的人，是语言行为中的人，是程式性语言行为中的人。"

　　最后这句提到的"程式性语言"，是本书的核心概念之一，定义为"一定的行为与一定的话语配套，两者形成了稳定的配合" [②]。对程式性语言，历来研究不多，因此本书的这一部分 [③]，就笔者浅见，

---

①　本文原载于钱冠连：《语言：人类最后的家园》，商务印书馆 2005 年 4 月出版。
②　钱冠连：《语言：人类最后的家园》，第 275—278 页。
③　同上书，第 275—329 页。

最宜视作钱先生的独特贡献。钱先生虽富哲学思辨，但本职是语言学者，这部著作也显示，对于钱先生，哲学更多的是一种精神，一个向导，书中的具体结论，却非出自思辨。他长年来注重语例的收集和调查，这一点也体现在这部著作中，书中引用了很多实录的语例，算命过程中的程式性语言、牛市上的程式性语言，等等。这样的研究，从实处开始，有案可循，无论读者是否同意其结论，都有进一步探讨的可靠基础，比较起从概念到概念的研究方法，其优点不言而喻。确实，治学多年，钱先生已经培育起一套出自自家体验的方法论。他重视的三个"立足"即其一例：立足于理论建设，立足于母语语料，立足于原创性。

从我自己关心的论题来说，读了钱先生的新著，也有一二遗憾之处。尤其是第五章《选择不说》。这是接第四章《语言背叛人》而来——这一章讨论了释放假信息尤其是有害的假信息、谎言、妄言等"背叛"。第五章所要寻求的，就是如何从语言的种种堕落样态中自救，重返本真语言的家园。这一章借鉴了禅宗、维特根斯坦、海德格尔的思想，但似乎并没有多少新意，因此，对于"言无言"这个老悖论，仍有不了了之之感。

钱先生此前的几部专著，我从前只读过《语言全息论》，深为感佩钱先生理论创新的勇气和能力。今又有幸在正式出版之前读到《语言：人类最后的家园》，觉得钱先生的体系较前更其宏大，思路更其开阔，其中的思想，不是草草读一遍就能把握的。今先生命序，不敢应然，以上只是初步学习的体会。

陈嘉映谨识

谈 谈 交 流 [①]

　　首先感谢张健、桥影邀请我到武夷山来参加这次"意象武夷研讨会"。本来说不用做报告，但既然来了，让随便说几句，那真的就是随便说几句。

　　这一次意象武夷活动，听说是一次最大规模的同类尝试。我不常参加这类活动，这次来了，好朋友，好地方，极愉快也极受益，时时在享受，时时在学到新东西。到这里的第二天夜里，于彭兴起，写起当代书法来，看他写字作画，就像看舞蹈，只不过他的舞蹈留下了一些印迹而已，王小松、张健说他是当代济公，被他逗得也跟着写起来。李逵六教授在一边喊好，一个七十岁的老帅哥，那份天趣众人钦羡不已。丁方讲给我佛教图像源流。周长江讲解艺术和商品画的区别。众人行，个个都是吾师，那种感觉非常好。

　　意象武夷是中外画界实地作画的交流活动，可惜，我不懂绘画，无法交流，只有学习的份儿。随便说说，说什么呢，就说说交流吧。昨天会后，我和杰瑞·翟纽克（Jerry Zeniuk）聊了一会儿，他谈到交流之困难，期望这次在意象武夷活动中能在交流之途上多走几

　　① 本文系 2005 年 11 月 23 日晚上在"意象武夷研讨会"上的发言，会议主办方根据录音整理。

步。我就沿着这个话题走上一两步试试。

表面看起来，当代人的交流远比前人更多。火车提速，飞机班次猛增，大型港口一个一个新建。从电报到电话、从电话到 fax*、从 fax 到电子邮件、再到实时影像通话，频密而迅捷的交通交流把世界变成了地球村。然而，什么在交流？货物在交流，信息在交流，资本和人力资源在交流。在一片繁忙的交流之中，我们是否增进了互相之间的理解？比如说外国人对中国的了解？中国在二十年间变成了一个国际贸易的大国，外国人似乎对中国不再陌生。但是我恐怕，像伯爵先生所说的那样，外国人对中国人灵魂上的理解还是非常的少。

现在你打开报纸，你读到政治新闻、经济新闻、社会新闻，可能还有军事动态，然后是很多版面的体育方面的消息，体育版之后是娱乐版，文化栏目就塞在娱乐版的某个角落里。所谓文化栏目，多半是在谈一些演出和展览的消息，有时还有一小块是谈书的，谈读书的。比起报纸，电视更加强势，但也更加不适合灵魂的交流、理解。尤其中国的节目，主持人差不多都是年纪轻轻的帅哥靓女，欢天喜地从后台跑到前台，狂喊乱叫，手舞足蹈，兴奋莫名，煽乎观众的情绪。他们没任何东西要交流，他们只想取悦观众，观众要的就是这个，上班累了一天了，我们要看的就是这种虚幻的亢奋。总之，当代媒体没什么地方可以容纳精神交流，它们不是精神交流的适当媒介，因为它们面对的是平均化的大众，它们追求的是高速度和普及性。媒体人并非都看不到这一点，都为自己的成功得意洋

---

*　fax，传真。——编者

洋,像崔永元那样的媒体人,对媒体的现状忧心忡忡。由于有这些媒体人,媒体才不至于堕落为完全的搞笑胡闹、亢奋煽情。但崔永元们最多是阻止媒体的完全堕落,却不可能改变现代媒体的本性。我们对现代媒体的最高期望是它们有时能为精神交流提供一点儿基础教养,但不会期望它们成为精神交流的媒介。

面对铺天盖地的当代媒体,艺术家似乎要承担起一个过于沉重的任务,承担精神交流的任务。尤其在跨语族的交流中,艺术家似乎格外重要。诗歌、小说、哲学,要交流,首先就会碰到文字翻译的障碍。艺术似乎无须翻译,人说,艺术无国界,大概说的就是这个。不过,我们也时常会说,中国艺术、德国艺术,那意思似乎是,艺术常常带有某个民族与众不同的气质,所谓"民族性"。这一次,外国艺术家到中国来,来交流,都说他们热爱中国艺术。中国艺术不同于他们的艺术,他们才会这样说。有差异,才需要交流。

但什么是中国艺术? 西方人讲到对中国艺术的挚爱,差不多都是指传统艺术:书法、水墨画、昆曲、瓷器。当代的中国艺术家们所做的艺术,我不知道在德国艺术家们看来是不是中国艺术,但在大多数中国人看来,与其说是中国艺术,不如说是西方艺术。现时代中国艺术家的工作算不算中国艺术呢? 我在一次讨论"中国哲学"的会上提出过类似的问题。我是中国人,用汉语思考,用中文写作,写给中国的读者,关心的多半是和汉语概念有关的问题,但我被归类在"西方哲学"名下。"中国哲学"指的是孔子、朱熹、王阳明。那些研究朱熹的人呢? 有人认为他们是文献研究者,做的不是哲学。那还有没有当代中国哲学这回事? 我在这里不便多扯哲学,我只是想问问诸位,在艺术领域是否也有类似的问题? 今天中国的精神创造，在什么意义上是中国哲学、中国艺术？在座有中外好多有名的艺术家，正好就这个机会请教诸位。丁方刚才说到中国文化传统的断裂，说如今的中国艺术家不一定是中国传统的传人，也许要绕道巴黎、柏林和纽约，才能回到北京和武夷山，说得非常精彩。就像我们今天做哲学，不可能绕过柏拉图、海德格尔，但它可能仍然是中国人的哲学，它有中国性，不一定因为你总在谈孟子、王阳明，但你用汉语思考，你血脉里流淌着楚辞、杜甫、苏东坡，它的中国性是体现出来的。我们说，有差别才需要交流，而且，交流并不是要消除差异。我们所希冀的是不同判断可以交流的共同平台，而不是最后营造出来一个人人看法相同的"大同世界"，同一的信仰，同一的思想，同一的色彩，同一的风格。交流不是为了消除差异，也不是为了消除争执，它要消除的倒是各自经营相互冷漠的状态。

　　这些关于交流与差异的议论，说的不只中国人西方人，中国艺术家也不是人人一个样的。但各种差异也不是一式的差异，中西差异有它特有的内容。王小松刚才说到，西方人对当代中国艺术的判断往往跟中国人自己的判断不同，他们所选的中国作品，未见得是我们眼中最好的作品，他们的选择经常带有强烈的政治性。这多多少少是说，他们还没有真正把中国作品当作艺术作品来看。可是偏偏，我们常常把他们的看法当成判断标准。一部电影，在国内得奖算不了什么，在好莱坞、在戛纳、在柏林得奖，那才是真正得了奖。一个画家，在国内卖了几张画算不了什么，纽约的画廊卖你的画了才算得到公认。反过来，没有哪个西方画家由于他的画被中国人买下来了于是被承认是一个优秀画家了。朝戈、王小松，好几个朋友都问，得到西方承认的作品一定是最好的作品吗？当然不一定。再次引用伯爵先生说的，西方人直到现在对中国的了解还不多，尤其在精神创造领域。相对而言，中国人对西方的了解要远远多于西方人对中国的了解。十九世纪中期往后，中国人渐渐承认西方的强势地位，到十九世纪末，中国人差不多开始承认西方不仅强大，而且优越。换个角度说，先知先觉的中国人开始超出器物层面，从制度的层面、文化的层面提出向西方学习。了解西方对中国人来说是当然之事，反过来，西方人，作为整体，并不觉得了解中国有那么重要。

　　以西方好恶为标准，有一部分，是西方的艺术评价体系，美术馆啊、画廊啊、拍卖行啊，比较成熟。但这只是一方面，还有一方面，就是所谓西方霸权。八十年代，在中国人心目里，西方基本上是正面形象，九十年代以来，中国人又开始谈论"西方霸权"。霸权这个词可能太重了，我觉得大多数时候不如说西方的强势地位。西方是有霸权倾向，例如布什政府的政策导向。在政治领域、在经济领域，的确存在着人为设计、人为加强的西方霸权。文化领域里也有，例如CIA*就做过这方面的努力。不过在我看来，在很多情况下，尤其在高层次的精神文化领域，参与中西交流的西方人，推重中国作品的西方人，他们深怀善意，真心喜爱中国文化，希望对中国人的精神生活有更深入的了解，希望帮助中国艺术走出国门。所以我觉得霸权这个说法会误导，我更愿用强势地位之类的说法。强势地位是个事实，不一定包含险恶用心。在很多方面，西方的强势是"势"，而不是西方人有意为之。高行健获得诺贝尔文学奖，有人对诺奖委员会感到愤慨，我觉得这完全不对。那些把中国作品介绍到

---

　　*　CIA，Central Intelligence Agency，美国中央情报局。——编者

西方的西方人，他们的眼光可能和我们不同，他们对中国当代文学的了解和理解也许与我们中国人差得很远，但并不是出于恶意。一个委员会里，一共只有一两人懂中文，他们只能在已经译成某种西文的作品里面选，只能依靠经过翻译的文字来评判，单说这一点，我们就很难指望评选的结果有多大权威性。不管诺贝尔文学奖一般说来有多权威，在评价中国文学作品的时候，它不可能有多大权威性。你把诺贝尔奖看作中国文学的最高评判者，我要说那是你自己盲目。

　　所以，我觉得，要改变以西方标准评判一切的局面，我们精神文化领域的工作者，不要总去抱怨西方霸权，不要总去谈论西方人该改正什么，你说了，他也不会听你的。我们要把心思收回来，建立自己的评价体系，当然，比这更重要的是做好自己的作品，没有真正能体现中国精神的好作品，就不可能建立中国人自己的评价体系。中国文化的深厚传统是我们的精神上的源泉，但道不弘人，我们从这个源泉获取力量，获取创造力，通过好作品来弘扬这个传统。这个力量不是要把我们捆在传统上，正相反，你有了力量，就有胆气去面对相异的世界，从各种相异的传统中学习有助于形成自己作品的东西。佳尔维茨先生昨天再三强调，一个真正的艺术家应该不管窗外事，一切从自己出发。今天在回答刘大鸿的问题时，他又强调在一个精神共同体中寻求精神的呼应，才是一个好的艺术家。我想这两个看似相反的方面是统一的。你从相异的东西那里学习，为的是做好自己的事情，你要做好自己的事情，就必须从相异的东西那里学习。

　　关于交流，我今天就谈这么一点感想，谢谢诸位。

童世骏《对规则的哲学思考》评论 [①]

小　　引

就一篇万余字的论文来说，童世骏的《对"规则"的若干哲学分析》这篇论文所涉内容可说相当广泛，包括规则的特征、规则的分类、各类规则的约束基础和约束范围，等等。这些内容沿着一条相当清晰的逻辑线索次第展开，搭建了一个开阔的平台。诚然，如作者自己指出的，这篇论文并没有对规则问题的方方面面做出详尽考察，文末还特别提到有待进一步考察的一些课题，如规则的形成、制定、修改，规则的诠释和执行，规则与非规则之间的中间形态，规则与原则、价值、理想、习俗、"潜规则"等的关系。不过，童文所搭建的平台，已经为开展更详尽深入的考察做好了准备。实际上，在很多要点上，作者已经提出了进一步思考的新方向，例如关于违反道德和法律所引起的两类不同"惩罚"：社会谴责和自我谴责，

① 童世骏于 2006 年 3 月 10 日在上海社科院"上海社会科学院中青年论坛"做学术报告，题为《对规则的哲学思考》，此后发表于 2006 年 4 月 23 日《文汇报》的"每周讲演"栏目。童文发表前我应请写了这篇评论。

并指出两者中更重要的是行动者的自我谴责(第二节)。这个段落和其他一些相关段落还表明,作者在形式层面对规则概念的讨论,实出于一种现实关怀,希望在一个更加坚实的基础上,对道德相对主义等流行观念做出回应。童文明显是一项更宏大任务的引论,童文中很多见解虽极具启发,但未能展开。而且,我相信,随着这些见解的开展,这篇论文所提供的框架本身也会不断重新调整。我不揣简陋,尝试在童文的基础上,就其中两三论题向前多想一步。这些想法是发散的,来得比较轻易,和作者的工作不在同一个层次上;而且,即使哪个想法错了方向,说不定也能起到"此路不通"的作用,间接有助于作者开展其更宏大的后续工作。

为了避免我的评论过于散碎,我打算以童文对规则所做的分类为线索,逐一具论。

童文第二节对规则做了一个新分类,分为三类,技术规则、游戏规则、道德规则。童文后面几节都是以这一分类为基准的。

如作者指出,对规则可以有许多分类方式。这原是一个简单的评注,但仍然,初学者往往不知道这一点或忘记这一点。哲学思考免不了要对"形式概念"进行分类,但分类方法多种多样,每一种分类都是从某种特定角度着眼的,依赖于特定深度的理解。对规则这一类"形式概念"的分类不同于把正多面体分为五类,把成盐氧化物分为三类。科学里的分类很可能成为固定不移的分类,而对"形式概念"的分类从来没有这么稳定过,也永远不会。初学者不明于此,他们热衷于形式概念的分类,以为自己发现了一种终极客观的分类法,可据以制造某种哲学新理论。

设若形式概念的分类不是为了建构理论,那么我们干吗这么分类而不是那样分类呢？我们依据什么来评判一种分类法的优劣呢？童文是从"规则的约束基础"来进行分类的，这个着眼点本身就体现了一种思考深度。更值得注意的是，童文第五节讨论了区分不同类型规则的"重要意义"，讨论了混淆不同类型规则的恶果。如果你混淆了某些概念区分，就会在思考问题、处理问题时造成混乱，甚至造成恶果。这才反过来说明这种概念区分是重要的。

童文的三分法为我们开始探讨规则概念提供了一个框架。不过，如上提示，我相信随着对童文所涉内容的进一步开展，这个框架多半是需要调整的。下面逐一对这三类规则提出或重或轻的疑问，就教于作者。

技 术 性 规 则

先说技术性规则。按作者的界定，这一类规则的基础是客观规律，例如"不戴安全帽者不得进入工地"，这条规则的依据在于，不戴安全帽进入工地有可能被下坠物砸伤，而坠物伤人是客观规律。这一界定本身足够清楚。然而，童文对技术性规则的具体讨论，在我看来，却出现了某种混淆，混淆了技术性规则本身和它们所依赖的客观规律或曰自然基础。例如，童文说："技术性规则对任何人都一视同仁。甚至可能说，技术规则不仅适用于任何人，而且也适用于任何动物；违反了安全用电规则，不仅人会触电，而且猫和狗也会触电。"（第三节）对所有人一视同仁，这显然不只是技术性规则的特点，而是所有规则的共同点。童文第一节曾概括规则的四个特点，第二点"规则的形式是一般的"说的恰恰就是这个。从这段引文看，作者心目中想到的"一视同仁"，是指客观规律对所有人甚至所有动物一视同仁。但规则所赖的客观基础并不是规则本身。尽管我们可以承认某类规则以客观规律为基础，但规则之为规则，总包含某种约定因素，于是，执行规则时就可以手高手低，例如工地看门人是我的熟人，我不戴安全帽他也让我进去。

正因为这一混淆，作者接下来会说到猫和狗违反安全用电规则，而论文开始处，作者特别说明只有人能够遵守规则或违反规则。文章接着说，在技术性规则中，前件和后件的关系是一种"因果关系"，我想这也是基于同样的混淆。在我看，不论讨论何种类型的规则，涉及的总是意义关系而不是因果关系。

由于同样的混淆，下面的提法似乎也有不足。童文说，违反技术规则，行动者所受到的惩罚一般是由客观规律决定的，而违反游戏规则，行动者所受到的惩罚来自参加活动的其他人。但若我是对的，技术性规则总包含某种约定因素，那么，违反规则的人所受的惩罚出现在两个层次：你不戴安全帽进入工地，可能被下坠物惩罚，但也可能，你并没有被砸到，却被巡逻员发现了，你受到被驱逐出工地或被罚款之类的惩罚。

顺便说到，童文中套用康德举例说，医生行医时遵守的技术规则与罪犯放毒时遵守的技术规则，就它们都以客观规律为基础来说，是一样的。康德在那段文字里谈的是技术性或操作性命令，并未直接谈论规则。如果这里竟能谈到规则，那也是操作程序意义上的规则，具有极强的建构性（"建构性"见下），和童文所谈的技术性规则并不属于同一类。

游戏规则（建构性）

再说游戏规则。据作者的界定，这类规则的基础是人们之间的"约定"。我觉得，这个界定和对技术性规则的界定并不处在同一个层面上。后者谈的是基础，前者谈的却是形成方式。简单说，技术性规则虽然有客观规律作为基础，但其形成却同样是包含着约定的。例如，走在大街上或小区里照样也可能被下坠物砸伤，但我们一般并不制定要求人们走到哪里都戴安全帽的规则。反过来，大多数游戏规则的约定下面也是有自然基础的。例如作者自己举例说明陪审团由十二人组成有自然基础。更不用说像绿灯行红灯停这样的游戏规则了。

这样一来，技术性规则和游戏规则的区分似乎就模糊起来了。实际上，我觉得在童文中，游戏规则的范围原本就有点儿混杂。童文所列举的例子，除了"本馆善本书概不外借"，似乎都属于作者所谓构成性规则，例如语法规则等，（关于构成性规则，我马上就要谈到，）而把"本馆善本书概不外借"和这些构成性规则放在一个筐里，理由似不够充分。

我在前面提示，规则之为规则，都是"约定"的，至少，都包含着相当的约定因素。童文第四节提到"许多规则都是技术规则、游戏规则和道德规则的不同程度的混合"。也许这暗示作者会承认技术性规则也包含约定因素。然而，如果事情像我想的那样，约定是规则的基本元素，那么它就不是可以用"混合"打发的。

如果这点成立，即所有规则都包含约定因素，那么，童文对规则的三分法，在我看，还需要从根本上重新审视。我自己当然没有能力提出一种新的分类法。不过，童文提到的构成性规则似乎提供了一条线索。作者指出，典型的游戏规则是所谓构成性规则或曰建构性规则（constitutive rules）。建构性规则是"对该游戏之为该游戏具有构成作用、定义作用的规则"（第三节）。这一类规则十分独特。就仿佛说，它不是基于某种客观规律的约定，而是凭空约定，由此产生出了某种新类型的活动。以象棋为例，马走日、象走田、如此这般就是"将死"，这些规则本身似乎没有什么道理。但另一方面，这些规则创造了象棋这种游戏，如果没有这些规则，如果不遵守这些规则，那就不是受到惩罚，而是根本没有象棋这种游戏了。

如果说，其他规则是基于某些事实或某种道理（客观规律或其他）的约定，那么，构成性规则却并不基于什么现成的事实，相反，它似乎通过约定创造事实。衡量这类规则的标准，不在于它们是否与既有事实相适应，而要看由它们创造出来的游戏或活动是否有趣、有意义、有高度。这类规则不像"本馆善本书概不外借"那样是防卫性的。建构一词的积极意义显而易见，规定象只能这样走马只能那样走，固然是些限制，但这和限制人们只有戴了安全帽才能进入工地或善本图书不外借不同，这种限制不是防卫性的——象走田马走日防卫什么呢？这些规则创造一种有趣的游戏。

一套建构性规则创造一种游戏或活动。一套好的规则造就一种有意思的游戏。一套好的规则，不一定是复杂的规则，相反，好的规则系统通常是很简单的系统。例如围棋的规则非常简单，但它们造就的游戏乐趣无穷，所以人们说围棋"易学难精"。之所以能如此，一个基本的原因是从这套规则可以产生出很多道理来。围棋的规则很简单，但棋理丰富高妙。

我们需要区分棋规和棋理。围棋里有些定式，一招一式，大致成为套路。但这些定式不是规则，违反定式并非违反棋规，而是违反棋理。

为此，我觉得，与其把"本馆善本书概不外借"等和建构性规则合在一起做成"游戏规则"这个类，还不如像塞尔等人那样把建构性规则视作一个独立的类。实际上，作者例举的游戏规则差不多都属此类。

我们一眼就能看出象棋规则是建构性规则，它是单纯的、典型的建构性规则。然而远更重要的是从建构方面来理解道德规范、法律等等。在我看，道德规范和构成性的游戏规则有某种共通之处。构成性的游戏规则是那类使得这种游戏才始存在的规则，与此相似，道德规则是使某种生活才始可能的规则。关于这一点，可说的很多，不知从哪里说起。要言之，道德规范不止是防范性的，不止是人类适应环境的产物，其要义是使得人类生活变得更丰富、更有意义。遗憾的是，人们通常只从防卫性方面来理解道德等等，类比于不戴安全帽不得入内之类，却较少从它们的建构意义着眼。

道德规则（规范）

童文特别注重区分游戏规则和道德规则。如果记得作者写作此文的关切所在，这一点就很自然。在童文的框架里，游戏规则的要义是约定，而如作者指出，从约定来理解道德，差不多就已经滑入了道德相对主义。而据我的体会，作者对规则问题的讨论，通篇都含有一种深切的关怀，就是反对道德相对主义，基于这种关怀，作者想必不能接受道德约定的观念。作者断言："道德规则不像游戏规则那样主要以约定作为基础"，并进一步断言，"在理论上，把道德规则混同于游戏规则，是道德相对主义、甚至道德虚无主义的根源。"（第五节）

我同样认为，用约定这个词来谈论道德规范极不妥当，把不少道德理论引入歧途。我们并不像有些理论家所设想的那样，通过约定产生一些道德规范，自己去选择遵从其中某一套道德规范，好像选择去下象棋还是去下围棋。如果生活真是一场游戏，那么，如维特根斯坦所说，"并不是仿佛我们选择了这种游戏！"① 倒不如说，我们生根在一种道德规范之中。与此相应，道德关切不同于打牌下棋一类游戏兴趣。道德关切天然是一种深沉的关切，狡猾者无所用其心地奢谈道德，不是这一点的反证，倒是这一点的证实。

不过应当顺便说明，维特根斯坦讨论游戏时，用的是 Spiel 这个词。固然，维特根斯坦经常以下棋之类来例举 Spiel，不过，这个德文词的含义较汉语"游戏"远为宽泛，有时甚至宽泛到差不多可以译作"活动"，就像我引的那句话所表明的。"游戏规则"也许是 Spielregeln 的最佳译法，但我们在用这个短语进行讨论的时候，须时时留意这个德语词和汉语的"游戏规则"有同有异。

我固然同意作者，道德并不宜说成某种约定，但是我对作者的正面提法却小有疑问。据作者的界定，道德规则是以善恶观念或道德意识为基础的规则。技术性规则是以客观规律为基础的，游戏规

---

① Wittgenstein, L., et al., *On Certainty*, 1969, §317.

则是以约定为基础的。在客观规律和约定之外还剩下什么？剩下观念吗？我们知道，道德相对主义所依赖的，恰恰是道德观念的相对性。事实似乎是，各民族的道德观念，的确看上去五花八门。在有的社会里，同性恋大逆不道，要杀头的，在另一些社会里，同性恋是个人偏好，可以结婚。仅仅断言"道德规则不像游戏规则那样主要以约定作为基础"恐怕对付不了这些事实。

不过，作者还从另一个重要的角度着眼点出了道德规则的独特性："行动者如果违反了道德规则，他自己会因为违反道德规则而感到内疚和羞耻，……社会谴责如果不经过个人的自我谴责而起作用的话，就只是外在的惩罚，与违反游戏规则的情况没有什么区别。"（第二节）在第四节对法律规则的讨论中，作者也表达了同样的想法：人们遵守法律可能出于不同理由，一种是出于对法律本身的尊重，一种是因为害怕受到惩罚。前者是道德行为，后者是功利行为。我认为，这是童文中最富启发的思路之一。下面我尝试理解作者的这一思路，理解是否对头，有待作者指正。

让我先从"道德规则"这个短语说起。我不知道 moral rules 这一类短语在西方人听来何如，但我们似乎通常不说"道德规则"而说"道德规范"。（尽管我在前面有时沿袭作者，采用"道德规则"这个说法。）童文提到两者的区别，认为"规范"比"规则"多一些道德意味（第二节）。我觉得还可以更多想一想两者的区别，因为"规范"这个词，如果我们不只把它视作某个西文词的译名，而是从它在汉语里的实际用法来体会，我们应能发现，它和"规则"的意思其实差别很大，例如，我们说体操训练班里的某个小学员动作规范，这和说她遵守规则的意思差得很远。至于说她的动作很规则，自然更是另一种意思。体会这两个词的实际用法，它们的差别也许主要在于：规则是在基础层面上起保障作用的，规范则是在理想层面上起引导作用的。我猜想，如果我们从这个角度来理解为什么我们说"道德规范"而不说"道德规则"，一定会有所收获。反过来，我们若出于整齐划一地追求把道德规范一律改称道德规则，就可能错失了自然概念中所包含的宝贵启示。童文开篇即谈到要对规则"这个在汉语哲学传统中还没有引起足够重视的概念作一些澄清"，这显然不限于用汉语来介绍西方的规则概念，而且也包括梳理汉语中和"规则"相连的一簇概念。

如果"道德规则"这个短语可疑，那么，我对"理想道德规则"或曰"范导性规则"一类就更多疑虑。我们知道，英文 rule 一词比汉语"规则"一词的用途远为广泛。regulative rule 这个短语在英语里也许满合适，但"范导性规则"却不一定是个适当的汉语短语。在我看，没有所谓范导性规则，或者说，起范导作用的东西不应该叫作规则。规则总是基础层面的东西，理想层面上是没有规则的。

当然，一套良好的建构性规则，其为良好差不多就在于它允许理想产生，允许更丰富、更卓越的活动展开。这里出现的不是底线规则和理想规则的对偶。我一向以为，底线道德与理想道德的提法太外在了，它注定要错失关于道德生活的基本实情：道德要求总是范导性的。如果竟谈得上"道德规则"，那么，它们也不仅仅是一些防卫性的限制，而是类似于能够产生丰富"棋理"的"棋规"。我前面提到道德规范与建构性规则的相似之处，其意在此。我们都知道，被译作"德性"的 arete 这个希腊词差不多是指卓越。我们也许应当像希腊人那样在道德要求中更多看到对卓越的追求，而不是只把道德视作让我们循规蹈矩的限制。

不妨顺便提到，法家强调的是规则的防卫方面。法家希望制定细致的法律，从而使社会井井有条。然而，井井有条不是生活的目的。在法家乌托邦里，阙如的将是对卓越的追求。孔子注重礼法，但着眼点却不相同，"礼云礼云，玉帛云云乎哉？乐云乐云，钟鼓云乎哉？"①

我相信，虽然我与童文对概念的分疏略有不同，但我们的思考有大面积的重合。前面曾引述作者关于道德规则内在性的洞见（"他自己会因为违反道德规则而感到内疚和羞耻"云云），应说明了这一点。又如，作者观察到："现代法治社会的特点之一，就是把一些道德规则当作游戏规则来加以执行，只以外在的行动和外在的证据论来定是非、论赏罚。"就此，作者评论说："这种同化忽视了道德规则与人之为人的意义之间的内在关系……"。作者继续说道：对道德规则的遵守，说到底，"并不是要得到多少东西，也不是做哪件事情，而是要过何种人生：是一个具有人类尊严的道德主体，还是一个具有角色意识的游戏玩家，或者是一个工于算计的逐利之徒？"（第五节）

结　　语

上面就童文中几个提法作了一点儿评论，时而还忍不住续貂。除了这份评论所涉及的，童文还提示了其他很多有启发的思路，例

---

① 《论语·阳货》。

如第四节从道德角度和技术角度来透视法律，分别联系到正义原则和效率原则。我对这些论题未做过深入研究，只能期待读到作者今后的文章。我无能建设，只能胡乱发表一些零星感想，这些感想，与其说是批评，不如说是期待，希望作者在现有基础上对规则问题展开更全面更深入的探讨。

欲展清商曲，念子不能归！ ①

——王炜纪念文集序

回国回北大教书不久，庆节从美国回来探亲，便约了庆节、王炜在我的课上用相互讨论争论的方式谈一次海德格尔。周濂、刘畅他们上了这节课，后来都不止一次向我提到当时的情景，说起我们怎样激烈争辩，说起我们三个"熊门弟子"各有特点但一样真率的笑。那真是快乐的时光。是过去的时光总是比较快乐，还是那一天格外快乐？世上万事，朋友是最可贵的，所有行当，探求真知是最吸引人的。和朋友在一起探求真知，应该没有什么更快乐了。也只有在朋友之间才有真知的探求。

我从美国回来，重回北大，这件事本来就是王炜促成的。我当时不打算在任何地方上班，计划白住着嘉曜留在北京的一套房子，靠存款利息打发饭钱，兀自读书度日。这样过了一年。期间，王炜再三向我证明我的计划不切实际，我的活法不是长远之计。还是应当回北大。回过头看，幸亏听了王炜的劝。后来，嘉曜的房子收回了，存款大半被熟人骗走了，存款利息暴跌，寓公计划不啻海市蜃楼。

① 原载于陈嘉映、陈德中主编：《王炜纪念文集》，新星出版社 2006 年 4 月出版。

　　可回北大碰到麻烦。阴差阳错，我的名字已经从北大的花名册上涂掉了。要恢复就要办很多琐碎的手续，填很多杂七杂八的表，所有这些，都是王炜去跑的，我自己只是被他领着到过几个办公室，在几张纸上签个名，就重新成为北大教员了。世上的事情麻烦多多，我一向靠了朋友的帮助才勉强应付下来。此后在北大将近十年，填个什么工作量表啊，写个什么期末总结啊，都赖在王炜身上。

　　好在王炜能干，须些小事，似乎不足挂齿。我们现象学会第一次开会，是倪梁康张罗，与会期间，成天只见梁康东跑西颠，找他问个事情，不等你问完，他就跑开了，嘴里说着：好，我一会儿就回来。下一年由王炜张罗，成天和大家坐在一起，谈天论地，那副气定神闲的模样让梁康赞叹不已。

　　其实，再能干的人，只要做事情，就难免穷于应付之时。1995年，王炜开办风入松书店，他广结善缘，很多朋友支持他，他也要把这个书店办成一个为朋友们服务的机构。风入松名声远播，纽约时报也用整版篇幅做了报道。但盈利瘠薄。这是生埋怨的时候。王炜听到埋怨，只是道歉。反过来，朋友哪点儿做得不妥了，从听不见他埋怨。任劳任怨，说起这四个字，就会想起他温和的、高大的、微黑的样子。

　　信神，信佛，不如信命。就是这么个人，运道多乖。最后六七年，王炜经历的磨难比我们都多得多。我没有什么能力帮助他，但在他这些难过的日子里，我经常在他旁边。世事规章我了无所知，只会逻辑分析，他主要不是来听我拿主意，是要找个知心朋友说说这些深深的苦恼。我们这一代人，心里分了很多层，最深的喜悦和苦恼，从来不直接出口。所以非要有知心朋友不可，彼此之间，谈的是事务，谈的是世间万象，人心深浅，都在其中了。在这些事涉大利大害的商议中，我最能体察王炜本心不一般的宽厚。

在朋友中，我和王炜谈问学是比较多的。王炜后几年的课程多以技术与生态为主题。他逐渐转向生态哲学，其间也有他和我的多次交流。我们都相信，生态哲学早已不只是哲学的一个分支，它拢集了人的本性问题和人类的内在命运问题。当代发展出了巨大的技术力量，轻易可以毁灭地球，连同人类自己，这当然不是秘密。尽管世人只顾得上为 GDP 的迅猛增长兴高采烈。但真正的危机并不在于资源耗尽环境破坏，人类会重新变得贫困甚至毁灭。人总是要死的，人类总是要灭亡的。这不是我们能想的事情。我们能想的是人类还没有灭亡之前应当怎样生活。追问人和自然的关系，远不只是计算如何明智地利用资源，而是追问什么生活才合乎人的自然或本性。我记得，夜渐深沉，我们或滔滔不绝，或沉默不语，笼罩在关切和思想之中。

这些真诚的思想，落实在王炜的讲义中，更落实在他的为人行事功业之中。王炜像北大外哲所另外几位学者一样，著述不多，问学更像为己之学。笼罩着精神的学术探求，大一半没有留下什么痕迹。思想花开花落，这是思想的真义。我知道，伟大的思想作品支撑起人类精神的立体世界，是它们为我们个人的精神生活敞开了空间。不过说到我们这些凡人，写了什么，出版了什么，皆不足道。2002 年秋季在杭州举办的现象学会，我因人在丹麦没有参加。回国后，曾经与会的年轻学子有好几个先后向我说起王炜，赞不绝口，我记得的几个词是"通透""深厚""醇厚"。对年纪已长的我们来说，外面多少学问多少智巧不那么要紧了，若还说得上什么问道学，还是做在心性里。通透、深厚那一类，和学术名利场的名目高低实在没什么关系。

和王炜相识在八十年代初的北大校园，后来同为熊门弟子，再后来一同参与甘阳主持下的"文化：中国与世界"事业。我们一起讨论过《存在与时间》中基本概念的中文译名，一起守在病危的熊先生榻前，一起策划编辑出版过多种书籍。王炜是我们燕京小组的成员，小组出书的事大半由他张罗。

今年初，刚放寒假回北京，大家围着热腾腾的火锅，听王炜兴致勃勃介绍他创办一家大型书店的计划。从年轻的时候王炜就常说起他一生的愿望是办书店。多实在的人生理想！他时不时停下来问我的看法。我自己不会做事，对为事的计划容易多疑，凡觉到难处就向他提出来。进书的价钱高了，国内人买得起吗？有朋友帮忙。朋友一开始可以帮忙，早晚是要付工资的。既为王炜又有机会做他心爱的事业感到高兴，又怕事情一做起来就夭折，更让他丧气。

初春，我们约到香山去吃晚饭，我在中央党校门口等他们。人多，两辆出租，王炜那一车先过去了，老柴后面一辆停下来把我接上。没几分钟，前车王炜来电话说，家里有急事，他倒回来，回城里去，很遗憾，本想着有些事要和我好好聊聊。我说不打紧，咱们还不随时见。哪天单独备上酒，听听其中的乐处和苦恼。那天是3月14日，离开他弃世不到一个月。

长歌正激烈，中心怆以摧，欲展清商曲，念子不能归！

宋大雍《学古编图说》序

　　杭州宋大雍君赠《学古编图说》稿，命序。开卷揽诵，不禁赧颜。身为大学文科教师，此前从未读过《学古编》，于金石篆刻一道，几无所知。今读这部《学古编图说》，却被其中的奥妙深深吸引，觉得被领到门前，似乎有点儿明白今后应当如何向方家请教了。大雍君爬梳典故，用功甚勤，本书疏证详备，为我们外行入门所必读，想来也会为此道中人提供很大帮助。

　　大雍君《图说》行文，用的是文言文，虽然是较通俗的文言文，这给我们浅学之人造成一点儿障碍。我少年失学，此后虽曾补习，读文言仍觉吃力。大雍君自序曰"问之在今学之在古"，诚金玉良言，不啻诠释学真谛。诠释者为古今之桥梁，据此，不管今人怎样不学，诠释者似乎仍需照顾，以启引领之功。

　　岂敢为序，不过再次感叹后生可畏而已。

2006 年 5 月

陈嘉映识于北京五环庐

婷婷诗序 ①

婷婷（棉布）的诗里多见幸福的意象，也常出现"幸福"这个词。

> 多么幸福，早晨
> 太阳站在每一个窗户上
> 并以利剑般的纱袍曳地北屋
> 这刺眼的明亮令灰色
> 躲向两边

整部诗集都笼罩在幸福的光亮之中。

但那不像是我们平常说到的幸福，不像是热热闹闹的幸福，不像是恬然自适的幸福。因为这幸福，像是一个人的幸福，孤绝的幸福，只在寂寞的人之间会心，也改变不了人的寂寞。

> 但有时天空啊令我看到幸福
> 灵魂在街角的石椅上有点孤单

---

① 本文原载于棉布的诗集《白布上写白色的字》，中信出版社 2006 年 6 月出版。

世界的一个微小颤动就会夺去这幸福，永远带它远去。

> 我的幸福是精灵的部落
> 这些纷繁的人间词话
> 不好捕捉她

但这幸福并不因此是脆弱的。那是真实的、太真实的幸福，它在缝纫间，在地铁车厢里，在清晨的阳光中，在环护我们灵魂的石椅上。灵魂不死，这幸福就永在。

今天，我们不在诗里寻觅学养和意境。我们直面赤裸裸的灵魂。我少年时读了不少旧诗，自己也写。但我认为，旧诗的体裁、语汇与现实生活隔了一层，今人写旧诗，更多是文化教养，不是从当代灵魂涌现出来的。

> 让天空紧贴大地的起伏
> 疼痛的风窒息而亡
> 水啊，无处可逃涌向他们的血液
> 万物连灰烬都不曾保留

这样的句子，这样的意象，在我读来，是从当代的灵魂涌现出来的。

然而，也许就因此，我们不能再用诗来交往？旧诗适合在文化精英之间交际，甚至在皇帝和大臣之间唱和。往昔，有教养阶层离不开诗歌和哲思的陶养。今天的人，包括大学生博士生博士导师，大一半都和诗、思隔离开来了。可是我们能以灵魂面对灵魂吗？灵魂需要保护。把灵魂直接暴露在粗砺的物件之间，不消几刻，它便血肉残伤了。

　　　　我的纸今夜会不会布满星光
　　　　我的话会不会突然全部失踪
　　　　词们会不会是密林中的鸟
　　　　我会不会死在我的服饰里

　　很多人认为诗完全过时了。可也不像，这里那里我常遇到热爱诗的青年，诗是他们生命中最本质的东西。也许，诗的落寞只在于成功人士远离了诗。

　　　　我只写诗人的诗
　　　　诗人的诗恢复了诗歌的诗
　　　　它们和寂静住在一起

　　因此，诗歌变成了更纯粹的精神？人若不能独自为诗和音乐心感迷茫，他的精神就干枯了。音乐可以直接触及神经，诗却不能。诗之为情，更幽深致远。

　　　　诗歌。向着世界敞开着
　　　　倒流的声

古斯塔夫《囚牢浴室里的歌声》小序 [1]

真是不打不相识，我们了解最多的外国，英法德俄美日，都是八国联军那阵子打上门来的国家。别的外国，我们都所知不多，只有几个专家才了解。道理也简单：中央帝国的臣民，四夷的事儿，本来不大屑于知道，实在是人家打了我们，我们要图强，不得不师夷人之长，所以去了解它。中西碰撞以来，我们放之四海的眼光其实一直专盯着头等发达的强国。

读古斯塔夫的《囚牢浴室里的歌声》，心生惭愧，对智利，对那里的政治压迫和人民的反抗，我知道的那么少。其实，智利人争取民主的斗争，皮诺切克军事政变期间和此后对人民的残酷迫害，那边民主斗士的牢狱经历和流亡生活，我们读来也许倒觉得格外贴身。

> 囚牢浴室里的歌声
>
> 他们和往常一样，蒙上我的双眼，把我带到走廊里。每次走在这个走廊里的时候，我总是想：完了，他们现在就要把我带到院子里枪毙了。走了一会儿，我才意识到，他们是要带我

---

① 本文原载于〔智利〕古斯塔夫·马林:《囚牢浴室里的歌声:一个国际流亡者的手记》,葛海滨译,新华出版社2006年12月出版。

去洗澡。

　　这个时候我身上仍旧一丝不挂，只有眼睛被蒙着。他们把我推到淋浴喷头的下面，敞开门，以便监视着我。我右边的格子里也有一个囚犯。淋浴的水流非常强，冷水几乎是激射在身上，但在当时的环境中，洗个这样的澡已经是非常不容易的了。突然，我听到费坎多在我旁边的浴间中开始放声高歌。我记得他唱的第一首歌是《墨西哥，二月二十三》，这首歌唱的是潘丘·维拉遇害的故事。

Nuestro México, febrero veintitrés,

Dejó Carranza pasar americanos

Diez mil soldados, seiscientos aeroplanos

Buscando a Villa por todo el país.

我们的墨西哥，二月二十三，

卡兰萨让美国人进来

一万名士兵，六百架飞机

在全国搜捕维拉。

　　那是我这一辈子中洗得最舒服的一次澡！从那以后，我的整个世界都变了。我知道费坎多在我身边，我知道他在空军军事学院这所牢房中照样可以放声歌唱。

　　古斯塔夫的南美血液让他嗜歌如狂。无论平庸地只是活着，还是头戴荆冠走向 Golgotha*，我们总要歌唱，我们不愿一副愁眉苦脸

----

　　*　Golgotha，各各他，受难地。——编者

拯救人类的模样。至少古斯塔夫要唱。

　　古斯塔夫是我的好朋友，他的文字，一如其人，真实而不琐碎，朴实而不沉闷，积极而不喧躁，和国内近年多如牛毛的自恋的或变形为互相吹捧的矫情的或以反矫情为名而大抖人己隐私的一落笔只想着叫卖的甚至拿肉麻当有趣的往事回忆自不是同类。

陈嘉映

2006 年 9 月 25 日，上海外环庐

迷 入 时 间

引　子

　　我和嘉曜常常在学院的大操场游荡。他是哥哥，总有我不知道的事情教给我，教我这种树是什么树，教我怎样计算一片梯形草地的面积，告诉我为什么月有圆缺。我不笨，他教我什么，我就学会什么。这天晚上，他告诉我宇宙是无穷大的——我们躺在自己用砖头垒起的城堡里，眼望着星空。

　　宇宙无穷之大，这道理不复杂：无论你走到哪里，你都可以再往前走一步，走到悬崖边上你停住了，可看得到悬崖外边原野河流。这个道理想到了就能明白，但这里有什么东西让我感到困惑——是的，天外有天，宇宙不可能是有边界的，可一个无穷大的宇宙似乎也超出了想象的极限。也许该这么表达：我知道宇宙是无穷大的，但我想不出无穷大的宇宙是什么样子。

　　那么，宇宙有没有开端？有没有结束？我问嘉曜。其实不用问，我已经想到了答案。道理同样简单，然而，时间的无开端无终点更让我困惑，而且，不只难以想象，它让人心里发空发毛。那时候，我已经知道什么是死亡，而时间的悠悠无尽似乎让生命显得更加转瞬即逝。我瞪大眼睛，想看透星空后面的天空，天空再后面的天空。我闭上眼睛，想象开始之前的时间，那段时间更前面的时间。这个不断远去的时间端点，可知而不可把捉——就像银幕上的山川人物那样。那无限延伸的时间仿佛是切身感知的时间的映象。

直到现在我仍然困惑。不过比起当时，我现在应能比较清楚地把这种困惑表达出来：我们依理知所知道的时间，怎样与我们感到的时间联系起来？

时 机 与 时 间

中国时间观念的研究者注意到中国古人更多把时间领会为一个个有机的连绵体而不是一个单一的抽象系列，甚至"时"这个字所表示的也是"时机"（timing）、"季节"等具体的观念而不是抽象的"时间"（time）或继续不断地流。李约瑟是这样说的："对中国古人来说，时间不是一个抽象的参数，一个同质时刻的系列，时间划分为一些具体的、相互区隔的季节以及更小的区块。"[1] 不过，李约瑟对自己这一概括保持了应有的谨慎，并为保持谨慎提供了一些理由。我还愿提到一个更为一般的理由：虽然各种文化各个时代各个人对时间的感受和表达有些差别，但对时间的感受和表达具有最深的内容，从而，各种不同的感受和表达往往在内容的深处互相连接。中国古文里的"时"字更多表示"时机"而不是抽象的"时间"，

---

[1]　Joseph Needham, "Time and Knowledge in China and the West", in *The Voices of Time*, ed. by J. T. Fraser, New York: G. Braziller, 1966, p.99. 并请参考李约瑟在同一篇文章中对 Granet（葛兰言）的有关看法所作的概括，同书第 98 页。

但不能贸然由此得出结论说中国古人主要从时机来理解时间。这一事实说明的毋宁是与现代时间概念对应的古代汉字不是"时"字，而是另一些字，如"久""宙"等。中国人像别的所有人一样也会把时间看作继续不断的河流——"逝者如斯夫，不舍昼夜"，"百川东入海，何时复西归"，这些都述说着不断流逝的意象。

诚然，中国古人更多用意象说话，而且流水不复的意象更多用来慨叹人生易逝，而不是用来描画宇宙万物的时间性。但本来中国人较少像西方哲学那样通过概念辨析来建立宇宙论。先秦诸子中，最在意概念辨析的是《墨子》，现在所知最早尝试对时间概念下定义的也是这部书。《墨子》的经文是"久，弥异时也"，经说是"久，今（同含字）古、今、且"。① 这里的"久"字，相当于现在的抽象时间概念，按照经文，它是各个具体时间的全体，经说则进一步把"各个具体时间"界定为过去、现在、未来。《墨子》在定义了时间之后，紧接着定义空间，"宇，弥异所也"，经说把这句话解释为：空间包含东西南北上下和中间。

在中国典籍里最早以工整的方式来讨论时空有限/无限的，是《列子·汤问篇》。文中，商朝的建立者汤王与当时一位贤智者夏革有一段问答，夏革的看法是时间无始无终，空间无穷无尽。② 汤王问：最古最早的时候就有事物吗？夏革回答：若最古最早的时候没有事物，今天的事物从哪里来呢？很久很久以后的人谈起今天，就像我们谈起很久很久以前，很久很久以后的人能说今天没有事物吗？

---

① 吴毓江：《墨子校注》，中华书局 1993 年版，卷十上。

② 杨伯峻："汤问篇"，选自《列子集释》，中华书局 1997 年版。

汤王问：但事物都有个先来后到，这岂不是说事物有个最早的起点吗？夏革回答：一件事情的终结，是另一件事情的开始，终结和开始交替，没有尽头。而在事物之外再谈什么在先，我就不知道那是什么意思了。汤王问：可是空间在各个方向上有没有尽头呢？夏革回答：这很难确切知道。不过，什么之外才可能不再有无穷呢？只有在无穷之外才不再有无穷，因此，我知道空间是无穷的而不是有穷的。我向东走到一个叫"营"的地区，向那里的人打听再向东是什么样子的，他们有另一个地区在他们的东边，就像"营"这个地区在我们的东边一样。我向西走，听到的情况也是这样。所以我知道在空间的各个方向上都是这样无穷无尽的。即使说到天地宇宙，把它当作最大的东西，但我怎么知道没有更大的天地包含着我们所说的天地呢？

古时候的哲人，就像砖头城堡里仰望星空的孩子。

时 空 对 偶

《墨子》没有明确提出时空是否无限的问题，《列子》则明确论证时空是无限的。论证所据的是最容易想到的一个模式：限度是一条界线，任何界线本身都含蕴了"界线之外"。我们不妨把这一不断超出空间界线的模式称为"天外有天"。《汤问篇》既借助这一模式来论证空间无限，也借助这一模式来论证时间无限。我们设想时间的界线时总把它空间化，这是无可奈何之事，因为"界线"这个词就像"形象""模式"一样天生是空间性的词汇。

时间和空间似乎天然是一组如影随形的概念。古时候"宇"和

"宙"对称,合称"宇宙",现在"时"和"空"对称,合称"时空"。《墨子》和《列子》思考抽象时间的时候,都把时间和空间相提并论。在西方哲学和西方科学那里,包括在近代科学的奠基著作《自然哲学之数学原理》那里,时间和空间通常也是并列的范畴。叔本华总结出时空对偶的性质共有二十八条之多。[①]

　　然而,我们对时间的感受似乎颇不同于对空间的感受,对时间无限的困惑也比对空间无限的困惑来得远为深切。"逝者如斯夫","百川东入海",借用了空间形象,所感叹的却只是时间。也许有人希望遍历空间,更多的人则盼望长生不老。至少,人人都知道躲开死亡,舍此本能,在这个艰难困厄的世界里早就没有人类这种东西了。

　　时空是并列的抑或有深浅之别?如果时间确是更深的"范畴",怎样才能从概念上讲明这一点?这个困难充分反映在《纯粹理性批判》一书中。一方面,时间和空间是两种并列的先天感性形式——空间是外部感觉的形式,时间是内部感觉的形式,另一方面,康德又称时间是一切现象的先天形式条件。在二律背反中,时间和空间完全并列,论证方式也相同,而在该书核心的图型论那里,论证几乎只依循时间开展。前人早已注意到康德的时间概念的混乱,乃至康德专家 K. 斯密特曾评论说,时间概念是《纯粹理性批判》一书中最薄弱的概念。[②]薄弱也好,混乱也好,都起于康德有那份胆量冒

---

　　① 参见 *Arther Schopenhauers saemtliche Werke*, Zweiter Band. München: piper, 1911, 54 页和 55 页之间所夹的附表。

　　② Smith, N. K., *A Commentary to Kant's "Critique of Pure Reason"*. London: Palgrave Macmillan, 1918, p.137.

险探入时间概念的幽暗晦昧,乃至海德格尔称康德是"曾经朝向时间性这一领域探索了一程的第一人与唯一一人"。[①] 拿叔本华来对照可以凸显这一点。叔本华独具一格,在黑格尔主义盛行的年代里对康德推崇备至,然而他对时间和空间的大量论述全是流俗之见,从不曾超出康德哲学中人人耳熟能详的时空并列,而康德在时间概念晦暗处的探索和困惑,在叔本华这位自称的康德传人那里毫无反映。

无限还是有限

时间和空间并不完全对称,我们似乎在更深处感受时间,因此,要形成时间的明晰概念来得更加不易。奥古斯丁在《忏悔录》里百思而不得其解的是时间,人人都知道这一段:"时间是什么?无人问我时,我很明白;每当有人问我而我想解释一番,我却茫然了。"[②]

奥古斯丁的结论是:时间是有限的。但他所设想的争论却提示:由于人们在反思时间时难免把时空并论,采用天外有天这样的模式,所以素朴的心智倾向于得出时间无限的结论。这个结论显然和基督教的创世说不相容:在创始**之前**,上帝在干什么?圣奥古斯丁回答说:在上帝创造时间之前,时间并不存在,所以没有"之前"。

诚然,一样东西在没被创造出来之前不存在,可是,唯当一样东西"先前"不存在,才能说有谁把它创造出来。要创造,就得有"之

---

① 〔德〕海德格尔:《存在与时间》,第34页。

② 〔古罗马〕奥古斯丁:《忏悔录》,周士良译,商务印书馆1997年版,242页。

前", 这不啻说, 无论我们还是上帝, 只要去创造, 就已经"在时间之中"了。正因为此, "在创始之前, 上帝在干什么?"才是个棘手的问题。这里涉及的不是某个事实: 上帝创造了世界或上帝不曾创造世界, 这里涉及的是概念内容: "创造"这个概念隐含"之前""之后", 而"之前""之后"是构成时间概念的梁柱。

　　然而, 我们能把这一概念结构应用到整体创造上去吗? 在芸芸万物中创造一样东西隐含"之前", 但创造一切的原始创生还必然有此隐含吗? 创造一个与创造一切也许并不同构, 但这种不对称带来的问题毋宁是: "创造一切"这话有意义吗? 也许, 无论上帝多么万能, 我们在设想创造一切的时候, 想到的还是一个能力有限的雕塑家。

　　在尼采看来, 区分创造者和创造活动, 区分有意志的存在者和这一存在者的行为, 依赖于一种"语言的形而上学", 而这种区分把我们带入了某种"野蛮的拜物教"。然而, 我们竟能超脱"语言的形而上学"吗? 如果我们不区分行为者和行为, 不在行为之先确认一个行为者, 我们就认不出创世之前的上帝, 上帝创世就成了世界自己的创生。即使如此, 我们还是没有摆脱"之前""之后"所体现的"语言形而上学", 只不过从上帝创世的疑难转入了无中能不能生有的疑难。

　　不同于奥古斯丁, 康德在"纯粹理性的二律背反"中既为时间有限(正题)又为时间无限(反题)提供了论证。一个哲学家是否能同样认真地为两种相反的观点提供辩护, 这本身是个有趣的哲学问题。好在康德实际上并非在诚心论证两种观点中的任何一种, 他要说明的倒是这里的问题无法通过理性获得回答, 并由此来表明理性的限度。瓦诺克认为康德对正题反题的论证都是"强有力的"①，我实在不能苟同。首先，康德对正题和反题的论证都把时空相提并论，并且采用的都是"界线"这一模式，这就注定使他的论证不可能从根本上超出前人的论证——他对正题的论证和圣文德（St. Bonaventure）提出的论证一样，②他对反题的论证和上节所引"汤问篇"的论证一样。其次，大多数读者恐怕会认为正反两方的论证力量相差不少，正题的论证相当薄弱，③而叔本华干脆把正题的论证统统称为"诡辩"。④

也许，正题和反题体现的，并非理性的无能，而是理知和感知的冲突。无限的时间让我们困惑，也许只因为我们这些有生有死的生物自己是有限的，"以有涯待无涯，殆矣"。可感与意义⑤只存在在"有涯"之中——我们总是在争取一个结果，期盼一个裁决，如果一盘棋永远决不出胜负，我们就不会去下棋了，如果一个案子永远没有裁决，就没有人告状了。

不过，我们现在还来讨论康德的二律背反是不是太过时了？如今，大爆炸理论不是已经证明：宇宙，连带还有时间和空间，都是有起点的，因此是有限的——且不谈"有界无限"。哲学争论徒劳地在

---

① Warnock, G. J., 1964, *A Critical History of Western Philosophy*, London: Free Press, 1964, p. 306.

② 参见 Copleston, F., *A History of Philosophy*, New York: Doubleday, Vol. 2, Part 1, 1950, pp.292-293。

③ 就此而言，用这组二律背反来说明理性限度的尝试是不成功的。

④ 〔德〕叔本华:《作为意志和表象的世界》，石冲白译，商务印书馆1995年版，第672页。

⑤ 我在《说大小》一文中讨论过意义和可感的联系，见《读书》1999年第3期。

概念里兜圈子，科学家却靠实证把问题一个一个一劳永逸地解答了。

　　物理学结论的正误不是我们能判断的，问题却在于：它所解决的是不是我们原有的困惑？我们能不能理解它？这里说的不是衍生的"理解"，不是指推理程序的掌握，而是"理解"的本来含义：会意，making sense of，形成综观。作为大爆炸理论基石的量子力学获得了巨大的成功，物理学家懂得怎样遵循适当的规则和公式，然而，他们"并不真正理解这些程序为什么有效或它们实际上意谓什么"。[①] 夏革和奥古斯丁所说的时间，就是我们所说的，是让我们感到困惑的时间。那个有张有弛有早有晚的时间让我们困惑，而你给我的是一串物理公式。这些公式尽可以千真万确，但它们所依赖的概念只在现代物理学框架之内才有意义，而在自然理解中却不可感，没有意义。超弦也许有理论的解释力，但超弦本质上是不可感的。用克莱因的话说，近代物理学概念是些"虚构的概念"，是些"数学符号的名称"。[②] 无论现代物理学得出的结论是什么，我们都不知道这个结论怎样联系于我们经验到的时间。我可以从理论上接受宇宙发生于大爆炸，但我还是忍不住要问：大爆炸之前呢？就像你即使是基督教徒，也仍然可能疑惑上帝创世之前在做什么。

直 线 与 循 环

　　上文讨论无限与有限，都把时间视作一条延伸的直线。黑格尔把这样的线性无限称作"恶无限"，与之相应的"善无限"则是自我

[①]　Greene, B., *The Elegant Universe*, New York: Vintage Books, 2003, p.87.

[②]　〔美〕M. 克莱因：《确定性的丧失》，第49—50页。

回归的圆圈或循环。

有论者认为印度和中国取循环时间观，犹太-基督教文化取直线时间观。前面已经说明，哪种文化取哪种时间观，最多是笼统言之。认真说来，除了现代的没文化，没有哪种文化会单单把时间视作循环的或线性的，因为这两者都包含在我们的经验之中。①

时间感必然包含循环。若没有潮涨潮落，我们的远祖，海洋微生物，恐怕一开始就不可能形成超前反应。往近一点说，若没有日出日落春去秋来，农耕文明也无从产生。身体里血在循环，舞台上时装在循环。轮流抬起左脚右脚走路是一种循环，车轱辘不抬脚，但它的旋转更是一种循环。如果没有重复循环轮回，如果时间真像永不落地的箭那样一直飞下去，我们就无法意识到时间。"光阴似箭"感叹的是我们在熟悉中看到陌生，在陌生中看到熟悉，我们在少年朋友的脸上看到皱纹，看到在**他**身上，往昔的热情已成灰烬。时间感离不开循环，用以象征时间的一幅人所周知的图画上画着一条把尾巴衔在嘴里的蛇。

在古希腊，毕达哥拉斯持时间循环的看法，并与灵魂不朽的学说相联系。后来的斯多葛学派发展出更细密的理论。《旧约》里表达过类似的意思："已有的事，后必再有，已行的事，后必再行。日光底下无新事。"② 印度人的"劫"（kalpa）这个观念似乎是更完整的设想。当然，还有尼采的永恒轮回（die ewige Wiederkunft）。尼采曾几次尝试为他的设想提供可靠的论证——多数论者认为这些论证

---

①　参见〔印度〕罗米拉·塔帕尔：《早期印度的循环时间观和线性时间观》，载于〔英〕K. 里德伯斯编：《时间》，章邵增译，华夏出版社 2006 年版，第 23—40 页。

②　《传道书》，第一章，第九节。

是不成功的——但就基本路线而言，他的设想与斯多葛学派的设想没什么区别。

时间感里包含循环，但只有循环无法形成时间观念。日出日落，周而复始，然而，在一天一天的循环里，草木不可逆转地凋零了，秋去冬来、春去秋来不断循环，但我们能够分辨今年春天和去年春天，因为今年花比去年红，因为不再有去年人来陪伴。一个小循环嵌在一个较大尺度的线性过程中，这个不可逆的线性过程可以是一个较大尺度上的循环，但它又嵌在一个更大尺度的线性过程中。岁岁年年花相似，流年却暗中偷换。美人却无可转圜地衰老了。老死新生也会循环，但一代代人之后呢？谁能保证孝子不匮永锡尔类？

在尼采的永恒回转之中，后一个循环与前一个循环完全相同。那么，我们怎么知道它是另一个循环？不仅我们不知道，就连上帝也无法知道。章回小说里，好汉绑缚刑场的时候常有豪言：不就是一死吗，二十年后又是一条好汉。灵魂转世这样的事情，还是靠区分前世和后世才有意义，相信灵魂转世的人，谈论他前世是猪是狗，还会向算命先生打探他后世的消息。循环与不可逆的"线性"相互交织构成了我们的时间观念。循环必须和某些不循环的、或至少不以同样速率循环的事物比照，才成其为循环。而最大尺度的循环则失去了这种对照——在尼采式的永恒轮回中，一个一模一样的尼采重生在一个一模一样的世界里，这和尼采再不重生又有什么区别呢？

绵　　延

在柏格森看来，无论直线时间观念还是循环时间观念，都已经远离我们的实际时间经验，他另辟蹊径，用 durée，"绵延"，来刻画我们的时间经验。在柏格森那里，绵延不是用来取代时间概念的，他像我们平常一样谈论时间、过去、现在、未来、瞬间等。我们可以把绵延视作粘连于事物的时间，或事件内部的时间，而通常所说的时间，则是一种抽象，把绵延从事物身上抽取出来，对照来说，绵延则是"具体的时间""实在的时间"。说到时间，我们通常说的都是抽象的时间，一个主要缘故在于我们很难不借用种种有关空间意象来言说时间，而柏格森在他的种种著作中则力图通过对绵延或具体时间的多种多样的、文笔生动的描述来克服这个困难。但完全避开空间意象是不可能的，既然如此，我们也不必过分拘束，你说"色彩斑斓的音响"，我不一定误解成你在谈论视觉。

回到我们对世界的原本经验，世界原是一系列不间断的流贯延展。把世界视作一个个分离事物的集合则是"空间化"的结果。空间化与时间度量连在一起——时间度量是以空间关系来表示的，例如指针的影子和石盘刻度间的关系，表针和表盘刻度间的关系。时间度量的目的在于建立单一的时间尺度。海德格尔还强调指出，在同质性之外，时间测量还要求时间是均匀流逝的——"惟因为时间被构造为均匀的东西，它才是可测量的"。[①] 从而，时间被视作被截成过去与未来同质的、均匀的单一维度。然而，这种单一同质的时间序列与我们的时间经验明显相左。在我们的时间经验里，过去的事情、已经发生的事情，实实在在不可变更，"铁铸般坚实"（鲁迅

---

① 〔德〕海德格尔：《时间概念》，引自《海德格尔选集》上，孙周兴选编，上海三联书店 1996 年版，第 10 页。

语），而未来还一片空茫，或一片空阔，为多种可能性敞开着。

　　还有现在呢？它像过去和未来一样也是"一段时间"吗？若是，多长一段算是现在？^① 若不是，若过去和未来是线而现在是点，那么，现在与过去、未来就不是同种类的概念。现在就根本不是时间——一个不延展的点怎么能称作时间？

　　柏格森虽然认为整个宇宙都在绵延，不过，他首先并主要是从心灵内部来描述绵延的。然而，用绵延来刻画事件同样重要，应该说，更加重要。事件绵延中，各线索互相渗透，最简单的一种刻画是，一条线索的节点不是另一些线索的节点。一个战士中弹倒下，另一个战士正在冲锋，第三个正在装炮弹。一条缆线断了，那是它的根本节点，另一条变得越来越粗，第三条渐渐细弱。这三条汇成一条，那一条分叉成为两条。这一条本与这几条交缠，现在与它们脱开，与另一条交缠在一起。所谓线索，这一条那一条，多半并不分明。中国共产党成立在什么时候？史家和小说家用了很多心思，把事件描摹成大致可分辨的。

　　如果"内的描述"和"外在的描述"只是两种不同的描述而这两种描述并无不相容之处，一切都好。但实际上，我们的时间经验与物理学时间观念不尽相容，这时候，凭什么坚持绵延经验的首要性？柏格森有一套道理，其中包括说明物理学理论如何从经验中衍生出来。这个衍生过程的核心在于空间化。不过，在我看来，各

---

　　① 有些心理学家通过实验确定"现在"的最大时限是 3 秒钟。不过，这个"现在"说的是人脑将系列事件整合成的单元，这是从一个特定的角度来重新定义"现在"。参见〔德〕恩斯特·波佩尔：《意识的限度》第七章，李百涵、韩力译，北京大学出版社 2000 年版，第 40—54 页。

种"空间化"的思路，包括柏格森这里的"空间化"，都值得商榷。
这是因为，越是深入到时间经验之中，越是去经验粘连在事物上的
时间，时间就越发与空间粘连在一起。绵延本来就含有空间性——
如果绵延不具空间性，就成了单纯的前后相续，就成了"空间化"
之后的时间了。柏格森所称的"空间化"过程，得出的不仅是抽象
的时间，它同样也把空间从 topos 或位置抽象出来了。

曾在、现在、未来

与物理时间对照，我们所经验的时间的一个突出特征在于过
去、现在和未来是不同性质的。沿用柏格森所称的"绵延"来称说
经验在幽深处的、未经分离的流贯延展，那我们要说，绵延属于曾
在——我们对未来没有经验，我们只经验过曾在。现在既不是线性
时间上的一个点，也不是一段绵延，现在是绵延的断面。这个断面
把我们曾经寄身其中的事件之流作为同时性的画面呈现出来。呈
现（presentation）即现在（present）。在这个画面上，我们曾溶浸在
其中的事件之流作为分离的事物呈现出来。事物作为事物呈现出
来，携带着它们的相互关系，其中最单纯的一种，是它们之间的空
间关系。绵延既有时间性也有空间性，而现在呈现出来的画面，似
乎只保留了空间，由此，不妨视之为"空间化"。不过，这个画面本
身不绵延，却是绵延的呈现，并由于曾在的绵延而具有深度——另
一种类型的景深。这个深度是事物的内在联系。曾在当下的画面
里留下踪迹，这些踪迹把我们引向事物在曾在深处的联系。唯曾经
验曾在者能认出内在联系，由此，我们可以像柏格森那样说，绵延

指的是"变化的连续性,过去在现在中的保存"。[①]

曾在过去了,再不重返,然而,在故事里,曾在被保存下来。过去不是虚空,反倒像一个容器,把发生过的一切都保存下来——"逝者如斯,而未尝往也"。唯曾在是绵延的、实在的——过去里装满了已经实实在在发生了的事情。现在不绵延,它不是绵延的一部分,而是绵延的断裂,借此断裂,曾在得以作为分离的事物呈现,投射而成能被"看"到的画面。互相渗透的事物依据什么分离开来?这需要未来的协助。未来也不绵延,它是绵延断裂所敞开的逻辑空间,这个逻辑空间反过来调整画面的呈现。现在(present)是实在的呈现(presentation),未来是呈现的背景或条件。

我们曾溶浸在事件的幽暗涌动之中。从现在以后的事件不再是这样的幽暗涌动,而是一幅幅由分离的因素构成的可能图像。明天和昨天不是时间之流中同质的两点或两段,昨天已经铸成实在而明天敞开着未定之天。我们和实在血肉相连情感依依,我们对明天却是理知的关系——未来不存在,它作为可能性吸引存在。我们看不见未来,我们构想未来。

在时间经验里,过去与未来在性质上相异。然而,我们一旦开始叙事,就学会了把未来和过去连成一体。剧中人面对未来的可能,而在叙事者眼中,那只是已知故事中尚未讲述的部分。未来与过去同质的时间观念不是从时间度量开始,更不是从近代科学而起。线性时间起于叙事者放眼去"看"世界。故事里的现在沿着时间之线移动,故事的讲述者亦即呈现者则始终从他的现在看到画面。

---

① 〔法〕亨利·柏格森:《创造进化论》,姜志辉译,商务印书馆2004年版,第26页。

　　从近代物理学开始的，不是线性时间，而是时间的终结。物理学用因果决定取代了发展，于是，未来已经由过去决定好了，一切将发生的，必将发生，不再为可能性留下任何空间。如柏格森指出，在决定论世界里，时间毫无作用，过去和未来的区分只源于"精神的缺陷"，人类心智的缺陷。[①] 时间完全是一种主观现象，或说得更直接点儿，只是幻觉："过去、现在和未来之间的分别只不过有一种幻觉的意义而已，尽管这幻觉很顽强。"[②] 连同这种幻觉一起被消除的，是时间经验中最本质的一点：事件发展是有顺序的，有先后之别，时间是有方向性的，死去不能复生。而在物理学里，时间是双向同性的，就像空间是各向同性的。至此，物理学清除了时间经验的所有内容，所剩下的，只还有"非时间的时间"（柯瓦雷语）。

　　在柏格森看来，决定论导出这样的结论，所表明的恰恰是决定论自身的荒谬。是啊，把时间说成主观幻觉来得容易，不容易说清的是，为什么对于主观来说，过去的事情实实在在发生了而未来会发生什么却颇费猜度？为什么即使物理学也需要事实和实验，用已经发生的事情来说明尚未发生之事而不是相反？全部问题都集中于一事：我们怎样从故事的经历者成为故事的讲述者，又怎样变成只有"事"而没有"故"的研究者？

　　砖头搭建的城堡早已不见踪影，曾经的孩子已经成年，他们可还在困惑于那些童稚的问题？

---

　　① 〔法〕亨利·柏格森：《创造进化论》，第39页。
　　② 〔美〕爱因斯坦：《爱因斯坦文集》第三卷，许良英等编译，商务印书馆1979年版，第507页。

麦金的《维特根斯坦与〈哲学研究〉》①

对维特根斯坦的爱好者，我强烈推荐最近出版的麦金（Marie McGinn）的《维特根斯坦与〈哲学研究〉》②。

维特根斯坦深刻、重要、精彩，已经很少有人不同意。然而，维特根斯坦难懂，也是出了名的。他早期著作和后期著作都不好读，只是不好读的缘故不一样。他的早期著作《逻辑哲学论》不好读，一个原因在于它是用格言体写的，而且很多概念他都有特别的用法，有他自己特别的、"严格的"定义。晚期著作《哲学研究》也不好读，虽然那是用最平实的文字和句法写的，字面相当好读，但麻烦是，读者会觉得他东讲讲西讲讲，不容易弄清楚他真正的路向。我听到很多人说读不大懂《哲学研究》，包括理解力很强的人，他们感觉到某种东西，但抓不住要点。我相信，《哲学研究》不好读，主要是因为维特根斯坦在一个极深的层次运思，我们浅俗之辈，努力悬置自己的俗见，偶尔能一窥其真谛，却很快又浮回浅俗的层面。我们真希望维特根斯坦能迁就我们，循序渐进地把我们引导到他自己运思的一度。然而这个希望有点儿非分——这样世不二出的思

---

① 原载于《南方周末》，2007 年 3 月。

② 〔英〕M. 麦金：《维特根斯坦与〈哲学研究〉》，李国山译，广西师范大学出版社 2007 年 3 月出版。

想者，难道不该把他的每一天都用来在那至深处探索吗？尤其在今天，我们不缺各式的聪明议论，缺的正是停留在深处的思想。

我翻译过《哲学研究》，也几遍认真研读过这本书。研读这本书，几乎离不开贝克等人的注疏。但这对普通读者来说负担太重了。麦金的这本导读正是普通读者所亟需的。维特根斯坦晚期的很多提法，看上去和我们的俗见一百八十度相反，因此，我们虽受吸引，却仍怀犹豫。只说一点：维特根斯坦认为哲学不是要提供理论，而我们说到哲学，差不多等于在说理论。通过麦金的引导，我们会发现，进入了维特根斯坦运思的一度，那些与众不同的提法，其实是那么自然，那些贸贸然望去晦涩难解的段落，其实是那么清澄。

麦金不是逐段注疏诠释，而是以我们常人能够理解的方式，大致指明维特根斯坦的工作目标所向。以我所能判断，麦金对维特根斯坦的理解十分可靠。而且，她的理解相当深入。例如对私有语言辩难中的一些段落，作者做出了富有洞见的独特解读。但总地说来，我更倾向于用"适当"而不是用"深刻"或"精细"来形容这本书。我想，"适当"也是一本导读书最重要的品质。

当然，再好的导论，也不能替代自己去阅读这本书，更何况是《哲学研究》。我觉得读者不妨每读一章麦金的书，随后就把《哲学研究》的相关段落读一两遍。我相信，用这番不是很大的功夫，即使说不上深入理解维特根斯坦，总应该说是上路了。

推荐翻译过来的书，除了原著好，还得翻译得好。我没有拿译本和麦金的原文对照过，但我知道译者李国山研习维特根斯坦多年，而且，我对《哲学研究》很熟悉，只读中文译文大致也敢判断这是个可靠的译本。

哲学关心的是事物的意义 ①

问：陈老师，您的新书《哲学·科学·常识》考察了科学和哲学的关系及历史发展，也提出了自己对于哲学命运的思考，能否请你谈一下您写作这本书的主要思路？

答：主要思路说起来比较简单。很多人说过，哲学是什么这个问题本身是个哲学问题，事实上没有哲学家不考虑这个问题的。化学家就不一定要去思考化学是干什么的。我们要思考哲学是干什么的，这不可能脱离科学的发展来思考——一开始，哲学科学就是一回事。后来分了，从它们分道扬镳的关节点上，我们可以比较清楚地看到今天的哲学是什么，反过来看看哲学一向是什么，以及今天的哲学与过去的哲学有什么不同。我把我在这些方面的思考写成了这本书。

人们常说，哲学追问的是为什么的问题，科学回答的是"怎样"的问题、机制的问题，科学关于"为什么"的追问都要还原到"怎样"。比如，为什么会产生生命？最后要问的是：什么样的化学结构能产生生命？怎样能够提高效率，或怎样能够达到经济上的平等？它不问

---

① 《科学时报》记者温新红和实习记者李娜2007年4月就《哲学·科学·常识》的采访，原载于《科学时报》2007年4月24日。

人为什么要平等。当然，为什么和怎样常常难解难分，尤其涉及人类事务，怎么达到平等，达到什么样的平等，或明或暗地总是连着为什么要平等这样的问题才得以开展。

现在有很多人把科学当作解决一切问题的方式。我们需要弄清楚科学所能解决的问题的范围，有点儿像康德尝试找到哲学的限度。依仗科学，"纯客观认识"占据了统治地位，这种统治造成了很多问题。这本书回溯人类认知的发展，看看科学的客观性和普遍性是怎么达到的。看清楚了是怎么达到的，就有可能更清楚地看到实证科学为什么有这么强大的能力，同时又看到它会有什么限度，它在获得客观性和普遍性的时候付出了哪些代价。

我同时希望说明，只有实证科学才能提供客观普遍性的理论，这不是哲学所能成就的，但更本质的是，这不是哲学所要做的。

问：您强调常识世界的目的是什么？

答：这本书并不是要强调常识。一般说来，穷理不同于行动指南，不是要"强调某种东西"。探讨义理时也会强调某个要点，那是因为忽视了这一点就难以澄清某些结构性的联系，常识、哲学、科学三者之间有结构性联系。

问：那您能否简要谈谈哲学、科学、常识这三者的关系？

答：常识可以指普通人都有的知识，也可以指普通人都懂的道理。说"你这个人没有常识"的时候，有可能是说你连一些简单的事实都不知道，有时候是指你连一些浅显的道理都不明白。common sense 这个英文词更偏于常理的意思。

哲学-科学起于对常理的反思。常理是些自然的、明白易晓的道理，那是说，在适当的场合。一个常理，换一个场合，就可能不合理了。比如，组织游行应该经过所在地当局批准，否则就是非法的，但若无论申请什么游行，这个当局从来都不批准，你说它未经批准就是非法的，就不那么通顺了。但他的确不符合法律规定啊。他要为自己辩护，就得从更进一层去探究建立这些法规的道理何在。常理是些就事论事的道理，东一处西一处的道理，虽都有理，但这些道理局部而短浅。在追问之下，我们来到一些更深的道理，在这里，一些原来看似不相连属的道理得到贯通。我把这称作穷理。我觉得从穷理来理解哲学活动挺好的。

常理当然是由自然语言来表达的。我把跟自然语言连在一起的理解称为自然理解。在我们的自然语言里，事实性的东西跟我们的感知通常混在一起，比如说冷热，冷热是在说事物，天冷、水冷、火热、心热，但它不只单说事物，它连着我们自己的感觉一道说，没有知冷知热的感觉者，也就无所谓冷热。这有时会带来困扰：常常，你我的感觉不同，同样的天气，你觉得冷，我觉得热。自古至今的相对主义常说到一个人的蜜糖是另一个人的毒药什么的。这还是些最简单的情况，事涉历史、政治，以色列人和巴勒斯坦人很难说到一块儿去。

公有公的理，婆有婆的理，这事儿总是让人困扰的。我们也许会指望，通过穷理，可以达到更深的道理，在那里，万化归一，最后达到同一套道理。历来有很多哲学家的确是这么想的。可是事实上，从来没有哪个哲学家最终发现过一统天下的哲学体系。我把哲学理解为贯通道理的努力。但没有把世上所有道理统统贯通这回事，永远会有不同的体系。有唯一的物理学，却没有唯一的哲学体系。中国的儒学、经院哲学某个时期的亚里士多德主义、苏联的马克思主义，曾有过一统天下之势，不过，那不是通过论理达到的，靠的主要是政治力量，并非当真他们的道理说服了所有人。只要穷理活动仍然连着我们自己，连着我们的感知、感受，仍然用自然语言或准自然语言表述，它就做不到这一点。

要从根本上消除分歧，我们必须把研究对象中的感知成分清除出去，只留下纯粹的客体，用事实性的语言来刻画。例如，我们不说这盆水是冷是热，而说它是 25 摄氏度，不管你觉得它冷还是觉得它热。科学系统清除自然理解里的主体因素，进行系统的客体化，探求这些客体之间的关系，建立起解释纯客体世界的理论。

我们的常识里有不少是纯事实性的，我们的自然语言中也有纯事实性的成分，例如我们正在说到的"水温"。这些成分分散在我们的理解里，构不成一个纯客观的世界图景。这些纯客观的东西为科学提供了线索，不过，科学不是把日常世界中那些事实挑出来，拢到一起，科学有它的总体规划，即建立起纯客观世界图景。

不消说，这是一项巨大的工程，要做的事情很多很多，这里我特别想说到的一点是，为了把研究对象中的感知清除掉，科学需要一种新的语言，需要一整套新概念，比如，完全摈弃冷热这样的语汇，换成温度的语汇，把远近的语汇换成距离的语汇，把平常所说的运动静止转换成力学的运动静止。

我们从来不是生活在一个纯粹事实的世界之中——如果是那样，我们一开始的理解和语言就会是纯粹事实性的了。我们讨论美丑善恶，不可能离开我们对生活的感知和感受。我们现在常讨论权利，这些讨论不是纯粹事实性的考虑。权利总跟谁的权利、谁在谈论权利这些因素纠缠在一起。人们有时候会把权利说得像是客观存在似的，但我相信这更多是宣传式的说法。

现在，很多人认为，只有科学问题能够有意义地讨论，事涉善恶美丑，我们最多只是表达各自的主观看法而已。这我完全不能同意。这些事绪的确不只是事实性的问题，它们要以另一种方式来探究——简单说，对话式的探究。探究所能达到的也不是"科学真理"，而是对话式的、翻译式的理解。刚才说，有唯一的物理学，却没有唯一的哲学体系，但这些体系并不是互相隔绝的，它们在一定程度上可以互相对话、互相翻译。

哲学和科学都超出常识，但方向不同，方法也不同。哲学始终有别于对象化的科学研究方式，它始终连同主体性本身来言说世界的道理。就说语汇吧，穷理过程中会发展出一些论理词，例如经验、理性、理、器什么的，它们不像科学术语，它们从来不是单单关乎事实性的语词。大面上说，哲学是用自然语言说话的，自然语言中的语汇跟感知连在一起，它们直接是有意义的。

这里只是大概言之，有大量具体而微的论题，很多我已经写在书里了。

问：您建议把近代科学称作"实证科学"，能解释一下实证的确切含义吗？

答：确切含义说不好。让我举个例子吧。1000 以内有多少个素数？168个。这个你可以用最笨的办法一个一个算出来，也可以用比较聪明的办法去算。1001到2000里呢？也可以算出来。算出来，你就掌握了一些事实，它们是实证的"真理"。但这些事实说明什么呢？可能是你的导师让你去算，你不知道他想干吗。一批学生去算，把结果给了导师，导师一看，发现了素数定理，这些实证真理的意义有了着落。但是在更广泛的意义上，现代科学只问世界是什么样的，不问这样子的意义是什么，truth这个词差不多等同于fact*这个词了。从前的哲学家也重视事实，但他们更多是从意义着眼的。当然，事实与真理之间的关系错综复杂，我眼下只说说我对"实证"的理解。

问：您区分哲学和科学，那您显然不同意用科学的方法来从事哲学？

答：为避免误解起见，就说不同意用物理学方法来从事哲学吧。物理学家要把自己的心性跟他的研究对象完全隔离开来。哲学是自然态度的一种延伸，你可以说所有哲学都是"自然主义"的，但并非现在常用的naturalism，这个词差不多等同于"自然科学主义"。科学也是从自然主义延伸出来的，但它用这种态度来对待不含心智的事物，而哲学以自然的态度来看待含有心智的事物。

你要说，科学干得那么漂亮，哲学还有啥干头，这也罢了，但你要说科学干得这么漂亮咱们都该用实证科学的方式来做哲学，我就完全不同意了。凡是走这条路子的，我都觉得投错了行，你那么迷科

---

* fact，现实，实际。——编者

学方法,脑子也不笨,你干吗不在某个科学领域试试身手?用科学方式做哲学,并不能把哲学变成科学,也不能为科学做出什么贡献,只是把哲学变成比较无趣的智力游戏。当代学院哲学很大一部分很像智力游戏,只不过跟科学研究相比,智性含量不算太高。

我有个比喻,听过的人说挺有意思,我在这里说说看。本来,学问是有组织的,各门学问怎么组织,从前,这在很大程度上依它们与心性怎样联系组织起来。后来兴起了近代科学,它另有一种组织知识的框架。科学把它能够组织的知识安排得井井有条,这种严密组织的代价是把熵输出到科学知识体系之外,结果,科学这个大知识体之外的所有知识学问陷入一片混乱,有人甚至认为,科学之外没有知识、学问、道理,剩下的只是一些零七八碎的主观体验。我不能同意那样的图景,好像要么是普适理论,要么是零星感想。两者之间有一个广大的领域。哲学同样是求真的。有学生归纳我的思想:没有唯一真理。不算错,但若没有另一面,这种看法就稀松平常了。不唯一,然而是求真。想想你怎么思考一个问题,在一个意义上,就像思考一个几何题一样。

哲学不是捡破烂的,把科学不愿做的不能做的事情捡到废品收购站,哲学仍然是智识的贯通(intellectual consilience),它借助反思来组织我们的经验世界,这包括摆正科学的位置。这听起来有点儿是要从头收拾旧河山了,但事情好像就是这样。就哲学不离心性而言,人各有心性,哲学思考总是孤独的,就哲学是贯通之学而言,高山流水,自有知音。

问:作为哲学家,您也研究科学和数学,请谈谈数学和哲学的关系。

答：远远谈不上研究，但这个可以不管它。

数学语言是纯客观的语言。科学追求客观性，要采用客观的语言，到了极致就是数学语言——物理概念最终要能够用数量关系来定义。数学是达到纯客观性或不如说去主体性的终极手段。

笛卡尔已经注意到，数学这种由纯数量关系界定的语言使得长程推理成为可能。科学通过数学方式进行长程推理，构建有效的理论去探索那些远在天边无法经验到的事物，使得物理学即使探入那些遥远的领域也仍然能够提供可靠的知识。

只有去除主体性、去除描述手段的感性意义，我们才能进行长程推理。正因此，哲学原则上不使用数学方法——哲学首先并始终关心的恰是事物的意义，而不是要脱去感性和意义来把握事物。

意义是与主体的感受性连在一起，意义、感性有远近，离开意义的中心越远，意义就越淡越疏。阿凡提给朋友的朋友喝汤的汤，朋友的朋友比朋友疏远，汤的汤比汤寡淡。哲学不使用数学方法，从而在哲学工作中没有也不可能有长程推理。

问：但人们常说哲学和数学有很多相同之处。

答：的确是这样。最简单的相同之处是，哲学和数学更多都是形式研究而不是事质研究。不妨说，数学和哲学不是对世界的描述，而是在探究描述世界的方式。最粗略地说，数学创造物理学的语言，哲学探究自然理解背后的概念联系。当然，比较起哲学，数学的形式性更加突出，有些数学分支看起来是纯形式的，乃至于一旦发现它们居然能够有物理应用，人们觉得十分惊奇。数学为什么会有这类出其不意的应用，至今仍没有人对此做出充分的解释。

哲学和数学都具有更高的普遍性，这跟它们是形式研究相联系。

与之相联系的还有另外一点：哲学和数学都具有更高的确定性。哲学的确定性和数学的确定性那么不同，甚至可以说其确定性的性质相反，所以，说哲学和数学都具有高度的确定性显得很突兀。数学的确定性比较明显——虽然也有不确定的一面，克莱因的《数学：确定性的丧失》①专门谈这方面——那我就哲学的确定性多讲两句。

哲学的领域很宽，外围是观念批判——现在叫文化批评，核心则是概念探究。我这里说到确定性，是就概念探究说的。所谓概念探究，就是考察知道、因果、时间、快乐这些概念。这些概念，我们都蛮熟悉，但如黑格尔所言，熟知不意味着真知，我们可能从来没看到它们的深层联系。尽管如此，这些联系稳定地包含在我们对概念的使用之中，具有相当的确定性。概念考察做得是否对头，原则上我们也能明判。

跟文化批评相对照，这一点十分明显。在文化批评领域，不仅人言人殊，而且，天马行空，思想跳跃，论断大胆。这类论断，虽然不那么落实，但有时会深富启发。这怪让人羡慕的。从事概念考察的人比较偏爱思想可靠性，在这一方面，我猜测哲学家和数学家是气质十分相似的人。

---

① 〔美〕M. 克莱因：《数学：确定性的丧失》，李宏译，湖南科学技术出版社1997年版。

不过, 哲学的确定性与数学的确定性两者性质不同。数学的确定性来自定义和推理规则的严格界定。你走得对不对, 可以分成一步一步来检验。哲学探究的确定性则来自另一类标准: 你是否出自内心深处的觉悟参与到精神的对话之中。海德格尔把这称作"内在的严格性"。这当然不是一种容易达到的严格性, 因为我们往往停留在虚假观念营造的自我之上, 所谓互相对话只是人云亦云的一些说辞。内在的严格性也许太内在了, 那就先从外部的严格性开始。柏拉图学园要求学生先接受数学训练, 这是个好主意。在社会生活中也是这样, 说到最后, 心诚而已矣, 从心所欲而不逾矩, 但一开始, 我们得从学习洒扫应对开始。

还有很多可谈的, 总之, 哲学在有些方面跟数学最近, 在有些方面和数学离得最远。大家都感觉到这些, 但要把这些远远近近说清楚不容易, 我也说不大清楚。

问: 您是从八十年代过来的, 人们都说, 八十年代重思想, 九十年代重学术, 您也这么认为吗?

答: 八十年代重思想九十年代重学术, 这个概括的确说出了点儿什么。关于八十年代, 有太多可说的, 说到思想, 我要说, 八十年代是鼎革以来思想最自由的。说起来, 八十年代思想活跃还真跟那时候学术门槛比较低有关系。那时候, 你翻译一本介绍维特根斯坦的小册子, 你就成了维特根斯坦专家, 现在, 任何一个博士生要写维特根斯坦, 读过的相关材料都比你当时读过的多十倍。当然, 他未见得更有思想性, 实际上, 除了他的专业领域, 他的知识可能并不多, 他那点儿专业阅读没有深厚的思想经验和阅读量支撑。

我们读哲学，多半是为了提升自己的思想，提升了你自己，就好了。学术不是这样的，你的理解是否正确可靠，这是个基本要求，你发言，一定要言之有据，这就要求你做得更深入更周密。提高学术门槛有个好处。现在，一个学者若在一个领域没有下过相当功夫，大概不会去写这个领域的论文，去开一门课，也就在饭桌上可以聊聊。现在，请一位专家来讲唐史或宋史，不管我同意不同意他的观点，觉得他高明不高明，他依据的材料一般是可靠的。

但门槛高了也有坏处：讨论越来越窄，你不是我这个领域的专家，你就别插嘴。你是哪个领域的专家？中国史专家？太宽了。中国中古史专家？还是太宽了。你也许只是唐朝末年科举制度的专家。学无止境，在一个小领域里，我做得比你更专，那么，除了我谁都别说话，是吧？学术门槛建得太高，学问就越做越窄了。因为顾忌学术门槛，出了自己的专业范围，什么都不敢说，或者，没地方去说。咱们谁都不是专家，谁都没有资格去开一门课，但咱们在座的所有人都读过一点儿中国历史，三皇五帝到康熙乾隆你都知道点儿，对不少问题有自己的看法，说不定哪种看法有点儿意思，甚至专家听了也觉得有意思，要是谁都不在自己专业外的领域发表意见，这个有意思的想法就浪费了。余英时写了本《朱熹的历史世界》，有宋史专家出来挑错，还说，你不是宋史专家，来谈宋史就越界了。挑错，只要挑得对，当然好，但如果余英时都没有资格谈宋史，门槛就太高了。有人张罗中西哲学对话，我得读多少中国哲学才能跑来跟你对话呢？你说，你先回去读三五年朱熹，读个三五年王夫之，先秦三五年当然不够。我这一辈子就这么几年，还对什么话呀。生也有涯，知也无涯，我们每个人只能在一个小小的领域做一点儿专门工作。

当然，要看专业。分子生物学，你不是专家，很难说出任何一点儿有意思的东西，但文史哲始终有相通的一面。要说了，物理学家甚至偶尔也从科幻作品得到启发呢。再例如薛定谔关于生命本质的讨论——不过那多半出现在一个学科发轫的时候。

问：前几年有一场关于学术规范的大讨论，您怎么看待这场讨论？

答：刚才说了，做学术，得出的结论要言之有据，学术规范的一部分就是要为这个提供保障，引文要注明出处，等等。至于不可剽窃等，说不上是学术规范，那是一般的规范，做人做事都要遵从的。

当然应该提倡学术规范，不过，像所有规范一样，不宜过细。更糟糕的是把学术规范当作学院人的特权，制造出一套行话。至少在哲学这一行，我相信，要容纳多种多样的言说方式。

问：您说八十年代思想活跃跟学术门槛低有关系，那么，能不能两者兼顾呢？现在的情况，是不是专家太多通儒太少？

答：难说现在专家太多通儒太少，要说，没几个专家，也没几个通儒。笼统说来，我是想问，有没有什么办法，既能维护学术纪律，又不至于把学问越做越窄？例如在学科壁垒之外另建一个平台，外行和半外行可以来这里谈谈。学科之内，是专家在谈，比如考定某座汉墓的墓主是什么人，那是专业，你不是这方面的专家你就免开尊口，没什么好说的。史学里的考据，我们外行无法判断这些专门的工作为史学提供了共同财富，抑或只是为了完成论文指标所做的烦琐考据，这要由历史学这个学科内部去决定。当然，行家们并不总是对的，但反正不能看普通人怎么说。而有些事情，你不是专家也可以来谈谈。赵汀阳既不是中国史专家也不是中国思想史专家，但他可以来谈谈中国的天下观念。他谈天下是在谈论一般观念，他也用一些史料，但根本上他是在借史料谈一个观念，一个想法。他的阐论你不满意，你可以批评他，没谁拦着你批评。更主要的是没人拦着你用一种更好的方式去做。但不要拿出专家的身份压人。要谈政治理念我就不可能不涉及古今中外的政治史，但我不是任何一段政治史的专家，那怎么办呢？就不能谈吗？当然，从学术自律的角度来讲，这样谈的时候不要反过来做出唯我知道的专家样子。多多少少要给出一个标志，表明这里谈到的是一般观念，不是在混充学问。

问：您从事哲学教育多年，请谈谈现在的专业建制对哲学研究有什么影响？

答：我一贯的看法是，哲学不是化学那样的一个学科。关于这一点可以讲很多，这里只讲最浅显的。你学化学学到一些特殊的知识，化学知识，你研究晚唐史你有一大堆晚唐史的知识，但没有什么知识叫作哲学知识。哲学不是这样一个单独的知识领域。哲学没有真正的教科书序列，读哲学书，无非读两类，一类是凡读哲学的人免不了要读的，柏拉图、亚里士多德、康德以及哲学史，这些书，不光哲学生读，凡读书人都会读一点儿。另一类跟你正在集中思考的主题密切相关的，你正在语言哲学领域里工作，会去读弗雷格、罗素、维特根斯坦、克里普克，你钻研海德格尔，会去读一批研究海德格尔的二手著作。

哲学不是一个特殊学科，设立哲学系本来是不得已之举，大学里各门专业都划分成系、所、院，哲学怎么办？

问：您好像一直是反对哲学过度专业化的？

答：过度专业化当然不好啦，已经"过度"了嘛。哲学怎么专业化呢？可能是说，你精读了一些哲学经典，比如说你对康德的文本有系统研究，他对海德格尔的文本特别熟悉。这时候，他是专家，有点儿像是六朝史专家。当然，要成为康德专家，除了熟悉文本，你还得有相当的哲学能力，但哲学史家一定不是最出色的哲学家。实际上，大哲学家不大可能写出相对客观的哲学史，他太想论证他自己的东西了，很难透入与他自己观点不合的那些思想，相对客观去理解迥异的思想。黑格尔是个例子。罗素也是一个例子，更多是他的一家之言。当然，一家之言的哲学史自有它的可观之处。

也许还有问题导向的专业化，例如，我专门研究视觉感知问题，你专门研究听觉感知问题。我不大相信这种专业化，那是模仿实证科学的做法。

泛泛说来，专业化的程度，哲学不同分支情况不同。哲学在院校建制里是个小学科，但哲学领域是个大领域，其中有些部分跟科学、逻辑学、数学离得近些，有些离得远些，跟普通人离得近些。别的学科也有相似的情况，比如历史学，有些考证工作很专门，做出的结果除了行家没什么人感兴趣，有些历史研究我们大家都感兴趣。一般说来，艺术作品是给我们非艺术家的普通人看的，如果艺术作品变得都只有艺术领域的专家才能欣赏，我们该怎么想艺术？但也有些艺术家，所谓"艺术家的艺术家"，普通人不容易看出他的作品好，行家看得出。当然，我觉得最好的艺术是专家佩服，普通有教养的受众也能直接领受，如莫扎特、莎士比亚、米开朗基罗。

哲学不同分支情况不同，但总体上，哲学不是化学那样的专业。再高深的哲学，原则上总是跟我们普通人的自然理解相联系的。在这一点上，哲学跟科学不同。科学必然会往专业化发展。科学并不要求它的内容都能连到常理上让普通人理解，虽然科普作家努力做这项工作。不时有科学家说到从科普作品得到灵感，但我猜测，即使不存在科普作品，矩阵几何或量子力学的内容也不会有多少不同。科学理论远离普通理解，不能用这来批评科学，判断科学做得好不好另有标准，例如根据假说做出的预测是否能被证实。哲学里没有这样的东西，哲学家能预测什么？再例如生产性，量子力学用核电站和原子弹来表明它的理论是正确的。哲学能生产什么？不少哲学从业者并未深入反思哲学和科学的区别，羡慕科学的成功，受科学方法的诱惑，模仿做科学的方法来做哲学。官僚化的教育体制更不会也没有能力考虑各个学科的内在性质，一味加强表面上的专业规范，论文写作的格式，评价的方式，都是从理科、工科套过来的。

问：听说您主张取消哲学本科？

答：我一向主张取消哲学本科，在本科阶段，哲学课完全放在公共课的范围内。本科阶段不应该设哲学专业，对本科生，哲学系只从事通识教育。柏拉图在《理想国》中讲过，哲学是应该三十岁以后学的，柏拉图这样说自然是出于对哲学性质的了解。哲学系的任务不完全是培养哲学专家，甚至主要不是这个，它主要的任务应该是进行通识教育。哲学作为贯通道理的这样一种活动，对于所有接受高等教育的人几乎是必需的，每一个学科事实上也都有人对哲学感兴趣。

　　如果有学生特别愿意多学哲学，不妨多学一点，但是我不赞成他在本科阶段专门读哲学。即使格外好哲学的学生，在本科阶段也应该另有专业，好思考的学生，对概念追根问底，自然而然地会来到哲学问题上。他们到研究生时期，可以专门攻读哲学，但没有任何专业基础，一上来就弄哲学，容易把哲学做空。在我看，这样学哲学害处大于益处。哲学是对经验的反思，是对知识的反思。十八九岁的大学生，没多少人生经验，没有专业知识，他反思什么？你做政治哲学，探究什么是政治，什么是良好政治，但你从来没什么政治经验，对中国的政治史外国的政治史也没多少了解，你反思什么？你讲心理与物理的区别，要是你多懂点儿心理学，做起来就会实在一点儿。他对伟大哲学家基于深厚经验和广博知识而来的思想无所体会，学哲学变成了从概念到概念的空洞运转。可悲的是，实际上我们大多数人所理解的哲学就是这种东西。

　　研习哲学需要大量深入的阅读。大多数学生用不着读那么多，那么深。哲学系这样的地方主要招收"读书种子"，没必要招那么多学生。现在反过来，哲学系主要招收的学生是调剂生，够上了考分底线但上不到他报考的专业。这是因循行政管理伤害了学生的利益。为学生的福利着想，大学里应该建一个文化学院，招收这样的学生，不是文化研究院，那里不做专业研究，读读小说诗歌，学学经济学基础，了解一点儿物理学生理学，总体说来，就是提高文化修养。那里可以开哲学通论什么的。学生不浪费青春，因为提高了文化修养，如果他不满足，还可以到别的院系去修专业。

问：您是基于哲学自身的特征而主张取消哲学本科的？

答：单从哲学自身的性质来说也够了。不过，对外部的情况的考虑也应该支持我的主张。现在哲学系极少招到第一志愿的本科生，三十来个新生，报考哲学的不过一两个，最多三四个，大多数是他没考上他要考的专业，所谓"调剂"到哲学系来。哲学系的本科生的入学成绩往往是全校考生里最低的，或者是接近最低的。就单个考生来说，成绩低不一定学习能力低，但笼统说来，成绩高的学生学习能力往往也高些。而哲学这个行当，信不信由你，是蛮难的。

这些学生既不愿意学哲学，他的能力又可能不适合学哲学，花力气去教他们哲学，不仅浪费了学校和教师的力量，更要紧的是糟蹋了这些学生。本来，他们学一点实用知识、实用技能，花了学费，用了苦功，还算值得。现在你教他读阿奎那、读康德，他就算一个一个学期考过了，将来，无论在工作中还是在生活中，再也不会想到阿奎那和康德，这些东西对他将来的生活没什么意义。不像学过外语或计算机，不像读了些诗，不像学了游泳或开车，这些对他将来的生活、将来的学习会有用，或有意义。对普通劳动者来说，哲学本是无用之学，爱好者得了空闲，自可以读读、聊聊，但把这无用之学强加给年轻人，枉费四年最宝贵的青春，让我觉得挺糟心的。

哲学系本科生中也偶尔会培养出优秀的哲学人才，但我相信这样的学生即使在本科阶段学别的专业，今后再集中精力研习哲学，照样会做出成绩。不管怎样，我们总不该用一个班的学生来为三两个真有兴趣研读哲学的学生陪读吧？

问：现在愿意做哲学的年轻人多吗？

答：常有人问我，你教哲学，还有年轻人听这东西吗？我回答说，林子大了，什么鸟都有。这本来是句坏话，但我是说好的一面。中国那么大，愿意学哲学的人，即使比例很小，绝对数字也不算小。当然，只是愿意还不够，你最好还有优秀的能力。我们知道，年轻人都有点儿理想主义，但是单靠理想不足以支持他走很远，还要有能力。社会的整体状况是，有些专业被认为更有前途，比如电子商务什么的，很多有能力的孩子就被吸引到那些专业上去了。

问：国外有没有哲学系的本科生？

答：我没有做过调查研究。我在美国宾夕法尼亚州立大学读哲学博士。在那里，本科开始并不细致分科，最后写论文的时候，选定一个专业，本科生毕业时选哲学的也有，但极少。可以说，只有到研究生阶段，哲学才成为一个专业。

问：您研究的是西方哲学。中国哲学和西方哲学的异同，一直备受关注与讨论，请问您的观点是怎样的？

答：哲学有宽窄不同的用法，我通常用狭义，这种意义上，哲学是从希腊开始的，是一种与科学有紧密亲缘的活动。但这跟你们通常的想法不大一样，你会说，西方有西方哲学，中国有中国哲学，此外还有印度哲学、几内亚哲学。"哲学"这个大概念是从所有这些哲学中抽象出来的一个"共相"。其实我们不是这样形成概念的。举宗教为例吧。你会说有基督教、犹太教、伊斯兰教、佛教、儒教、青阳教，宗教性是它们的共同点。基督教和青阳教有啥共同点呢？其实，说起宗教，我们是以基督教为范式，儒教是不是宗教，要对照基督教来看——儒教在哪些方面和基督教一样，哪些不一样，比如有没有人格神，比如社会功能方面。并不是先有一个宗教的共相，再看儒教是否符合这个共相。这个共相从哪里来的？从各种宗教抽象来的。但你一开始并不知道儒教是不是宗教，你凭什么把它的特点放到宗教这个共相里来呢？同样的道理，一开始我们不知道这个共相的哲学，我们怎么知道几内亚的那东西叫哲学呢？其实，简简单单，我们讲到哲学，是以希腊哲学为范例的。其他的，例如解构主义之后的那些思想，还叫不叫哲学，这在好大程度上是和希腊哲学对照着说的——在什么方面上有继承，在什么方面上完全变样了。我们讲中国哲学，也是以希腊为范式在比较。

但在广义上，把哲学看作穷理，追索理后之理，在这个意义上，到处都可以有哲学。中国当然有哲学。但跟西方哲学不同，中国哲学跟科学没有很深的亲缘。另一个重要的区别是，在西方，哲学是一种跟宗教平行的精神活动方式，中国没有全民族成建制的宗教，单说这一点，我们叫作中国哲学的东西，在社会精神——文化中的位置就跟西方哲学不一样——它承担了一部分西方宗教所承担的任务。它的思考方式和西方的有很大的不同。

最近一两个世纪，西方思想笼罩世界，但像中国这样一个大国，一个文化历史悠久的国家，它特有的世界图景，它特有的论理和穷理的方式，在我看并没有完全消失。不过，我一直觉得，我们也不必刻意去体现什么中国性，如果它在，它就在我们身上，它就体现在汉语里，体现在我们所做的事情中。如果你身上活着中国特有的文化内容，你尽管做你的问题，生长出来的东西将是所谓哲学的中国方式。

问：您的新书是十几年的思考结果，这对一般的人文社科教授来说很难做到，因为他们要考虑学校的考察指标。

答：以发表论文数量这类指标为基础的评价机制，我从来反对。不少学者提到，关键在于大学的学术独立。每一所大学自己决定要怎么评价教师，而不是由教育部的标准来统一评定。教育部管着全国几千所大学，它完全不了解任何一名教师的具体工作，除了用数量化的办法来评定没有第二个办法。这里我们面对量化弊端的一个突出实例——文科尤其是纯文科因此受到的伤害是非常之大的。每年不知道生产了多少论文、著作，业内外的人都知道，绝大多数，简单说，就是垃圾。用垃圾来充当生产力的评价标准，你能想象这对思想文化会产生何种毁灭性的作用。

行政膨胀、体制僵化，西方也有同样的倾向，只是不像我们这里这么糟。文史研究的困境有些不是我们独有的，例如模仿理科甚至工科的规范来规范文史研究，再例如，浅俗娱乐挤压严肃思考的现象到处都有。这些一般的困境我们一样不少，糟糕的是，中国还要再加上自己特有的困境，因此中国的情况格外糟。

教师出于利益的考虑，会跟着体制走，谋取体制给予的利益。当然，很多教师，不管这个机制多么恶劣，仍然在努力教学，努力把自己的研究工作做好。但体制强于人，尽管仍然有些还过得去的学者，但是从成果的总体品质来看，用失望来形容肯定是太轻了，应该用"绝望"来形容。

问：对您来说，以哲学为业意味着什么？

答：你不是说就业吧？从前我想，最好不用哲学就业，而是，比如，翻译点儿东西来养活自己，同时跟几个朋友、几个年轻学生得空谈哲学。我对穷理的兴趣非常深，甚至自以为在这方面有点才能，但一开始我没打算以哲学为业。但各种情况吧，有意无意就让我用哲学就业了。不说谋生吧，以哲学为业也许是说，一个人主要的精神活动是用穷理的方式展开。也不一定不可以吧。但我还是觉得，多数人，哪怕好道，也不必以穷理盘道为业，专门穷理盘道容易蹈空。还是以比较落实的事情为业比较好，心理学、社会学、做建筑、教物理、做企业、当县长，同时也可以好道。其实，这样的人多了，穷理才有意思，他做企业，他研究基因，但是他好道，从好多不同的行业、不同的角度来好道，这道才有意思。干各种事情的人都不好道，另有好多人成天盘道，什么具体的事情都不做，或干脆不会做，我觉得这样一个局面比较糟糕。哲学最美好的时代是这样的时代：物理学家、生物学家、建筑师、舞蹈家，都读点儿哲学，他们中间有些人，谈起我们所谓的哲学，竟像行家里手一样。

　　问：您接下来关注、思考的是什么问题？

　　答：我一般是东做点儿，西做点儿，等到打算出本书的时候就集中做。如果说这本书比较关心实证科学的性质，下面想多研究一点文科理论的性质，想更深入系统地研究事实与价值、事实和解释、还原论、道德学说的性质，或诸如此类的。

《西方大观念》中译本序言 [1]

　　《西方世界的伟大著作》是大英百科全书出版社编辑的一套丛书，六十卷，选取了西方哲学、文学、心理学等人文社会科学及一些自然科学的煌煌巨著，涵盖的时代自荷马起至萨缪尔·贝克特止。这套丛书的前两卷，Syntopicon，我们名之为"西方大观念"。它涵盖了代表西方文化最主要特征的102个观念，如存在、民主、艺术等，其意在为后面各卷的伟大著作提供一个总论性的概述和主题索引。每一章对待一个大观念。其文字并不是对该观念的详尽分析，而是勾勒出基本轮廓，引导读者去阅读支撑着该观念的一批西方伟大著作。《西方大观念》也可以看作一部问题集合，我们所关心的"哲学问题"，差不多都包括在这里了。在本书的总论后面，都隐藏着有待进一步探讨的问题，而这本书恰可以供我们作为探讨的起点，因为本书对这些基本观念的基本阐论执中稳靠。爱好思索的朋友，在深入思考之前和之际，了解前人的基本思想，本书助莫大焉。任何人的思想都是在传统中生长起来的，今天，我们的论理词汇多数是从西方移植过来的，不深入西方的思想传统，我们就无法认真论理。

　　2005年春，华夏出版社的朋友和我商量，由我充作中译本的主

　　①　本文原载于《西方大观念》，陈嘉映等译，华夏出版社2007年10月出版。

编，请相关专家学者把这部大书翻译出来，贡献给中文读者。我自知能力低，又怕麻烦，主编之类一向不敢接。但这部书的确让人动心。我在外国读书工作时，时不时会用到《西方世界的伟大著作》丛书，前两卷，即摆在眼下的《西方大观念》，用作必要的索引；单独阅读也很有益，能够对这些大观念获得粗线条的整体理解。把它译介给中文读者，对学术发展定能起到促进作用。三说两说，竟不自量力把这事接下来了。

接下这个活计，从自己动手翻译其中数章和找译者开始，平添了不少辛劳，自不必说。所有译稿我都审读过，有一半以上认真改了，还有不少因时间不够只能草草修正。原初，版权方答应提供一套电子版，我希望把它发在一个网站上，译者们也把自己的译文发上去，供同好批评指正，这样可以把本书的翻译过程变成一个同好切磋的过程。可惜，版权方后来说电子版因损毁无法提供。这让我原初的设想落了空。类似的不顺利还有一些。不过，两年多的辛劳，最终换来了眼前这一百多万字的成果，自然也让人快慰。此书的完成首先要感谢数十名译者。所邀请的译者颇多著名的翻译家，如邓正来、倪梁康、孙周兴、童世骏。我尤其要感谢陆丁、周濂、张卜天等年轻译者，要么他们的中英文胜过我们，要么他们的工作态度更认真，出自这些年轻译者的译稿，我觉得总体水准并不低于前辈，有些还译得更好些。华夏出版社的陈希米、褚朔维、李静韬、李玉璞、王霄翎等人，为这部书注入了大量心血，从译者到文稿到版面式样到与版权方的无数交涉。我与这些出版人朋友的合作始终互信互谅。做这件事情，让我明白，学术的进益，一半在学术人的工作，一半在出版人的默默努力。

愿我们的工作对推进中国学术深入发展有所贡献。

陈嘉映

于上海外环庐

2007 年 7 月 9 日

《中国摄影家系列》序 [①]

这几十年，中国人的生活，急流涌来，急流涌过。世界的变化在加速，中国尤甚。谁还记得从白石桥到中关村的那条破路，偶或有辆机动车从浓密的树荫下开过，树荫下一个老太太坐在蝉声下面，坐在两个大保温瓶后卖三分一根的冰棍？1971年，取水路从苏州到杭州，客船转在连绵不断的芦苇荡里，那景象更像相距千年的唐宋人笔下，而与离开三十年后的两岸楼房灯光却非常遥远。现在的少年青年，听说"文革"，听说1976年，影影绰绰，像是听说玄宗故事。说起这些，连我们自己也难免隔世之感。生活流水般逝去，一些镜头抓住我们，仿佛我们要通过它们抓住生活。眼前的这套摄影集，借助比我们多数人更广阔的视野，更具穿透力的视线，把这些镜头摆到我们眼前。

照相机镜头未必从不撒谎（想想那张新立村人民公社两个农姑坐在亩产达十二万斤的稻子上的照片），但它在纪实方面确有优势。我们很难想象别的媒介能像王征的镜头那样刻下贫瘠而顽固的西海固。纪实，当然不是照抄现实——从来没有照抄现实那回事。纪

---

① 本文原载于陈小波主编：《中国摄影家系列》，中国人民大学出版社2007年9月出版。

实摄影师通过纪实手法，展现他们对现实的理解，对历史的理解，展现他们自己的心灵；一如真正的艺术摄影通过艺术的手法展现世界和心灵的另一面真实。眼前的这些照片，不仅是历史的记录，它们同时是对现实的独特理解。随便翻开一页，于德水的《黄河滩》（河南灵宝，1986），彼境彼情，我不知道除了把它拍摄下来，还有什么别的办法传达给我们。

这十位摄影师都是研究者，他们的摄影作品、他们的生活历程、陈小波对他们的逐一访谈，无不表明这一点。黑明历时九年数十次专程前往黑窑子，他拍摄一百个被地雷炸过的村民、一百个知青，都是他借助相机在进行研究。研究并不只是学院知识分子的专利，实际上，由于远离现实生活，尤其由于丧失真切的关怀，学院研究越来越接近于语词的癌变，只在叽叽喳喳的研讨会上才适合生存。而这十位研究者，无论风格和题材多么不同，各个都执著于真切的关怀，关注一条河、一个山村、一个矿区。他们对某一片断现实的关注引发我们的关注，他们对生活的思考启发我们的思考。

一个山村是一个世界。世界之为世界，不在于涵盖的面积广大，你可以从北京飞到巴黎，从巴黎飞到圣保罗，你出出入入的，只不过是个会场，你说的听的，还是上次会议说过听过的那些话。这里也许有全球化，但没有世界。世界是我们取食于此、欢笑于此、相濡以沫于此、丧葬于此的生活整体。这些摄影集展现在我们面前的，才是世界。

一条河、一个山村、一个矿区，那里生活着一些普通人，甚至底层人。我看到朱宪民的两部影集，一部题作《黄河百姓》，一部题作《百姓》。纪实摄影师把镜头对准百姓，这该不是偶然的。这里才有实实在在的人，实实在在的生活，实实在在的影像。镇日出入于华灯之下镜头之前的政客、明星、名人，镜头还能从他们身上捕捉到什么真实呢？也许狗仔队捕捉到的那些镜头就是他们的真实？

这些普通人的故事不那么绚烂，但由于紧接地气而实实在在。今天，满街广告上，满电视荧幕上，漂亮脸蛋儿，标准曲线身材，满是靓丽的影像。它们都像从工艺品厂新出炉的工艺品，没有土地，没有历史；漂亮，然后空空如也。当年我们满眼看到的是空洞的政治宣传品，在心智健全的人眼里，理想一旦流于空洞就不再是理想，只是令人厌恶的欺骗；我猜想今天心智健全的青年看到那些空洞的靓丽，也早觉得厌倦甚至厌恶了吧。

摆在我们眼前的这些影像却并不缺少美。我是个外行，无能从形象配置、采光滤光、抽象质感来谈论这些作品。但你翻到《侯登科麦客33》，你怎会不知道这是一幅出色的艺术作品呢？我不懂怎样让照片产生质感，我猜想仅仅让照片产生质感是不够的，那背后更需要生活的质感。我，像很多日子过得不错的城里人一样，习惯了浮光掠影。在这些照片中，生活的质感在顽强呈现，它们在纪实的同时，似乎也在召唤，把我们大家唤向较为质朴的生活。

在后现代思想

Where are we in the realm of thinking？ * 我们无法站在思想之外，对思想的现状做一番评估。这样的题目，立刻把我汲进思想本身。

"思想"这两个字，"想"是我们平常用的，人人都想事儿，想心事，想你想我，"思"平常不单独用，单独用时有古意，思入天地有形外。有形之外，是天理、天道。"道理"是我们日常用的，"道"和"理"单独用，像是文言。

我们平常想一件事情，你这样想，我这样想；就是我自己一个人，也一时这样想，一时那样想。思想异乎这些平常的想法，专追索确定不移普遍有效的至理。中国古人云，天不变，道亦不变。希腊人通过哲学来追求普遍不移的真理，把数学和不变的天体视作榜样。

哲人掌握了恒定之理，于是我们眼前摆出了性理大全，形而上学体系，满架子哲学原理类的教科书。这些书里，像《几何原本》一样，有原理，有定理，有应用示范。所有的道理，被原理联结在一起。

---

　　* Where are we in the realm of thinking，我们的思想境界在哪里，我们在思考的领域中处于什么位置。——编者

让哲学家最为头痛的，是称为原理的东西究竟够不够源始，原理背后，还有没有进一步的道理。这样做是不对的，因为这不道德——但我干吗非要道德？这样做不行，会害了你自己的健康——但我干吗非要像公园里晨练的老头儿老太太那么在意健康长寿？快活不是更重要吗？哲学家必须找到绝对的起点，我思，感觉与质料，自明性，道德底线。可惜，这个哲学家说这是起点，那个哲学家不同意，这个觉得自明，那个说是一团糊涂，刚找到一条底线，又被耸人听闻的事件冲破了。

虽然有这种种困难，虽然几千年来没有哪一套确定之理为世所公认，哲学家仍不肯罢休，希望至理最后碰巧落到自己的手中。人群也翘首以待：人世间的道理，纷纷繁繁相争不已，若无圣人出，如何得致万世太平？

这样来寻求确定之理，是把道理视作某种现成的东西，写在天上或埋在地底，等我们抓住了它，挖出了它，我们就掌握了真理。

圣人始终未现，万世太平始终不曾来临。藏在现象背后的道理，后来倒是一条一条被科学家发现了。它们是些确定不移的客观规律，却不是哲人们所寻求的会万归一的至理。实际上，科学掌握的客观规律越是确定不移，它们与人生的道理就越不相通，因为它们本来是通过清洗掉意义才被求得的。生理学能找出与长寿相关的基因，不能教给我们何时该舍生取义。经济学能计算出本币升值对外贸的影响，不能教给我们怎样安贫乐道。舍生取义、安贫乐道之为理，从来不是先在于人类领悟的"纯客观"的道理。

道理不同于自然规律。自然规律独立于人类理解，可从外部加以掌握，道理在于事物说明了什么。只有针对什么，才能说明什么。

否则，水往低处流说明了什么？人的天性与物质的天性相反，所以，水往低处流，人往高处走。但它也可以是说，上善若水，众流皆下，故能汇为江海而成其大。事物及其规律，似乎对不同的人说明不同的道理。往小处说，公说公有理婆说婆有理，往大处说，孔墨俱道尧舜，而取舍不同。有确定不移的客观规律，却没有确定不移的人生道理。

孔子有孔子之理，墨子有墨子之理，但若我们循理而进，直臻乎至理，或有望会万而归一，通于大同？布什和拉登，势不两立，但若穷理至极，也许这两个人，竟人同此心，心同此理？

会通于一，谈何易事？就算会通于一，又来了新的麻烦。道理越根本，似乎言说就越无力，会通于一，就无可言说了。这个一，怎么称呼？道、理、太一、太极、无极？语词本来用来分殊，所以庄生曰：既已为一矣，可得有言乎？庄生，以及说了那句无人不晓的"道可道非常道"的老子，都被称作道家。其实，儒家论理，照样要碰到这无可言说之境，大儒程颐就说："一阴一阳之谓道，此理固深，说则无可说。""吾道一以贯之"的那个"一"，孔子自己没落实它是什么，"忠恕而已矣"是门生曾子落实说的。

理后之理仍有贯通之功，这个贯通，并不是要也并不能够达乎各种道理背后的抽象同一之理，而是要达乎所关切之事。所谓贯通者，各种道理被牵引进关切者之间的一场对话之谓也。

前几天，和几个关心动物保护的朋友座谈。碰到那个常听到的质疑：动物救助者为什么不去救助失学儿童呢？一个决定去做一年志愿者的青年也许正在考虑他去做动物救助还是失学儿童救助，一个企业家也许正在考虑把一笔善款捐给哪个民间组织，也可能有伦理学家参与他们的考虑，尝试把方方面面的考虑梳理清楚。但我既不关心动物保护，也没打算去帮助失学儿童，我只是要一个悬空的理，你怎么回答呢？如果我什么都不打算做，这么回答那么回答有什么差别？建国家大剧院重要还是解决无房户问题重要？请朋友下馆子重要还是救助艾滋病人重要？没有一套悬空之理把世间万事都安排妥帖。这些问题不是不可以问，但也不是可以脱离了具体关切悬空来问，无论问得多么理直气壮。

问道穷理总是有针对性的，这就是所谓问题感。"真理"不是某种东西的名称，我们最好把它理解为成就动词，真理是此际的最高成就，不是一旦发现就永恒不变的东西。所谓绝对真理，所谓不易之理，就是哲学中的上帝。西方哲学一向与神学紧密纠结，乃至海德格尔用"存在论-神学"名之，说"永恒真理"乃"哲学中尚未肃清的基督教神学残余"。

天理并不写在天上，而写在天人之际；所须通者，古今之变，而非致万世太平的灵丹妙药。后世多少理学家，没哪个如太史公悟道悟得深切。并没有一套道理，在天上或在圣人的书里平铺放着。儒学原是诸子中的一支，统治者为帝国统治之需，立儒为教，定于一尊。

对于思想者而言，没有定于一尊的至道。渴求一尊至道的人，须得把眼光转向信仰。思想的求道者须始终培育承受不确定的勇气，一如信仰者须始终培育承受确定性的勇气。

没有确定的终极真理作保证，所有的道理不都断了根基吗？我们不知道终极的冷有多冷，终极的热有多热，但我们都知冷知热。我们没见过终极真理是什么样子，这完全不意味着我们不能分辨真道理、伪道理，不能确切地分辨真伪。拒绝定于一尊的终极真理，并不意味着没有真理。

今天，不少人慨叹，我们正在丧失辨别真伪的能力。然而，这不是由于我们不再有大一统的意识形态来提供标准。意识形态为万事万物提供标准的那个时代里，我们何尝富有辨别真伪的能力？不敞开思想对话的空间，真理就无从临现。不过，大一统观念的瓦解，并不自动地带来思想的自由对话。观念的舞台上，演出着五花八门的主义：个人主义、民族主义、民粹主义、宗教原教旨主义、科学主义，更不消说消费主义。唱都在唱，但没有互相聆听，热闹之余，我们这个时代始终没有培育起厚重的意义。在没有绝对标准的世界中寻求贯通之理，辨别虚幻与真实，对于思想者来说，还是一件刚开始学习的课业。

中国美院八十周年校庆贺词

我与中国美院有缘。1996 年初次我经邱志杰、吴美纯引荐到这里来参加一个活动，就跟很多年轻人结为朋友，结识了既富才华又富能力的许江。我不经常外出讲演，讲演也没多大影响，有两篇讲稿例外，较常听人谈起，这两篇讲稿，《艺术·感人·关切》和《无法还原的象》，最先都是在中国美院讲的。最近几年，还在这里忝列客座教席，既可以将自己思考的一点儿心得与听众交流，更可以从已经成名的艺术家和未来的艺术家那里多方讨教。他们对艺术作品的敏感，延伸至于建筑、器物、山石、云霞、体貌、品格、世情、思想及其风格，每一次交游都让感性粗疏的我大为受益；无足怪，我格外珍惜与他们共处的时光。

这缘分，缘于"浙美"即今中国美院好思想尊学术的传统。这个传统，在众多教师学生那里、在许江院长那里，仍然生机勃勃，有时我觉得，还在发扬光大。思想学术与艺术的关系，至为复杂深刻，不是我说得清的。但古今中外，卓越的艺术作品，总可说富有思想性，卓越的艺术家，总对世界和人生有深刻的洞见，这些应无疑议。这当然不是说，艺术要由思想学术来指导。应该是友爱吧。朋友之间，谁也不指导谁，甚至也不刻意学习，更多的是相互景慕，有此景慕，无心交游之际，各自变得更丰厚了。

　　在中国美院八十周年校庆之际，我心中充满对她的美好祝愿。我愿在这里，在整个中国，艺术与思想学术友爱益深，创造出更富思想的艺术，更富艺术的思想学术。

《汉密尔顿的古典世界》①丛书序

　　伊迪丝·汉密尔顿（Edith Hamilton, 1867-1963）出身学问世家，从小受到良好的语文教育，特别是古典教育。成年后一直从事教育工作。五十五岁退休后开始写作。1930年出版的《希腊精神》（*The Greek Way*）让她蜚声读书界。此后陆续出版了《罗马精神》（*The Roman Way*, 1932），《以色列的先知》（*The Prophets of Israel*, 1936），《真理的见证：基督及其诠释者》（*Witness to the Truth: Christ and His Interpreters*, 1949），《神话》（*Mythology*, 1942），《希腊文学的伟大时代》（*The Great Age of Greek Literature*, 1943），《上帝的代言人》（*Spokesmen for God*, 1949）等。每一部都基于深厚的研究，写作则面对普通读书人，行文流畅易读，读后则受益甚丰。她还翻译了几部希腊悲剧和柏拉图的对话，也成为希腊经典英译的名篇。汉密尔顿出版最后一部主要著作《希腊回响》（*Echo of Greece*）时，已九十高龄，文字仍青春蓬勃。

　　西方文明主要由希腊、罗马、希伯来、基督教汇流发展而来。希腊罗马代表此岸理性，希伯来基督教代表信仰。在艺术、文学、哲学、科学等精神领域，希腊人创造了无尽的奇观。在政治组织的

---

　　① 华夏出版社2008年出版。

艺术方面，在世俗生活的文明方面，罗马则为后世提供了辉煌的典范。汉密尔顿说到希腊罗马，如数家珍。对希伯来、基督教传统，汉密尔顿也有深入研究。在《上帝的代言人》序言中，她提到自己是以研究者的身份而非信仰者的身份来写作的。我觉得这也可以是个优点。宗教首先要求信仰，不过，我们不能什么都信仰，我们早已生活在多种精神传统的融会之中；心怀景慕，从多种精神传统中汲取心的光华与智的能量，现代人，尤其现代的中国人，当行之道。更多了解，更多赏慕，不囿于粗陋框架中的中西之争，岂不善哉！

　　我在美国读书期间，在旧书摊上买到汉密尔顿的几部书，都是一口气读完，尤喜爱《希腊精神》，读了不止一遍。后来，年轻友人葛海滨有意读一点儿希腊，我就推荐他读这本书作为入门，他读得高兴，就断断续续把它翻译出来，作为翻译练习，有些难译的句子，我也曾与他切磋。译作于 2003 年由辽宁出版社出版，为读者喜爱，成为畅销书。现在，华夏出版社又行一桩功德，推出这一套汉密尔顿的古典学著作，包括译文经过修订的《希腊精神》。这些书，博学、明达、丰满、优雅，我相信，必有益于滋养我们的心智，必为读书人所喜。

从建筑说到哲学 ①

  与会者发言极踊跃，几乎插不进说点儿什么。我本来倒也有一两点也许值得说，借这机会说说。有话则长无话则短，我不懂建筑，关于建筑，只说短短几句，我对哲学想得比较多，可说的也多些。

  我们都知道，如果把建筑列在艺术名下，那么建筑实是最重要的艺术。有些人可以不和 fine arts* 打交道，但没有人不生活在建筑中，生活在建筑之间。这些，前人论述已详，例如我手头的一本小书，*An Outline of European Architecture***，我在它的"导论"中就读到这些。

  一幅画是一件艺术作品，可以说，艺术元素是在画里面。建筑的艺术元素，与此不尽相同。在很大程度上，建筑的艺术性是说它使得生活变得富有艺术性。理解"诗性地栖居"这话，不求深义，只作最朴素的理解，它也主要不是说，要把建筑建得富有诗性，而是建筑使得生活富有诗性。唯当绵延而伸入历史，一种生活才可能是诗性的生活、有意义的生活，至于建筑物上是否有哪一部分直接体现历史元素，则视建筑师个人的"运用之妙"而定。好几位谈到中

---

① 在苏州"现象学与建筑学研讨会"上的发言，2008 年 5 月 24、25 日。

* fine arts，精致艺术，美术。——编者

** 《欧洲建筑纲要》。——编者

国元素、传统元素，我想，这些元素不一定直接在建筑物上找。陈希同时代的北京建筑，都戴一顶绿帽子，那样体现中国元素，又容易，又难看，其实和中国人怎样生活怎样看待世界毫无关系。

所谓建筑的这个元素那个元素，更多体现在建筑物所创造的生活空间中。学校建筑，主要不在于楼房本身建得富有学问气，而是这些建筑物使整个校园生活成其为校园生活，适合学生和教师的学习、学术生活。这些年建设了不少大学新校区，我见到过一些，上海松江，浙大的紫金山校区。不少新校园，更像大衙门，它们使检阅、大会、朝觐变得壮观，而不是使那里活动的人们过上学生和学者的生活，疏密有间，有时紧张地上课、做实验、用餐，有时三五成群悠闲漫步，也有适合于独自沉思冥想的幽静去处，也有供师生晚上争论入夜的小茶座、小酒店。国美象山新校区挺好的。好像少了些在露天扎堆闲坐的地方。现在，老龄化问题越来越突出，会出现一大批敬老院之类的建筑设施，它们若要体现某种中国元素，大概也要从类似的角度来思考，并不只是把那里的房舍庭院建成中国式的。

我不懂建筑，只谈这点短浅的想法。下面从我对"哲学"的理解来谈谈这个讨论会的题目，"现象学与建筑学"。

"建筑现象学"这话，听起来蛮顺耳的。但它的意思我不十分清楚。黑格尔有"精神现象学"，分析哲学里也谈"现象学"，但这里说的不是他们的现象学，而是专指胡塞尔一系的现象学。那么，除了建筑现象学，也可能有建筑康德哲学，建筑亚里士多德哲学等。那听起来就有点儿古怪了。是不是胡塞尔哲学跟建筑有一种特别亲近的关系？不像是。很多论者谈论海德格尔的"筑、居、思"，我不知道那跟现象学有多大关系。我和周兴带一些艺术现象学的博士生，但"艺术现象学"这个名目给我带来类似的困惑。也许是"现象学"这个词而不是胡塞尔哲学跟建筑跟艺术有特别亲近的关系。

也许，现象学说的是面向事情本身，建筑现象学说的就是面向建筑这件事情本身。这听起来挺好。但又给我带来另一种困惑。胡塞尔现象学是面向实是本身的，亚里士多德哲学、康德哲学、维特根斯坦哲学不是面向实是本身的吗？我的困惑也可以换一种说法表达：现象学是哲学理论中的一种，抑或哲学都是现象学？我们是在讨论现象学与建筑学，抑或哲学与建筑学？

这跟另一个困惑连在一起。胡塞尔要求我们一上来先把各种哲学理论悬置起来，面向实是本身。今天我们努力面向建筑的实是本身，这时候，要不要把胡塞尔的理论也悬置起来？抑或我们悬置一切理论，只有胡塞尔的理论除外？我自己的想法是，悬置一切先见或成见是不可能的，我们所能做的，是解构成见，是在相关之处对自己的成见保持反省的态度，而且留心不要把自己的解构上升为理论。这是所谓诠释学的态度。

说到这里，我就想说说我对哲学的一般看法。我不认为我们能够为哲学提供一个唯一的定义。哲学并不是一样东西，我们通过仔细观察它给出一个定义。毋宁说，哲学是一些相互联系的活动，在历史上不断演变。我们考察这些活动及其历史演变，提出一个说法，这个说法不是严格的定义，而是希望它能够成为一个入手点，便捷地进入这些活动。这仍然是上面所说的诠释学的意思。

我自己常用的提法是，广义说来，哲学讲说道理，狭义说来，哲学追索道理。这个追索道理，包括对道理的研究，在这个意义上，"哲学"是一门"学"，论理学。我有时也说，哲学反省经验，反省经验之理。总之，哲学与讲说道理关系密切。创造"哲学"一词来翻译 philosophia 的日本人西周把哲学理解为"专讲理之学"，认为因此也可把哲学称为理学、穷理学、理学理论。

各个行业的专家，都懂得他们那个专业里面的道理。建筑师懂得建筑。但他不一定能把这些道理讲出来，或讲得好。庖丁深谙解牛之道，然口不能言。我们都听得懂汉语，会说汉语，汉语语法几乎全明白，但让我们把汉语语法讲得明明白白，并不容易。有人很会说，有人不大会说。我们不能判断说，那些说得好的一定是最优秀的建筑师。一位建筑师可能很懂得建筑之理，但不十分娴熟于把这些道理用话语说出来。

一个行业里面的道理，不一定只对这个行业有效。围棋里的有些道理，例如立二拆三，单对围棋有效，但这个道理也可以延伸，例如，我们会说，本固而势张，这就不只对围棋有效，而是一般的道理。中国古人说到"道"，通常指的是超出某一特定行当的、比较一般的道理。庖丁说"臣好者道也"，就是这个意思。建筑师不一定只关心建筑这个行当里面的道理，他也可能或多或少好道。

说到一般的道理，我要做个脚注。人们常常把一般的道理理解为无所不包的大道理，最具抽象普遍性的道理，如一分为二之类，放之四海而皆准。这样来想一般的道理，据我看，是不谙论理学的人常被误导的一种情况。我会说，一般道理是使各种道理贯通的道理。这一点今天不多谈。从上面的发言起论，我们不妨这样来理解一般的道理：一般道理就是那些外行能够听懂的道理。建筑师们在这个会上对我们这些外行所讲的道理，是一般的道理。

　　不同专业的人能够对话的道理是这些一般的道、道理。在这个会议上，建筑师通常不是在讲建筑学专业里面的事情。如果是说那些事情，那就不是对话，而是给外行上课，我们这些外行，只有听的份儿，没有什么可对话的。实际上，我真希望将来有时间去听听建筑学的课，像个小学生那样。

　　建筑师们在讨论会上时常会讲到一些专业方面的东西，比如罗马立柱和希腊立柱的区别，希腊立柱里，爱奥尼亚立柱和多利斯立柱的区别等。这些事情，也许大家本来就知道，即使不知道，某些要点也不难领会。建筑师讲到这些一般的知识，不是为了让我们学会建筑，而是要从这些知识出发，讲说一般的道理，讲说建筑与权力的关系，建筑与神、与人、与环境的关系，等等。他们在建筑系课堂上也会讲到爱奥尼亚立柱和多利斯立柱的区别等，从那里出发，他们接着讲这些立柱在建筑史上的起源和发展，讲它们的支撑能力、视觉效果，讲它们和各种不同材质的关系，等等，讲那些我这个外行不知道该讲什么的那些内容。

　　不同行当的人，一个化学家和一个古音韵专家，坐在一起，他们讨论道理，争论道理，所讨论所争论的是那些超出专业领域的道理。在这个意义上，建筑师来到这个会上，一方面是建筑师，一方面也是好道者。在好道这个意义上，我们每个人身上都有一个哲学家。没有人完全不关心专业领域之外的一般的道，只不过有人兴趣更浓烈些，有人寡淡些。我一直觉得，只是由于我们每个人身上都有个哲学家，哲学才是一项有意思的活动，如果只有职业哲学家谈哲学，哲学就会变得很无聊。

那么，我们要职业哲学家干什么呢？首先我想说，哲学不是一个专业知识领域，哲学家没有专业知识。我以前在西语系读书的时候，别的系的同学会说，噢，你是没专业的。后来到了哲学系，更没有专业了。哲学不是化学或者建筑学那样的一门专业，哲学生没有专业知识。哲学与建筑学对话，本来是个引起误解的提法，好像哲学和建筑学是两个平行的专业。

哲学家没有专业知识，但他就没有一点儿长处吗？有的。那就是穷理方面的训练。我相信，穷理是一种多多少少有点儿特别的兴趣，有点儿特别的能力，没有这种能力的人，也许在他的本行里很懂道理，但一旦尝试超出本行来表述这些道理，却说得一团糟。这一点，很多人说到过，我这里引维特根斯坦一段话：

> 很容易设想，有个人对一座城市了如指掌，就是说，很有把握从城市的每个地方找到去另一个地方的捷径——但仍然完全没有能力画出这座城市的地图。他要是试着画一张，画出来的东西就是完全错误的。①

一个优秀的建筑师，在建筑学课上不一定是最好的教师。更不一定长于把建筑学的道理延展到一般的道上。即使他有这方面的兴趣，在从建筑之理向一般道理的生发过程中，他仍然可能感到吃力，讲不到点子上。因为他没有在穷理这件事情上下过功夫。他可能颇有一些值得一讲的东西，但讲出来，有时跳跃太大了，人家听

---

① Wittgenstein, L., *Zettel.*, Berkeley and Los Angeles: Blackwell, 1967, §121。

不懂，有时两段话会引向自相矛盾，有时在引用论理文本时理解偏了错了，等等。旁边的人有时会插嘴说：你是不是这个意思？这话是不是应该换成说……？他也许会说：对对，我正是这个意思！他甚至会觉得换成别人那个表达更清楚地说出了他本来的意思。哲学家没有什么专门知识，他的长处、长项是在穷理方面，他的专门训练是在如何把各种局部的道理引向一般道理这件事上。

我考察哲学家在实际社会生活中在做什么、能做什么，反省自己的兴趣和能力，得到这么个结论。我会说，在思想的接力跑中，哲学家不是跑第一棒的。得有很多有专业知识的人、有生活经验的人好道，他们已经在道上跑起来了，哲学家才接过他们的思想继续跑。重复一遍，这里所说的哲学家，不一定是哲学系的教师，每个人都可以好道穷理。只不过哲学教师不干别的，专事穷理，所以更了解穷理过程中的困难、陷阱，较少失误。至少我希望我们在这方面有点儿优长。

不过，这个线性比喻也有缺陷。我们既可以说从特殊领域延展出一般之道，也可以说一般之道也渗透在特殊领域之中。我前面对"建筑里的中国元素"发表了一点儿短浅的看法。我不懂建筑，我的看法可能没什么价值，但不能说我不懂建筑所以这看法一定毫无价值。我是从一般的道理想过来的。但所谓一般的道理，并不是凭空来的。我虽然不懂建筑，但我懂得一点儿，例如，语言学，懂得一点儿，例如，数学。我有一些人生经验、做事的经验，等等。我总是对学生说，我们学哲学的，虽然没多少专门知识，但不能完全没有知识、没有经验，只会凭空论理，论空洞之理。我从别的地方领会的道理，也许可以与建筑学中的某些道理会通。那我就放弃接力跑这个比喻,把事情想象成会师。这是对话。不过我还是不愿把它视作建筑学与哲学的对话。我毋宁把这场对话视作懂建筑的人和不懂建筑的人在共通之理层面上的一场对话。

最后我想说说另一个问题:所谓道,使各种道理贯通的道理,是我们发现的,还是我们发明的?说说这个问题,因为它关系到我前面提到的一个问题:胡塞尔现象学是一种哲学还是哲学本身?梁康的文章里引用康德说,"人类理性在本性上是建筑学式的,就是说,它把一切认识视作属于一个可能的体系。"(《纯粹理性批判》,B860/A832)胡塞尔争辩说,科学的系统性不是发明的,而是发现的、发掘的。我相信,我们一般倾向于说发现道理而不是说发明道理。不过,这些道理是怎样联系起来的,或者说"科学的系统性",似乎并无一定之法。这不一定是说成"发明"。一堆线条,这么看形成这样一幅图案,那么看形成那样一幅图案,都是发现,但不一定要有唯一性。就此而言,我不会认为康德哲学或胡塞尔哲学会成为哲学的代名词。

但我也不是在泛泛说,哲学是多元并存的,康德有康德的体系,胡塞尔有胡塞尔的体系。我并不从建筑物的意象来理解哲学。康德能够说的是,人类理性有穷理倾向,有寻求连贯、融贯的倾向,但这种倾向不一定要向"建筑学"发展,它也可以向网络发展。可以把一个哲学体系看作一个网络,它与别的网络大片交织在一起。各体系通而不同。一般说来,西方哲学、西方近代哲学较偏向建筑学,中国思想、古代西方思想、现代西方思想,较偏向网络。我个人不认为哲学应该建构理论。我承认,穷理有一种建筑式的自然倾向,但对道的更深认识要求我们克服这种倾向。

说 理 与 对 话 [①]

刘晓丽（以下简称："刘"）：2000 年您在《读书》上的一篇文章《哲学是什么》，说"哲学是讲道理的科学，是讲道理学"，您最近在华东师范大学开设系列讲座"说理与理论"，我又读到您的《哲学之为穷理》一文。关于"讲道理"这事，您思考可能还不只这八年，当然也不仅仅是思考，您本人一直在实践"讲道理"，您讲道理的方式方法颇被认同，您的文章和讲座等，读者和听众有一个同感——真有道理。在您这里，我想说哲学家是讲道理的人，哲学是讲道理的艺术。"讲道理"何以会成为您的主要关切？您的思考和您的实践是一种什么关系？

陈嘉映（以下简称"陈"）：道、理，logos，从来都是哲学的核心，"讲道理"这个普通说法只是把这些传统的、高深的概念说得更日常一点儿罢了。我在书里说明了，道理不限于狭义的逻辑。维特根斯坦的关键词是逻辑，后来他更多使用语法这个词，说到逻辑，也在广义上使用，意思跟他这时说的语法差不多。我多年来反复琢磨维特根斯坦的语法概念，觉得"语法"并不是最恰当的用语，尤

① 2008 年 12 月华东师大中文系刘晓丽教授采访，原以《今天我们如何讲道理——陈嘉映教授访谈录》为题载于《中文自学指导》2009 年第 1 期。

其对我们中国人来说，我们有更现成的概念——道理，道理比逻辑、语法这些概念更清楚地刻画了哲学的本质。对现代人来说，尤其要把道理与规律和机制区分开来。规律和机制是实证科学要掌握的东西，道理是哲学要通达的东西。

刘："逻辑"满足不了维特根斯坦，他转向了"语法"；"语法"满足不了您，您转向了"道理"。除了上述这些考虑，我们当下的生存实际对您的思考有影响吗？比如我们中国的新左派与自由主义之争，比如国际社会的阿拉伯人和以色列人之争。

陈：哲学是系统论理，到今天，论理总是在一定的学术脉络里展开的，但你问得好，至少就我个人说，从事论理活动的兴趣的确是从你说的这些具体争论来的。我当然关心实际的政治问题、伦理问题，大家聊天的时候，会为这些事儿争得面红耳赤，只不过，人们通常只关心事质，形式方面的关注少一点儿，我则会在说理的一般性质方面多考虑一点儿：这些争论有没有意义？这些争论有没有解决的可能？怎么一来就变成了瞎争，怎么讨论问题才能够带来积极成果？可以把对这类问题的探究称作论理学，而在我看，论理学就是哲学的核心。当然，在我看来，形式和内容是交织在一起的，这就回到你刚才那个问题的后一半，我相信，只有学会在事质讨论中好好讲道理，才能在论理学探究中保持敏感和可靠的方向。而且，论理学探究本身是一种说理实践，它本身也是用说理的方式展开的，我们只能用讲道理的方式来谈"讲道理"是怎么回事。

刘：您关注的是更根本的问题，或者说是更深层的道理。

陈：可以这么说，人们也常常这么说，探究说理的一般性质，可以说要上一层，也可以说更深一层。但这些说法也很容易误导——如果把"更根本"理解成金字塔的地基，好像不夯实地基就无法真正展开事质讨论，那就把事情弄反了。"根本的问题"，我把它理解为：好多问题纠结于此处。没有事质问题，也就没有根本问题。

刘：并不是每个关心道理的人都会讲道理。且不说我们身边的人，伟大如托尔斯泰，具有非凡的智力，一旦讲道理，立刻僵化，《我们该怎么办》一书，第一部分描述莫斯科的贫民生活，几乎没有比他对那些破败房屋、肮脏街道和丧失希望者的描述更加出色的了，但是第二部讲道理写得很一般，很多人都只读这部书的第一部分。

陈：的确，托尔斯泰是一个挺好的例子，不少批评家说《战争与和平》后几章不写会更好。说理是一种特殊的能力，和讲故事的能力一样，和所有能力一样，多多少少需要特殊的锻炼。反过来也一样，黑格尔会说理，但不会写小说。说理是一门艺术，甚至夸张一点说是一门技术。

刘：讲道理是一种特殊的能力，也是一种专门的说话方式，这与吵架、斗嘴、开玩笑、大学生辩论赛等是同一种说话方式吗？

陈：这些说话方式，这些特定的"语言游戏"，和说理能力，特

别是系统说理能力，基本上不相干。大学生辩论赛跟柏拉图笔下的
智术师所干的活儿差不多，不在乎论题的内容，只求说服。换句话
说，把论题的内容和演讲术割裂开来了。说理关系到听众，所以，
修辞是说理的一个内在部分。亚里士多德在他的《修辞学》里系统
讨论了演讲术，一直到怎样调动听众的情绪。阐明说理内容和修辞
之间的关系，我觉得这里面包含着挺深的内容，但反正不是逻辑外
加修辞。

　　刘：说理是一种艺术，需要训练，听道理也同样需要训练。这
种训练有迹可循吗？

　　陈：艺术是需要训练的，但也许说"培养"更好，不局限于程
序性的、技术性的训练。各种艺术也不一样，比较起写诗、写小说，
绘画需要更多的程序性训练，弹钢琴更依赖这样的训练。不消说，
仅仅有个训练程序是不够的，艺术培养针对的是个体的人，给出一
个目标，给出一些典范，在模仿典范的过程中，老师指点，不断加
以修正。从听道理这方面说，从受众这方面说，更显然主要是这种
培养，训练程序最多只占很小的比重。最重要的是听众要有机会接
触优秀的作品，有根性的听众自己会识别的。

　　刘：这里主要是程序化的问题，哪些可以程序化，或者哪些程
序化是重要的，哪些程序化是不重要的。说理有没有可以程序化的
东西呢？

陈：至少有一些程序性的纠错，我在美国讲过一门课，《逻辑与修辞》，基本上从反面讨论说理，比如要防止过度概括，防止用虚假的二择一进行论证，防止对人论证等。

刘：我们只能在很一般的意义上说，说理能力是训练习得的，诸如向典范学习等。但是你们哲学系，或者说论理学总该与学习说理有些关系吧？

陈：你提醒了我，我们可以开一门甚至很有必要开一门"说理艺术"的课，不只面对哲学生，而是面对全校。说理不是哲学系特有的事儿，学习说理是所有"学"都需要的。各种学都要说理，但只有哲学系专门探讨说理的艺术。我一直希望能这样安排：哲学系的大多数课程不是专门对哲学系学生开的，而是对全校开。文学系我不知道，你们是教人写小说，还是教人研究小说？即使教人写小说写诗，教的时候也是用说理的方式来教。

刘：我们这个时代好像对"讲道理"特别着迷。任何事情，都朝着"事出有因，事后有理"的方向走。甚至没有道理的事，说着说着也好像有了"道理"似的。这是个需要真正讲道理的哲学家的时代。哲学家在什么意义上可以帮助我们辨明道理呢？

陈：这是个极切中的观察。理知时代以来，说理、有道理、明确地说出道理，成为一种基本要求。怎么就出现了这样的要求？这是个有意思的问题，不过这里不及备述，只说一点，这跟公开性的要求连在一起。反正我们习惯于把自己的行为描述成有道理的行为，或真诚或不真诚地为自己的行为找出理由。大家有这个要求，说理就成为权力的一个来源，读书人阶层因此获得了很大权力。另一方面，既然事事要求有道理，有时就不得不把没道理的、无所谓道理的事情都打扮成有道理的样子，于是，区分哪些是真的有道理，哪些是伪装成有道理，就成了一项重要工作。对，还有，哪些事情需要有道理，哪些事情其实并不需要。

刘：道理和我们的自然理解相连，说得有道理没道理，我们应该能听得出来。讲道理时，如果是事实不清楚，应该由历史学家或社会学家来澄清，如果是逻辑有问题，该由逻辑学家来解决。哲学家既不是事实的专家，也不是逻辑学家，哲学家到底能帮助我们澄清什么呢？

陈：道理和自然理解关系非常接近，"道理"差不多就是"理解"的名词化。按道理说，只要我们有基本的理解力，都应该能听出有道理没道理。但有些道理很曲折，是不是合乎逻辑，一时看不大清楚。逻辑学有时能帮上忙，有时候不能，因为这些道理可能纠缠在很具体的事绪之中。有时候呢，我们看不清道理，有时是因为我们有系统的错觉，就像说我们的眼睛通常不欺骗我们，但是眼睛有它系统的错觉。赖尔的《系统导致误导的表达式》①就是在讨论这类错觉。一般说来，哲学家并不停留在平常说理上，他追索道理背后的

---

① Ryle, G., "Systematically Misleading Expressions", *Proceedings of the Aristotelian Society*, Vol. 32, 1932, pp.139-170.

道理，梳理错综复杂的道理网，这些幽远的道理跟我们辨别某个具体说法是否合理之间只有间接的联系。就此而言，道理搅不清，很少是因为逻辑学得不好，明理的人不一定上过逻辑课，逻辑考满分的也可能不明道理。

刘：在日常生活中，我们每个人都有被道理说服的经验。但是我们很少有这样的经验，听了一次布道，原本信伊斯兰教的人改信了基督教；看了一本新左派的论理书，原来坚持自由主义的倒向了新左派的立场。"二战"时，日本知识分子倒是有一种左转右的潮流，但似乎与道理无关，时事如此。那种复杂的说理系统与说服还有关系吗？

陈：这个问题特别好，我觉得这里有很深的误解，我指的是，人们把说理跟说服连得太紧了。不能只从说服别人这个功能来看待说理活动，不过，这事儿要慢慢说，这里无法展开。至于系统说理，那是一种独特的兴趣，跟我们平常要说服别人做这做那关系不大。我们不可梦想用一套道理来说服天下人，这不仅是不可能的，而且是不可欲的。系统说理是要把形形色色的道理加以贯通，追求某种一致性。平常起作用的说服用不着一个道理系统，通常用不着长篇大论，事境在那儿，有时就是点拨一下。至于我们的根本主张，当然不会被轻易说服，要是能被轻易说服，这些主张就太不值钱了。

刘：系统说理意不在说服，在于追求系统内的一致性。那么说理系统之间的冲突该如何解决呢？公有公的理，婆有婆的理。我们能够找到一个更融贯的道理，使公的道理和婆的道理连在一起吗？即便找到，这个理还会与其他理不融贯，再找一更更融贯的道理，这样把所有的理都勾连起来，形成一个大理？

陈：以前讲道理的贯通，有这样一个奢望，甚至想当然认为，纷繁杂陈之理，到了一定深度或者某种境界，就贯通为一了。按说，今人不该还抱有这样的幻想，但今人又常常被物理学模式吸引，在克服种种谬误之后，达乎至理，建立起一个大一统的正确理论。这种幻想，或者说这种观念，是我努力想清扫的。一套道理，如果它的确是"一套"道理，当然要求贯通，但它不是要把所有他者都消融到自己这一套里。道理系统之间，不是谁战胜谁，谁吃掉谁，而是互相对话。这方面的思想资源不少，比如胡塞尔的主体间性、哈贝马斯的交往行为理论等。实际上，对话是现在最时髦的话题，因为时髦，里面尽是些乌七八糟的观念，有待清理。至少得说说对话的亲疏远近，说说对话的极限。公的道理和婆的道理，当然不一定能融贯到一个大理之中，也不见得能通过对话达成共识，现实世界里当然不能事事都靠讲理，但它们曲曲折折跟理有关系，公与婆的纷争不一定能靠讲理消弭，那就靠法律呗，但法律背后是有道理的，所谓法理。

刘：对话在我们的学术生活极其罕见。我们都在呼吁对话，但是我们很少对话。道理之间绝缘，道理之间冲突。只要参加一次学术会议，就会对此深有体会。

陈：我们大多数学术会议基本上是我们的学术生活降低到什么样低点的一个证明。现在的会议形式本身就不利于对话，尤其那些大型的会议，好家伙，三百人，倒是壮观、热闹，但能讨论什么？大会发言十五分钟，能说清楚什么？举手发言是三分钟，纯粹是在走形式胡闹。高度专业化的讨论也许可以这样，因为大家有明确的共同知识背景，问题可以是高度聚焦的。思想讨论不可能，思想讨论的一个主要内容就是怎么聚焦我们的问题。科学家团体有巨大的共识做基础，只在前沿研究上发生争论，而所谓思想问题，哲学问题，是要一直争论到根本处去。其实大家去开会，都是去会朋友的。大会上没法讨论，会下三五一伙，讨论得可激烈可有意思了。依我的经验，讨论思想问题，三五人的规模最好，大家关心同一个问题，也都比较了解问题的焦点何在。我一向说哲学关心的是我们共同的问题，但这不是说它在抽象普遍性的意义上是所有人的问题，一个问题，人人都感兴趣。我更愿意把共同问题理解为一个连环套，几个圆圈各有各的圆心，但它们互相环连。有效的对话是连环套式的对话。

读法兰克福《论真理》①

法兰克福（Harry G. Frankfurt）写了本小书，*On Bullshit*（《论扯淡》），畅销；接着写了这本小书，*On Truth*（《论真理》），又畅销。蒙中译者之赐，先读到了中文本。读过之后，却难掩失望之情。

这本小书有强烈的针对性，针对"一小撮自称为'后现代主义者'的人群"，他们拒绝承认真实具有实在的意义，拒绝对真实的尊重，主张"服从自己"比服从真理更重要。法兰克福的初步驳斥很简单，这些主张与谨严有序的社会生活背道而驰，"如果没有大量可靠的真实信息，社会文明将无法健康地成长。困于错误的信念，社会也无法取得进步。为了建立和承续先进文化，我们必须避免被错误或无知拖向衰败。我们需要而且必须知道如何有效地利用大量的真实情况"。因此，社会绝不应当容忍混淆真假。

你赶火车，弄清楚火车开车的真实时间，弄清楚此时此刻的真实时间，当然是重要的。一个考大学的穷苦孩子，必须弄清楚大学学习生活的真实花销。后现代主义若拒绝承认这些，未免过于荒唐。后现代主义者的确有很多不经之论，但他们反对传统真理观，本来也很有点儿来由，看着政客们高举官方意识形态大旗，当作不移的真理，谁都难免想后现代一把。在这一点上，我与译者的看法

---

① 本文原载于〔美〕法兰克福：《论真理》，译林出版社 2009 年 1 月出版。

倒接近些。译者在中译本前言里说："要是后现代主义论者对'真'的见解仅仅是针对传统意义上的真理观，其实并无大谬。"在我看来，后现代的反真理主义之不经，倒是他们在论理的层面上过于浅薄，乃至并不能真正伤到主流真理观，有时倒从反面成了主流真理观的衬托。当然也有很多胡言乱语，那是借后现代主义起哄的，不值得一评。嘻！借孔子和佛陀起哄的也不少。

法兰克福前几节的议论，实无新意。"我们从事的任何工作的成效，甚而整个人生的成败，取决于我们是受真实的导引呢，还是盲目或全凭错误的认识来行事。"诸如此类。诸如此类，倒是不错，像是在告诉我们老年妇女很难在高低杠上出成绩。让我们困惑的事情，因此真会引我们去想的事情，是些反例。自认为对地球有正确认识的葡萄牙人拒绝了哥伦布的计划，他在认识"有误"的西班牙人支持下"发现"了美洲。布鲁诺正确，被盲目的老媪投薪烧死了。盲目并错误的"出身论者"好一代天骄，清醒而正确的遇罗克却惨遭杀害。读读政治斗争史，看看身边的成功人士，难免要重新思考真、正确、精明、真诚，重新思考爱真理和"人生成败"究竟是什么关系。可惜，作者并没有在这些方面多给我们一点儿启发。

作者说到真实，主要是说正确或曰合乎事实。"真"还有多重意义，真人，真正的人生，等等，作者都未涉及。只停留在合乎事实之上，未免浅白。舍斯托夫评论说，近代以来，"真"降低而仅仅成为事实，要想依循事实概念做较为深入的思考，我认为怀特海《思维方式》①的第一讲提供了一个一般的指引。当然，关于事实、真、

---

① 〔英〕怀特海：《思维方式》，刘放桐译，商务印书馆 2004 年版。

真实、真理、真诚、本真，认真讨论起来，的确很繁难。译者前言中说到，把 truth 译为"真实"还是译为"真理"，就颇费一番踟蹰。这是每个译者都会碰到的困难。

后面几节，作者尝试议论得更深入些。他指出了 truth 和古英语中 troth（承诺）的联系，由是讨论了真实的观念与信任以及自信等观念之间的紧密关系（第六节）。作者专门用了一节（第八节），从莎士比亚的一首十四行诗论起爱情之中的谎言和信任："我猜想，从男女双方认识到彼此的谎言，并且知道对方并没受骗的事实看来，他们分享的亲密确实是深刻而欢悦的，他们之间达到的这种亲密伸展到了他们尽力遮掩的角落。而同时都明白彼此已看透，想要隐藏之处也早已显露。这种彼此占据心灵，通过谎言引致真爱，真是美妙隽永。"情爱关系中的真诚与隐蔽，是个引人入胜的话题。把什么都毫无保留地裸露出来，那不叫真诚，那叫傻瓜。真诚并非机械地把现成东西搬出来，真诚总是和相互之间的理解交织在一起的。推及友人之间、亲子之间，一幅幅光影交织的画面，剪不断理还乱。法兰克福倒是触及了这个话题，可也只是触及而已。

尽管失望，我倒也不是说这本书一无是处。后面几节还是有些内容。在讨论谎言的时候（第七节），他一方面承认，在不少场合，谎言对我们无害甚至有益，但同时指出，"即便这样，我们还是常常会觉得说谎的作为有点儿不对劲"。因为，"由于说了谎，说谎者拒绝让他人了解自己，这对于他的谎言受害者来说是一种侮辱。这将挫伤他们的自尊，因为他们无法与说谎者建立最起码的深入关系，人们理所当然地认为，这种最基本的深入意味着了解对方内心怎样，在想什么"。这话说得有点儿意思。作者由此又引出结论说：

"我们对于真实的关切远远超出了世俗的实际利益计较。"从这个角度引出对真的关切超出世俗利益的计较,不错。还有很多道路会把我们引向同样的结论,例如刚刚提到布鲁诺和遇罗克。

在最后一节(第九节),法兰克福提出了关心事实的"更深层的哲学意义"。工程师和医生关心事实,但他们只是在应用层面上关心真实,"未必关心真实的本质"。真实并不只是有用的,真实是现实这一观念之能成立的基础,进而也是弄清我们自己是谁的条件。"我们一旦觉察到某些东西不听命于我们的意愿,它们不依不饶甚至与我们的利益敌对,就意识到它们不属于我们,不受我们直接控制,而是独立于我们的。现实这一观念就肇始于此。……一旦更具体地了解怎样受到局限,以及限制条件的边界,我们就能界定自己的框架。我们知道能做些什么,不能做什么,以及为了成就那些我们可以做到的事情必须怎样付出努力。了解自己的力量和弱点,不仅使我们能获得更强有力的独立意志,而且使我们能够更清晰地定义自己的本质。"虽然我们在黑格尔的《精神现象学》里能读到更周详的阐论,但比起前面几节,这一节总算不是那样浮于表面了。

后现代反真理声势滔滔,不少人在惶惑中期待有个回应。我想,这也是本书所以畅销的背景。只是在我听来,这声回应声气表浅,未孚期待。

张亚《催眠治疗实录》序 ①

　　一口气读完了《催眠治疗实录》。催眠是个引人入胜的话题，在张亚笔端，这个引人入胜的话题更其引人入胜。作者张亚本来也是个小说家，颇富文学才能。本书米兰故事中她写到自己初见米兰，"米兰是那种清澈的女子，清澈得让人不忍"（55页），这样的句子，有感觉，也有精确表达感觉的文采。

　　当然，本书不是小说。作者是临床心理治疗师，这本书记录了她诊治的十个案例。这些求诊者或严重失眠，或严重脱发，或"白日见鬼"，症状形形色色。作者一个案例一个案例娓娓道来，讲述了每个求诊者经历了怎样的变化，直至摆脱了困扰，消除了症状。

　　每一个真实的催眠故事之后，都有几节讨论有关催眠术的某些问题。作者旁征博采，从《黄帝内经》到电影《双雄》。作者始终坚持，催眠术不是通过控制来访者施展其魔法，而是理解来访者，而作者所说的理解，不是分析，不是评价，而是爱，是接受。理解不是一个单向的过程，正是在不断加深对来访者的理解的过程中，作者加深了对自己的理解，"真正的理解是：觉知你自己"。作者前两年出过一本书，《催眠心经》，介绍了催眠的方方面面的知识：催眠

---

　　① 原载于张亚：《催眠治疗实录》，上海教育出版社 2009 年 1 月出版。

和睡眠的区别何在？（进入催眠状态不是入睡。实际上，"催眠"这个词就有误导。）怎样自我催眠？动物能被催眠吗？相比之下，本书中的相关讨论显得更成熟，更深入。

这本书的作者从上研究生的时候就开始催眠实践了。虽然年轻，已经是位"资深"从业者了。她爱自己的职业。"催眠师这个职业真是美妙无比。"阅读这本书，我们似乎能体会得到作者的自豪和欢喜。不过，作者并非为催眠技术所迷，她甚至说："技术永远不是最关键的因素，在我看来，只要个案真的能从咨询中有所收获，能不能被催眠实在是无关紧要的事情。"（现在，心理咨询和心理治疗从业者不愿使用"病人""患者"这些词，称为"个案"。这实在是个别扭的称法。我觉得不如直白称作"求诊者"。）这话说得很实在。当代不少顶尖的催眠师认为，催眠本身不是治疗，而是治疗的辅助手段。迈克尔·赫普说："对于使用催眠进行治疗的治疗师而言，有一个很好的方针，即催眠只用于治疗那些不使用催眠他们同样可以为之进行治疗的患者身上。"[①] 实际上，我们在本书治疗案例中读到的，更多的不是技术性的描述，而是耐心、关爱、听弦外之音、察表情倒错，更多是普通人的明达睿智。医生问求诊者有什么问题，希望什么改变，求诊者回答说："我也不知道。"这背后有种种可能，他可能对医生不够信任，可能自己处在迷惘之中。这时候，医生怎么办？"无数的可能，唯一不变的是，我们不能妄下判断，而是等待个案自己呈现。"[②] 心理医生要不要为求诊者做决定？"所有的心理

---

① 〔英〕迈克尔·赫普、温迪·德雷顿：《心理催眠术》，贺岭峰等译，上海社会科学出版社 2007 年版，第 26 页。

② 同上书，第 42 页。

医生都不会代替他做决定。理由很简单,决定我做了,后果谁来承担?"① 谈到婚姻,谈到焦虑,我们随处可读到清澈的人生智慧,想不到作者本人还那么年轻。

我自己一直对心理学深感兴趣,对催眠术也颇感好奇。可惜,我自己没有被催眠的经历。读这本书,多多少少可算弥补经验的空白吧。

---

① 同上书,第60页。

读懂一两个大哲学家 ①

问：我们都很好奇，您当初是怎么走上哲学研究道路的？

答：我在《初识哲学》这篇文章中讲过这个故事。我们这代人没有谁是从学校到学校的，中间不是插队就是当兵当工人。"文化大革命"后期，这代人里很多人都在读书，在思考问题。后来就是考大学。报考什么专业，跟将来就业没什么关系——当时大学生都是由国家分配工作的，分去做什么工作收入都差不多。主要根据自己的兴趣，当然，也要考虑考得上考不上。我对哲学兴趣浓厚，但我没觉得要在学校里学哲学——到今天我仍然怀疑是不是一定要在学校里学哲学。我报考的是西语系，学德语，此前我已经自学德语好几年了，自学，几乎没听人念过德语，整个是个哑巴德语。后来由于非哲学的缘故考到北大外国哲学研究所。

问：现在很少有人报考哲学，功课好的学生都愿意考理工科。

答：要么就报考经济金融什么的。考研究生的倒有不少报哲学

---

① 本文由 2009 年 5 月与华东师范大学学生座谈整理而成。

的。其实从前也有点儿这样。很早的时候，反正就你们还不存在的那年头，有一次我到青岛，住在我父亲的同事家里，他是一位著名的化学家，说起来，我说我是文科生，读哲学的，怪不好意思的，这位老先生他说，真不错，你读哲学，你学的东西是你喜欢的东西，你的工作就是你的生活，你的生活就是你的工作，多好，你看我这读化学，一辈子学的东西跟我的生活没什么关系。你读你爱读的书，读着开心，这个好处留给我们文科生的是吧，我觉得读文科的应该珍惜这个好处，高高兴兴地得到教化。当然，如果你真的一直做哲学的话，你会碰到一些技术性的东西需要去掌握，也不只是好玩。但总比学财会好点儿，是吧，你学了一大堆财会报表，复式记账，你的确学到了本事，到处都需要你，但是跟你的人生没多大关系，你的生活需要复试记账吗？

问：您那时候高考也像现在这么难吗？

答：1977年恢复高考时，全民失学已有十几年，实际上，在所谓"文革"爆发之前，大多数文科教师早已多年不做正常研究了。恢复高考时，没办法对专业知识要求很高，考试内容很简单。但另一方面，那时有十多年没举办高考了，积累了十几年的考生。大多数考生虽然没多少专门知识方面的训练，但至少是爱读书学习的，是十几年里的"精英"。所以，虽然考试内容很简单，考上来的学生并不差，有很多有潜力的青年。77级78级是两届特别的学生。后来的情况证明我们之中有能力的人比例较高。但我们这两届考生少年失学，专业底子薄，前面没人时，不少人很快崭露头角，但现在普遍后劲不足。

问：现在还能用当时的方法来高考吗？

答：不可能。77级78级的学生比较优秀，不是因为制度设计得好，反倒是因为此前的制度压制了十几年里比较拔尖的人才。

问：可大家都在批评现在高考制度。

答：现在高考制度弊害甚深，这些弊害一直延伸到小学教育。现在的问题是替代方案何在？近年来很多学者在探讨探索，这类探索具有头等的重要性。但弊端那么明显的制度一年一年延续，说明这样的坏制度有深层结构性的原因。阻碍改革的因素中有巨大的利益诉求。我们的高等教育类型单一也是一个因素。我们有科举制传统，科举制的一个毛病是选拔途径单一。但改起来也不容易，这跟我们的文化有点儿关系，例如，在国外，教师的评语等等会起较大的作用，外国教师讲规矩，评语比较可靠，中国人写评语就多讲人情，可信度不高。在中国升学若看重教师的评语之类，弊端可能更重。

问：您翻译了海德格尔的《存在与时间》，写作了《海德格尔哲学概论》，您的思考发生了什么变化，为什么后来又转到分析哲学去了？

答：我学无专攻，并没有特别想做哪个流派的哲学，也从来没有自称是现象学者或者分析哲学家，我就是对一般的哲学问题感兴趣。具体多读哪一位哲学家，有点儿偶然。我当时在北大外哲所开始精读海德格尔，是因为所里希望我跟熊伟先生读研究生。在那之前我读过一点儿海德格尔，后来认真一读，深受吸引，就读进去了。学院环境要求你在一个阶段里比较集中地攻读某个哲学家——你得拿出"研究成果"。我跟熊伟读硕士，当然是读海德格尔，写硕士论文、翻译《存在与时间》，要接着读海德格尔，然后朋友们要我写本讲海德格尔的书，还是要读海德格尔。读懂海德格尔也的确得花个几年时间。结果有很长一段时间，差不多十年，常在读海德格尔。这之前和这之间，我自己有很多想法，我觉得跟海德格尔的很多想法相通，读海德格尔颇有助于我把自己的一些想法成形。虽然攻读海德格尔对我来说很重要，但我没想要成为海德格尔专家，一旦把《海德格尔哲学概论》写完，我就赶紧去干点好几年来想做又没来得及做的事情，尤其是读维特根斯坦。维特根斯坦我早就很想精读，但像上面说的，我的实际工作进程没给我留下大块的时间，后来有了点儿空闲，我就去攻读维特根斯坦。要读维特根斯坦，必定要读点儿一般的分析哲学和语言哲学。这样就显得是在学术志趣上有个转变。别人也许会觉得我有个转变，我自己不这么看，不觉得那是学术志趣上的转变，我本来也没有什么学术规划，只是跟着问题走。我的思考发生过哪些变化，这个我自己不大知道，应该是别人看得更清楚。我自己一直追索自己的问题，"一条道走到黑"，但别人也许会判断说我的想法变了什么的，内容、重心、方式发生了变化之类。海德格尔和维特根斯坦读得多，因为他们对我最有吸引力。我也会说，这两位是二十世纪最重要的两位哲学家，不过这个见仁见智。

问：很多学校都用您的《语言哲学》做教科书。您能简要讲讲您对语言转向的理解吗？

答：我的看法已经写在《语言哲学》里了呀。不过，最近我写了一篇《语言转向之后》，集中谈这个问题。眼下让我这样说吧。哲学一直在寻求天然合理的东西，表达得更强的话，寻求必然如此的东西，不得不如此的东西。必然合理的东西的源头在什么地方？一开始人们认为必然合理的东西在世界里，例如在月上世界那里，到了康德，必然合理的东西从世界那里转移到理性认知主体之中。语言转向可视作又一次转移，认为必然的东西的源头在语言中。可以把语言转向视作康德转向的延续。我觉得这是刻画语言转向的一个比较好的、我比较有心得的角度。当然你可以从别的角度来刻画。

比如，有些区分似乎是必然的，例如实体和属性的区分——哲学家历来热衷于讨论实体／属性问题。从前，人们倾向于认为实体和属性的区分是事物自身固有的区分，依照语言转向的思路，人们更倾向于认为这一区分要从主词和谓词的区分来理解，若说这种区分是必然的，那么这种必然性是在语言之中，语言要求我们从实体属性的区分或类似的区分来谈论事物。

科学革命之后，有一点越来越清楚：哲学的任务并不是纯事质方面的探索，那是科学的任务。哲学要探究的是我们自己的理解，探究这种理解中稳定的"必然"的东西。语言转向基于这样一种基本认识。"语言转向"只是一个名号，用来标识哲学对自身的这一反思。

但是，语言转向引起一种误解，就是认为哲学应该主要去研究语言，linguistic turn 被译成"语言学转向"，我觉得就反映了这种误解。我最近几年主要不是谈语言转向的来历，而是谈"语言转向之后"，就是要问：语言转向之后，哲学就成了语言学吗？我自己的看法，简单地说，哲学关注什么是合理的东西，什么是真道理，而很多基本的道理凝结在语言中，所以哲学对语言感兴趣。例如，上面谈到实体属性的区分，这样的问题语言学家并不感兴趣——这不是一个语言学问题，它是个一般道理。

形形色色的道理，做人的道理，治国的道理，当然不只是语言问题，更何况，每个语族的语言跟它的历史-文化连在一起。不过，在反思这些道理的时候，尤其是要贯通这些道理的时候，把这些道理连成一片的时候，差不多总是要涉及这些道理如何凝聚在语言之中。例如，我们可以在很多层面上阐述知行合一这个道理，但我们对知行关系的一些基本理解已经凝结在我们的语言之中，凝结在我们的基本语词之中。哲学始终是对基本道理感兴趣，只不过语言转向可以让人们更切实地认识到很多基本道理凝结在语言中。

问：您翻译了《存在与时间》《哲学研究》等二十世纪西方哲学的一些经典文献，您觉得我们在学着翻译西方哲学的时候需要注意哪些问题？

答：我翻译这些著作，主要不是因为它们重要，是我自己喜欢读，读得最熟。我觉得学西方哲学的人，必须做点儿翻译。你要说训练，哲学上到底有什么训练我说不好，我想中国人读西方哲学，翻译是个训练。我们一边读书，一边在理解，有时是模模糊糊的理解，有时是清清楚楚的理解，怎么区分？你翻译出来了，翻译对了，就是清清楚楚理解的最好证据。

当然，这里说清清楚楚的理解还是字面上的。我们所要追索的道理一层一层，没有完全清楚的时候。但这种基础层面上的清楚很重要。古人谈义理，先要有小学或者说语文学的基础。我们中国人读外国哲学，翻译最能体现这个基础。

西方哲学研究离不开翻译。实际上，至少在西方哲学这一块，我觉得一部好的译著通常比中国人写的一部所谓专著更重要。要把更多的著作翻译过来，我们以前了解的西方哲学还是比较窄，还需要把更多的流派更多的重要著作摆到那里，谁对什么感兴趣就去做什么。现在翻译的面宽了，量也很大，可惜翻译的总体品质还是太差，好的翻译凤毛麟角。我一直说，每个人少译一点儿，把这一点做得好些。中国这么多人，我们每个人其实都用不着做得太多，求多不如求好。如果每个人都做一点，把它做好，咱们中国那么多人，就会做出很多很多好东西。我是建议，每个人去翻译他真正喜欢的东西，认真研究过的东西，认认真真翻译，这个译本是尽可能可靠的。不像现在，翻译出来的东西不少，大半粗制滥造。这个问题挺突出的，特别是哲学书，也的确不好译。我和一些同道一直希望能建立一个翻译基金，至少在西方哲学这块，成立一个译者联合会来审定译本，奖励优秀的译本，把质量差的译本公开列出，起警示作用。可惜我们无权无势，只能空想。

对哲学生，翻译还有一层别人不常谈到的好处。论理往往不只看对错，更多在乎深浅。读哲学时间长了，会让人在这一点上变糊涂，丧失对错感、清晰感，什么事情都理解得稀里糊涂，还以为自己得道。翻译是有对错的，它提醒我们，并非在什么事情上都能自我辩护说：你有你的道理，我有我的道理。你可能出了硬伤，错了就是错了。因为翻译有硬意义上的对错，有的批评你就躲不开。常听人说，翻译是件吃力不讨好的工作。但被人挑错是好事，老是自说自话，倒是没人挑你的错了，可那有什么意思？

至于说应该注意什么问题，我的一点感受是，译名还是尽少依赖制造新词，如果要制造新词，尽可能制造可感的，就是单看汉语字面它也多多少少有点意思。我的意见从来都是这样，翻译是如此，写作也是如此。中国这么多人，每个人都制造十个新词，新词就太多了，弄不懂了。

问：最近又刚刚出版了您主持翻译的《西方大观念》。

答：《西方大观念》挺有用的。译得也不错。《西方大观念》本来是工具书，不是用来读的，不过，有人爱读字典，这种人也有的是吧。你现在思考一个话题，比如说你现在对时间这个题目感兴趣，或者对勇敢感兴趣，你可以去看看那个条目，了解一下前人都从哪些角度讨论过，它可能只说了一两句，但你一读，发现我的想法原来前人早说过了，也可能发现自己想偏了，前人多方面的讨论给出了一个整体的画面。

问：您还主持翻译过《希腊精神》那套讲古典文明的书。

答：那是挂个名。多少做了一点儿校对，尤其是《希腊精神》那一本。伊迪斯·汉密尔顿的这套书里，我觉得《希腊精神》是最好的。《罗马精神》也不错，《上帝的代言人》似乎稍差一点。

问：我特别喜欢陈老师的写作风格。我不是学哲学的，但喜欢读哲学书，可是大多数文章太难懂了，学术文章能不能用日常语言来写啊？

答：更多读者愿意来读哲学，这是大好事啊。读者希望学术文章平易近人，显然是个合理的希望。学术文章里充满了古怪的干燥的模糊的语词，弯弯绕绕的句子，别说让普通人望而却步，业内人士也照样头疼。当然，学术不属娱乐业，不能指望由媒体广为传播，让老百姓喜闻乐见。用中学生读得懂的话探讨深入的问题，当然最好，但你也不能指望都那么平易易读。

娱乐当然也有不同品位。人们谈论文艺，有时会想起品位，谈起思想，倒好像就没有品位这回事了。文章写得像会计报表。把维特根斯坦译成了粗人。其实，在思想领域，品位同样重要。你们研究生绝大多数肯定还做不出什么好东西，因为太难了嘛，但是，有些学生已经有一定品位了。他自己说不出来什么，但是在听另外两个人谈一个问题，他能够听出这个人讲得有意思，有启发，那个人在讲一些空话。

现在，好多学术文章难读，跟内容深奥曲折没什么关系。很多时候无非显示他是个学术家，是个身份标志。我们要识别一个人的身份，可以看他穿什么品牌进什么餐厅，但最保险的是听他开口说话，萧伯纳在《卖花女》一剧中把这一点写得淋漓尽致。派个中学语文老师去和卖毒品的接头，一开口人家就识破你不是同行。一个行当有一个行当的行话，主要的功能是设置门槛，不让这个行当外面的人混进来。你要搞学术得有个"会员证"，证件上的戳子就是学术语言——你可以不会德文、英文、希腊文、古文，但你不能不会学术语言。你说"天冷，水都结冰了"，他说"在外因的作用下量变导致了质变"，一听就听出谁有学问谁没学问。你没啥悟性，没啥才华，只要你会说学术语言就是学者，所以你埋头苦练，四年大学外加三年研究院，毕业后再实习三五年。费这么大劲儿学到的东西，谁挡得住他玩命用？

中国的学术语言还多一种特色。现代中国学术基本上源自西方，"理论层面"上的用语差不多都是译名，即使研究国学的，开口闭口说的也是客观、主观、超越这些"西方语词"。在中国人有自己的学术思想之前，总要受一点外文的欺负，对这也得有个思想准备。

总之，艰深的语言有时出自学术内容的要求，有时则用来骗自己吓唬别人，浅显的语言，有时是大师的炉火纯青，有时是流于表面不肯深思。如何分辨，我找不到一望而知的标准。不过我相信，读者只要留心，分辨起来也并不是很难。

问：说到写作，您的哲学写作风格很独特，特别注重清晰和通俗，这种写作方式是否与您对哲学的独特理解有关？

答：这跟我的经历有点关系。我本来只是自己读哲学，不习惯也不喜欢那种纯学院派的写作。我是寄生在学院里的民哲（笑）。哲学工作者聚在学院里当教授有点不可避免，不过这只是这一两个世纪的事儿，早先不是这样。

不过你是对的，这跟我对哲学的理解很有关系。哲学写作有时候很生硬，讲不到点子上，因为他是在那里构建理论。我呢，我根本不认为哲学的任务是构建理论。科学要构建理论，哲学不要。这个主张也许有点儿极端，我承认，虽然我不喜欢大喊大叫，但我有很多想法其实蛮极端的。但也不是我这么想，我喜欢的哲学家，尼采、海德格尔、维特根斯坦、伯纳德·威廉斯（Bernard Williams），他们都是"反理论"的。西方哲学一开始就有理论化的倾向。本来，他们也不分哲学还是科学，我把那叫作"哲学-科学"。时至近代，康德、黑格尔、马克思，还是把构建一套万全理论作为哲学的终极成果。今天，思想的环境早变掉了，要说建构哲学理论即使在古典哲学时期还有些道理，在今天就全无道理了。

问：维特根斯坦反对理论，他认为哲学是用来治疗的，但这是不是太消极了？

答：治疗不消极啊，医生给咱们治病，这可不消极。他要是承诺给我打造一副全新的身体，那倒太积极了。维特根斯坦所谓治疗针对的是智性上的困惑，智性上的治疗靠的不是理论，而是靠一种贯通。他不光谈治疗，也谈综观什么的。只有触类旁通，这种智性上的困惑才能消解。不谈贯通，单说治疗，听起来会过于消极和简单了。

问：您把哲学理解为穷理，穷理跟理论怎么区别？

答：哲学思考一开始的起点总是我们平常想的事。后来慢慢会离开这个起点。比如，我借钱给一个人，没想到写收据，后来他赖账，我告到法院，法院不支持我。作为行动者，我得想方设法让他把钱还给我，作为思想者，我可能去琢磨为什么明明我有理而法院不支持我，琢磨法律和习俗之间的关系，等等。我从一个具体的遭遇开始去考虑这些问题，但到后来就跟起因没什么关系了，变成穷究道理了。但一方面，穷理若要有意义，它必须跟产生问题的原生情境相联系，虽然随着穷理的发展，这种联系越来越不容易看清楚。我们哲学系的学生，常有这方面的困扰，他本来带着一些问题来的，可进到学院里，好多理论摆在眼前，你不可能两三年把它们都弄明白，学院体制鼓励你挑定一个理论，钻进去，越做越细，你最后可能成为专家，但你也许完全忘了你一开始想要弄清楚的是什么。后来，你的所有"学术"就是在理论里绕来绕去。比如语言哲学，一开始，在弗雷格、罗素那里你都能看见源始问题，虽然他们已经是专家了，但到二十世纪七八十年代，很多语言哲学的论文，是纯粹的学院哲学，你已经很难看到它们讨论的事情对澄清源始问题有什么意义。

困难在于，一方面，穷理并不停留在常理上，它会发展出某些比较专门的讨论，另一方面，它必须以某种方式与常理相联系。我们没有什么外部标准来确定某些专门化的讨论实质上是否有意义。

我们既不能泛泛要求哲学都写得明白晓畅，也不忍眼睁睁看着哲学变成单属于几个专家的活动。学院哲学很大一块最后变成了自产自销。是，从前一个时代就那么几个哲学家，现在，哲学从业者成千上万，人多了，自产自销才能玩转起来。

问：我们也想从源始问题想起，但想着想着，就不知绕到哪里去了。

答：这个困难，我们从业多年，仍然天天碰到。最近有个学生写论文，大学本科毕业论文，题目《什么是语言》，我是他的导师，我看了说，你一上来就建立了一个语言理论，我不知道你的这些思考跟前人的哪些思考连着——无论是赞成还是反驳，你也不顾及我们一般了解的语言现象——无论是用这些现象来作证还是指出这些现象是些假象，一句话，我不知道你的思考跟哪儿连着。他说我就是不要跟已有的理论连着，就是要建立我自己的理论，我想从头思考，我就从语言本身思考。我说，你也从头思考，那个同学也从头思考，每个人都没有 reference*，每个人都从头思考，别的不说吧，单说一点，你不能指望老师来从头弄明白每个学生自己的理论，是吧。有些民间哲学家就是这个路子。最好从某个大家比较了解的哲学家或哲学思想出发。维特根斯坦够离经叛道的，但他的《逻辑哲学论》从弗雷格和罗素出发，他的《哲学研究》开篇先引奥古斯丁。你尽可以标新立异，但你得以某种我们熟悉的东西为参照，然后我

---

* reference，参考，引文。——编者

们才能明白你与众不同的东西是什么。

问：前面的哲学家那么多，哪些是应该去攻读的重要的哲学家？

答：哪些哲学家最重要？一般说来，哲学史列出的那些哲学家是重要的。不过，谁重要这件事没那么重要，重要的是你看看哪个最能帮助你思考。也许是康德，也许是休谟。依我的经验和观察，要紧的是读懂一两个大哲学家，康德也行，黑格尔也行。一个大哲学家，你要思考的问题，他差不多都思考过，作为思想资源，作为对话的依托，系统读懂一个两个哲学家就够了。当然，其他哲学家你也得深深浅浅再读几个。

问：您觉得读柏拉图，哪个文本比较适合我们大一学生？

答：我觉得可以先读苏格拉底的申辩，《申辩篇》。读柏拉图，最后肯定要读《理想国》，它的确是柏拉图比较全面的一篇，而且是人人都读的。

问：我是学黑格尔的，但老师让我先读康德，说不读懂康德就读不懂黑格尔。可黑格尔我都读不过来，实在没时间再去读康德。

答：老师这话有点儿道理，不过，也有个限度。我也听人说过，你读《存在与时间》，你要是没读过海德格尔的早期讲稿，你无法理解《存在与时间》。他也可以反过来说，你真要读懂《存在与时间》，你还得了解他后期思想是怎么发展的。还有那么多二手资料呢？再说，你不读胡塞尔你不可能真正读懂海德格尔，从胡塞尔又可以连上去，连到康德，连到整个西方哲学史。这有点太吓人了，有点超过我们凡人能把握的东西了。

　　当然，艺多不压身，学哲学，不仅最好对整个哲学史都有点儿了解，还应该对历史、科学、文学艺术什么的都有点儿了解才好。不过，生也有涯知也无涯，真能读通一两个哲学家，那就很不错了。

　　问：有老师说，到了研究生阶段，主要不是去读书，而是要去读杂志上的最新研究。

　　答：按说，到研究生阶段，是该研究了。不过，咱们的研究生多半还在初学者水平，尤其咱们哲学系。哲学杂志不是给初学者读的。你哪天碰到了翻一翻，没坏处，至少你可以了解你的专业环境。在杂志上发表一篇关于亚里士多德 Delta 章的诠释，那他是认为你对亚里士多德已经相当熟悉，也熟悉此前关于 Delta 章的争论。他是在这个背景下 make a new point*。专业杂志是知识增量，是在讨论所谓的前沿问题，不是教育性的。所以，一个人拿到杂志，一般不会通读它。像我，这有一篇讲海德格尔的，我看看"海学"最近又有些什么新的说法，在争论什么问题——我对"海学"还是比较熟悉的。亚里士多德，你可能不是那么熟，但人人都知道一点儿。

---

　　*　make a new point，制造一个新观点。——编者

但是他要是在讨论一个二维语言学的问题，你就不会去看，看也看不懂，因为他假设你对二维语言学的一般背景已经很熟悉。

问：老师，我是研二学生，两年一晃就过去了，好像读了不少书，但也好像没抓到什么重点。

答：中国的大学，就像高中一样，是课程主导的，学生跟着课程走就好了。到研究生阶段，你要往哪里去，要由你自己来确定了。我常用一个比喻，研究生之前，像在河里航行，到研究生阶段，你被抛到大海中间，你要是自己没有方向感就糟了。当然，即使有了方向感，航程也很漫长。慢慢走着逛着，关键是一路赏心悦目，乐在其中就好。

问：读别人的哲学书，觉得很有意思，但一轮到自己写论文，简直不知道写什么。

答：是啊，要能不写论文就好了。你爱读小说，不一定爱写小说。干嘛读哲学就非要写哲学呀。大多数人读哲学，个人有所得就很好了，不一定能对知识体系做贡献。但用纳税人的钱办了大学，不是光让你来享受的，要把你培养成专家。一方面，唯对某一片段做研究才可能达乎专精。学术者，无论多么聪明，多么见多识广，非经专科学习，专门训练，不能为也。另一方面，所谓哲学问题，从来都互相之间紧密联系，不知从哪里可以切割。

还有，硕士论文要写三万字，这可不只是比你从前写的东西长了两倍三倍，这牵涉到结构，就像摆家具，一屋子家具这么摆是一个样，调一件，其他的都要跟着调。

问：还有一个问题。我们写论文，要求有创新。我的确有我自己的想法，可是我不知道从前是不是有人已经写过了。

答：这是个挺实际的问题。文科生，书读得少，你就不知道你做的事情别人是否已经做过。当然，最好是多读书。不过，你无法遍读天下之书，要了解哪些事情是前人做过的哪些还没有做过，有个略取巧的办法，你去读最新的概述性质的著作，从那里你大概能了解到前人做过什么没做过什么。当然，权威的概述仍然会有遗漏，你发现，某种大家以为新的见解其实某个不那么知名的前人已经相当完备地阐述过了，那太好了，这件事本身就是个小小的学术成果了。

问：究竟什么算创新呢？

答：各种。例如，对某个哲学家的思想，在有争议的诠释上提出自己的主张；如果研究的是古人，评判古人在他的思想环境里是否做出了成功的论证。不是要站在自己的立场上评判古人，那没啥意思。总的说来，创新就是说说，能把前人读懂就不错了。尤其不要去学尼采、维特根斯坦，那倒是创新，可咱学不来。

依我看，本科生，甚至研究生，不用要求什么创新，毕业论文写一篇好的读书笔记就好了。你好好读一本书，所谓好好读一本，你肯定读了好几本吧。你能从自己的角度讲一讲，他到底说了什么？如果你要说哲学也有什么训练的话，就是弄清楚"那个人在想什么"。

问：我们选论文题目，应该选古代哲学家还是近现代哲学家呢？

答：没有一定，但我觉得选近现代的好一点儿。你选柏拉图，人家研究了几千年，你很难说出什么新东西。近人的世界跟我们自己的世界相近，问题意识相近，语言相近，就此而言，比较容易进入。但近人在讨论问题的时候，心里有学术传统的积累作为当然背景，初学者没有这种积累，往往茫然。古人不掉书袋，没有书袋可掉，他们论证方式素朴，古人的论证围绕着他们的基本主张，用的是厚重的常识，从他们那里我们容易看出一些基本道理的组织。不像近人的大批古怪论证，即使无可挑剔，对我们理解世界往往帮助不大。但古人的世界图景、习惯进路、语言，都离开我们很远。例如，今天我们谈到人性，免不了会跟生物演化连在一起来思考，古人基本上不是这么想的。再例如，古希腊人想到的德性，多半从 the few* 着眼，我们想的多半是普遍道德，善良、勤奋、男女关系啊。他们的进路也不一样，讨论一个概念，他们常常从是否可分离、在何种意义上可分离来讨论，这种进路对我们挺陌生的，有时很难弄懂他们究竟论证了些什么。我不是说他们的进路不好，实际上，了解他

---

* the few，少数人。——编者

们的进路，往往有助于松动我们的习惯，开阔自己的思路。读古人，主要是想从古人那里学习，这尤其包括意识到自己的世界图景中的问题。例如，我们恐怕很难再接受亚里士多德的目的论，我们已经具有一幅不同的世界图景，基于这种目的论的论证对我们无效。但即使如此，我们仍然有可能从目的论学到一些东西来修正我们自己的目的观念。

对了，还可以去写老师的某个想法，如果你对这个未尽的想法感兴趣。好处是老师会给予切实的指导。

问：陈老师，我想问问，怎样能提高自己的思想能力？

答：一时不知道怎么答，说个浅显的，提高思考能力，我想，主要靠读有思想的书，跟有思想的人交流。

问：我想问一个很傻的问题：我们到哲学系来是学什么的？我是说，我们学了哲学，将来能干什么？

答：这个问题一点儿都不傻。哲学是一种反思活动，我们学哲学的本来就该时不时问问自己，我们在干什么？化学系学生不用问化学是干什么的，他不大问的，也不大用得着问。

我年轻时候，有位老先生调侃我，说你们学哲学的，学会了就去教哲学，学生学会了，再去教下一代学生，跟别的啥都没关系。好吧，哲学系学生毕业后，一个选择当然是当哲学老师。那哲学老师除了教书，还干些什么呢？

　　一项工作是显而易见的，比如说我翻译海德格尔的书，然后我写了本《海德格尔哲学概论》，还翻译了几本别的书，写了点儿什么，介绍罗素的理论啊什么的。这个显然占了哲学系老师的相当一部分工作。做中国哲学的不用翻译，但也要用现代汉语做诠释。我们离原始文本已经很远了，或者语言不同，或者年代、地域不同。现在社会发展又那么快，我们每一代人接受的都是很不同的知识和世界图景。柏拉图的知识跟我们所了解的知识当然非常不一样，他那个时候的社会状况跟我们现在的社会状况非常不一样，你直接去读柏拉图，不经过中间的这些诠释者，我们不懂希腊文，不熟悉希腊文化，很可能读歪了。这个就需要一代一代学者不断地重新诠释。而且这个工作，因为要诠释的是哲学思想，除了哲学系没有人做这些事情。诠释也分很多层次，从文字到思想，要诠释得好，有时候需要很高的思想水平。

　　为了做好这项工作，首先我们就得读好多文本。这点上，古人跟我们完全不同。最早的时候没那么多文本，苏格拉底不读书，柏拉图恐怕也没读了几本。他们更用不着去做翻译。他们之前已经有过一些哲学家，一些哲学理论，有过哪些哲学家，有过哪些理论，这些理论是怎么论证的，他们大致都清楚，一共就这么多嘛。观点可以不同，道理可以争，但前人都有过些什么学说，大家都知道。我们先秦的情况也是这样。我们今天完全不一样，我们面前有无数多的文本。而且，今天的知识体系无限庞大，谁跟谁的知识都没有多少交集。两位老师在那里讨论一个理论问题，第三位老师过来，这第三位老师虽然也做了好多年的哲学，但那两位在讨论什么，他们讨论的人、文本、观点、论证，他可能完全不了解。

　　不好意思，扯远了。对，第一类的工作是翻译、诠释，多数论文属于这一类，诠释之后也许做点儿评论，多数评论没什么大意思。

　　另外一类论文，另外一类工作，可以把它叫作前沿问题研究。"前沿问题"现在有点用得烂了。黑格尔研究中有前沿问题吗？大概不如说近期以来的热点问题。依我看，只有科学研究才有前沿问题，科学生，学完了基础课，你学 computer science*，准备做博士论文，你说我正在读 1975 年出的那本书，没有人读那个，都读上个礼拜出的论文，这个叫作前沿。这跟哲学生反着。柏拉图、亚里士多德，两千多年了，大家还在读。当前火得不行的哲学家，可能下一代就不知道他是谁了，两代之后被忘得干干净净。《论语》《道德经》《庄子》，永远有人读，读得开心得不得了。

　　要说哲学工作里面有哪部分前沿，今天来说比较突出的就是心智哲学，但所谓前沿，无非是说，他们追科学的前沿，跟进脑科学的最新研究等。我出国求学那时候，比较热的是语言学方面的，现在主要是心智哲学。

　　第三类工作是做观念批判，反思现实问题，这一类工作在媒体上比较活跃，本来学院里不一定要做这个，不过，这几十年在学院里面也很热闹。

　　还有一类，大概想成为柏拉图这种人，成为孔子这样的人，想着建立一个大理论，指导社会，为万事开太平的那种。老学生都知道我是不太能接受这种想法的，别说咱们，就说孔子和柏拉图自己，也没开出万世太平来啊。不过，这些年，抱这种大志的人在哲学系

---

　　* computer science，计算机科学。——编者

里不多了，现在基本都转到中文系去了。构建宏大理论打算领导全世界的多半是从中文系出来的。

我就想到哲学系的老师在干这四件事，还有没有？你们想起什么告诉我。

问：陈老师，您说的这些，那还有没有创造性的工作呢？您说的都是哲学教授，不是哲学家。

答：哲学教授是不是哲学家？化学教授是化学家，可把哲学教授称作哲学家让人觉得很别扭。古代哲人不是贵族，不是统治者，他是依凭精神和智性的优越成为优越者的。在这个平民化时代呢？今天的哲学从业者通常缺精神维度，智力也平平，刚好当个教授。不过，诠释前人的著作是件实实在在的工作。我觉得诠释工作，至少有一类，也是创造性的。孔子述而不作，谁也不会说孔子没有创造性。我只是想，创造不一定是创造哲学体系。最重要的是把事情弄明白，最后是不是自成一家之言，这个让别人去评判。哲学问题没有完全弄明白的时候，几乎所有传统问题都还可以再去思考。

问：古人做学问，说是"为己之学"，我也想做为己之学，但学校不让我毕业。

答：是，那时候所谓学问，跟做学问的人是连在一起的，跟读书人的心性连在一起。读哲学要求有点儿智商，但它不是智力游戏，它要能够通达我们深心中的感受。人们常说，哲学是一种生活方式——一种自我提升或自我转变的方式。孔子甚至说，行有余力才去做学问。孔子、墨子、庄子，各有各的哲学思想，各有各的治学方式，他们的学问显然跟他们是什么样的人连在一起，我们没法把孔子的主张跟他这个人分开，没法把庄子的文章和他这个人分开，很难想象庄子这个人写出的文章会像孟子那样，或像荀子那样。反观今天，我们都用格式化的论文体写作，看不出一篇论文是谁写的。这种写作方式是在模仿科学写作，模仿得越像，就离开人文越远。它倒有个好处——方便刊物采用匿名评审制度。不少哲学论文写得起承转合中规中矩，就是不知道它跟我们的所思所感在哪儿连着。好在现在的哲学从业者是 the many*，成千上万，学术刊物也成百上千，只要我挤进了学院哲学俱乐部，哪怕我没什么有意思的事儿可说，哪怕大多数所谓学术刊物并无读者，仍然有希望找到个地方把文章发出来。

不过，古人的这个"己"，跟我们所理解的"自我"有很大区别。粗说，古人的所说的个人不是由个人隐私构成的那个个人。我们不能想象孔子的"己"是由他的个人欲望、个人利益构成的。孔子的"个人"生活理想跟他的政治理想、社会理想很难分开，所谓"成己"本身也主要是从社会意义上来讲的，成己与成物相连，是内外之道相合的一个面相。《中庸》里有句话说："诚者，非自成己而已也，所以成物也。成己，仁也；成物，知也。性之德也，合内外之道也。"孔颖达的疏说："言人有至诚，非但自成就己身而已，又能

成就外物。"这一部分在于古人的公私之分跟今人的公私之分不同，我们今天会把恋爱结婚这些事都视作个人的事儿，在古代，这些事是典型的社会生活。而且，古人的"公共生活"离日常生活不那么远。这里还要考虑到上一条：古人谈论这些事情的时候，眼里看到的只是 the few，那些起引领作用的人物，他们的自我是什么样子的，天然就有社会意义。孔子把君子之德比作风，风自刮它的风，草木就跟着动了。庄子的意象其实也有相通之处：一棵大树，它自长它的，我们普通人可以到树荫下面乘凉、逍遥。今天我们讲到己或者自我，背景大不相同，在我们这个平民化时代，the many 也有自我，每个人都有个自我。我是个什么样的自我，差不多只是我个人的事情，跟社会没什么关系，除非这个自我去违禁犯法。

问：我没有做学术的想法，我来上学，是想成为一个有文化的人，可我都不知道到底什么是"文化"。

答："文化"的意思太多了，我说个荒诞不经的定义吧：没文化的受到有文化的熏陶，有文化的从没文化的那里汲取营养，这个双向活动叫作文化。我想说的是，有文化挺好，但也不一定一味文化。

问：我想问的是，为什么很多学过科学的人，很多科学家，他们对神都深信不疑？

答：首先我想说，信不信上帝并不都是思想问题，主要是文化环境。你出生在基督教家庭里，你从小就信上帝，你要是后来不信

了，人家会问，怎么这个人不信上帝呀？在这个家庭里，在这个社
会里，信上帝自然而然，不一定会去问为什么会信。

　　更实质地回答你的问题，我恐怕答不好。说两个想法吧。现
在，大多数科学家不会认为上帝不断干涉物理世界的活动，但是，
还是有很多问题，物理学使不上劲，人生的问题，人的灵性生活的
问题。有的科学家认为即使好多物理学问题也无法在物理学的框
架里解决，比如薛定谔，大物理学家，当然，不一定要求助于基督
教的上帝，薛定谔没有走上帝路线，他走的是阿赖耶识路线。

　　至于牛顿他们，情况又不一样。基督教与科学革命的关系，是
科学史上一个热门话题。不少论者的结论是，只有在基督教世界中
近代科学才可能产生，例如对牛顿来说，整个宇宙是上帝的表达，
因此，这个宇宙本身是有意义的，它是有秩序的，由一套规律统治
着，是我们可以理解的。我们说话，互相能听懂，自然是上帝的话
语，物理学家能够听懂。

　　问：您怎么看待网络写作？

　　答：没读过，不知道。从网上下载书读算吗？网络小说什么的
没读过。当然，会上网查资料什么的。

　　问：您反对互联网？

　　答：我们老年人难免有点儿怀旧，不过，我好像不是厚古薄今
那种类型。互联网里充斥着大批无聊的东西，但同时有好多好东

西，好东西照样可以借助互联网传播。对我个人来说，网络公开课是互联网所做的最有益的一件事了。我最受益的是 TTC，一流教师，伯克利的，哈佛的，要想享受到世界上那么多一流的课程，除此之外，别无他途——这些地方我不一定考得上，即使考上也只能在一个学校听课，现在你却能听到各所大学名师的课程。当然，多数只是导论课，佛罗伦萨史、量子力学导论，对我来说够了，听听这些 introductions* 对我就很好了，至少能温故知新。何况，有了今天的廉价技术，即使小众的课应该也能制成公开课，比如说前沿的物理学研究，只有几十几百听众，也可以制成网络课程，把它挂在大课上就行，一个链接而已，你只要喜欢一下子就能连到那里，小众就小众，大多数人不去链接就是了。互联网教学的发展不一定需要总有一百万听众。现在主要是英语课程——小语种做起来要难点儿，汉语倒是大语种，但不知道有没有那么多好老师，那么大的学习需求。将来应该能够做起来。我猜想，互联网教学很快就能够取代现在的各种学校。

　　不过，互联网也带来了很多负面的东西，例如大家常说的信息碎片化什么的。网络初兴时，有人预言网络会带来很多良性变革，其中不少看起来预测得岔出去了。人们预言意识形态欺骗会变得不大可能了，网络上的确能找到很多披露历史真相的材料，或至少是引向真相的质疑，但大多数网民仍然是各取所需。甚至有时会加剧简单化的倾向，因为网络传播本来就有简单化的特点。互联网将促进民主化的预言也颇可疑。我们本来想当然地以为信息流动加

---

*　introductions，导论，介绍。——编者

快会使得社会流动性更加活跃。所谓美国梦，可以说成社会自由流动。可我读到的研究显示，现在美国的社会流动性是在降低而不是在增加，关于中国的研究也大致是这个结论。这是不是事实可能要等一段才能知道，如果是个事实的话，就有意思了：一方面信息流通在加快，获得信息的途径在增多，另一方面社会阶层在固化。

我觉得互联网带来的好处更多，尤其是扩大了人的眼界，把我们从生活的局限里解放出来了。从前远在天边的，现在近在眼前。这当然有好处。比如说一个小城镇的孩子，爱读书，以前找不到什么图书，那里没有公共图书馆，有图书馆也没有什么好书。现在网上有好多好课程，也可以找到很多好书。再比如，你有个特殊的爱好，爱好东西伯利亚的音乐，以前，你很难找到同道，现在却能够通过网络形成一个兴趣共同体。眼界扩大当然有好处，但眼界太宽也有负面作用。以前我们在公社打球，公社篮球赛，各个大队都派球队参加，好多人来看，你是哪个大队的主力，人人都认识你，佩服你，拼命给你鼓掌——倒不是明星感，熟人中间没明星，你不是明星，但很自豪。有了电视之后，谁都不去乡里县里看打球了，大家都去看 NBA——把你那场比赛放在一起实在没法看。其他方面也都是这样。现在说创新，大家都去创新没问题，但创新成功的毕竟是少数。本来是一个个小的 community*，有点小本事一点小创新就行，有点儿小成就就怪激动，别人也跟着激动。现在不是全世界最新的就不算创新。要做就得做到世界上最好的。那我们哪有这个机会？我们现在见多识广，你没做到世界级，就算失败了。从前

---

　　* community，社区。——编者

的藩篱打破了，有一种解放感。我出生在一个小山村子，第一次来到海边，站在大海边上，会有解放的感觉。可是你永远回不到你的村庄，永远站在浩瀚无际的大海边上，甚至漂流在大海中央，那就可能不是解放感而是无力感了。今天的人容易产生失败感和无足轻重感，原因非常多，我想这跟人人都面对漫无边界的整个世界有关。一个人直接面对太大的世界会带来一种无力感。

　　我的想法很老套——新的时代来了，有些东西会失去，有些人怀旧，我的朋友里甚至有人设想建立儒家保护区。在我看，退回去是不可能的，我们能做的是设法把我们所珍爱的东西融合到互联网时代之中去。每个时代都有它自己的好，自己的坏。我们争取把自己的好东西传下去，不管时代有多艰难，只要你挺过来了，就可以把一些美好的东西传下去。你们的时代已经大大不同了，但还是可能把这些美好的东西融化在你们自己的生活之中。

　　主持人：我们今天就到这里吧，大家问了很多问题，陈老师一一做了回答。感谢陈老师精彩的解答。现在该让陈老师休息了。

　　陈嘉映：再聊下去，大家也听累了。

关于查尔莫斯"语词之争"的评论 [①]

2007 年 8 月 7 日，查尔莫斯在我们首师大做了两个报告，其中一个是《语词之争与哲学进步》(Terminological Disputes and Philosophy Progress)。组织者梅剑华要我对这篇报告做评论，于是写下这些不很成熟的意见。

我先择要介绍一下这个报告，主要介绍报告的前半部分。这篇报告没发表过，尚未定稿，我的介绍根据查尔莫斯提供的 PPT 和我听讲的记忆，希望没有在要点上弄错。因略去不少内容，简介调整了报告内容的顺序。所评论的是未定稿，批评所指虽然都列在"查尔莫斯"名下，但其实未见得是查尔莫斯定稿时将会持有的观点。查尔莫斯在报告中说，反思语词之争的性质有助于揭示概念和语言的性质，我希望这篇评论在他指出的方向上迈出一小步。

查尔莫斯报告简介

有没有事实之争与语词之争的区别？查尔莫斯回答说：有。

查尔莫斯先讨论了别人关于"语词之争"的一些定义，例如赫斯(Hirsch)的：两方，一方主张 S，另一方主张 ~S；如果一方使用

---

① 原载于《世界哲学》2009 年第 3 期。

的 S 等同于 S1，另一方使用的 S 等用于 S2，并且，双方都同意 S1
和 S2 的真理性，则他们的争论为语词之争。查尔莫斯疑议说：S 往
往没有两个可明确定义的意义，S1 和 S2，而且，有些争论本来是
关于定义的争论，例如，麦尔维尔主张鲸是鱼，同时承认鲸鱼和别
的鱼不同：它有肺、恒温，等等。据查尔莫斯，这表明麦尔维尔和
林奈之间只是语词之争。但这里没有明显的 S1 和 S2。

　　查尔莫斯自己提供了一个素朴的界说：争论双方对相关事实没
有争议，但对用什么语言来描述这些事实有分歧，是为语词之争。
查尔莫斯引了一段威廉·詹姆士来说明此点。詹姆士在《实用主
义》第二讲中讲了个小故事。詹姆士与一些朋友去郊游，朋友们为
一个"形而上学"问题起了一场争论。他们设想，树上有一只松鼠，
游人张三站在树的另一面，他想看见那只松鼠，就绕树转过去，但
他转，松鼠也绕着树转，无论他怎样转，松鼠总在树的另一面。现
在的问题是：张三是不是在绕着松鼠转？朋友们请詹姆士裁决，他
裁决说，答是或不是，要看你实际上说"绕着转"是什么意思：若它
是说依顺序处在某物的东南西北，那么应该答"是"，若是说依顺序
处在某物的正面、左面、后面、右面，则应回答"否"。

　　有时候，语词之争"只是语词之争罢了"。在科学中、哲学中
以及在日常生活中都常有这种无谓的争论。我们本来关注的是一
阶领域，没有什么重要的东西依赖于语词的用法。这类争论不仅无
益，而且妨碍理解，妨碍我们关注实质问题。但有时候，有某些东
西依赖于怎样使用语词，这时候，语词之争是重要的。查尔莫斯列
举了一些例子，我会在评论中加以讨论。

　　查尔莫斯从两个方面谈到哲学为什么关心语词之争。第一，很

多哲学分歧至少有一部分只是语词之争,诊断出这一部分,抛开它,从而要么明了双方在实质上是一致的,要么明了实质上的分歧究竟何在,这两者都带来哲学进步。他列举了一些包含语词之争因素的哲学争论,如自由意志、语义/语用之争等。第二,反思语词之争的性质有助于揭示概念、意义、语言的性质。

概括说来,语词之争可以通过以下一些方式得到解决:1.确定关于语词使用的事实;2.区分含义;3.用中性语词重述相关事实。实质之争则无法这样获得解决。更具体地,查尔莫斯提议了一种"语词之争测试法"(Terminology Test)来查明一场争论实质上是不是关于 T 的语词之争。这种方法的讨论是查尔莫斯报告后半部分的主要内容,其要点是:放弃 T 这个语词,换用一个使得争论不再是语词之争的新词来重述争点。且以自由意志问题为例。相容论者主张:自由意志与决定论相容;不相容者主张相反。挑战者则认为:两方的争论是语词之争,两方所说的"自由意志"意思不同,例如,相容论者的意思可能是去做自己选择之事的能力,不相容论者的意思可能是作为选择的终极源头的能力。这时我们可以尝试语词之争测试法:放弃"自由意志"这个用语,转而争论道德责任是否与决定论相容。测试的一个可能结果是,双方同意,决定论在一定程度上与道德责任相容。测试的另一个可能结果是,关于意志自由的争论不是语词之争。这时,可以进一步对"道德责任"进行相同测试,直至我们弄清楚,争论中的哪些部分是语词之争,哪些是实质内容。

大量哲学争论围绕着具有"什么是 X"这种形式的问题展开。什么是自由意志?什么是知识?什么是真理?什么是意识?什么是语词之争？等等。这类问题特别容易潜藏并不明显可见的语词之争因素，因此，特别适合于用语词之争测试法来检验。

但语词之争测试法对有些概念无效，或者说，这种方法有时会达到终点。例如，一个人在伦理学意义上应当怎样做？老鼠是否在现象层面上是有意识的（phenomenally conscious）？这时，我们只剩下一些同源表达式来陈述相关争点。这表明，我们到达了一些基本概念或曰河床概念（bedrock concepts）。语词之争测试法的一个重要目的，本来就是要引出一个"方法论上的重要结论"，即确定哪些概念是河床概念。查尔莫斯的看法是，真正的河床概念很鲜见，不要轻易声称我们已经达到了河床概念。

语词之争测试法把哲学争论推进到：1. 涉及河床概念的争论；2. 关于哪些是河床概念的争论。这样一来，我们就无须言必称概念分析了。我们无须再问"什么是信念"并期待一个确定的答案，而可以聚焦于我们让"信念"所承担的各种角色。一言以蔽之，把语词抛到脑后去吧！查尔莫斯相信，这一进路将自然而然导向概念多元论，因为在每个重要的哲学概念周边都有着很多很多有趣的概念。

最后，查尔莫斯表达了对卡尔纳普的强烈敬意。他在这些问题上推进愈远，就发现自己愈接近卡尔纳普的思路。他希望自己关于语词之争的想法以及他的语词之争测试法会为卡尔纳普的一些重要工作提供辩护。

字词之争——痒痒还是刺挠

查尔莫斯在报告中花了相当时间讨论了别人关于语词之争的一

些定义,我前面只简短介绍了赫斯的。很多人以为,要讨论一个概念,先得精确定义这个概念,在我看来则大可不必。只说一点吧,查尔莫斯质疑赫斯说,那个被考察的 S 往往没有两个可明确定义的意义。我更要斗胆说,哲学所关心的概念都是不可能精确定义的——后面将表明这是我与查尔莫斯的分歧之一。就拿定义这个词本身来说吧,如设立专章讨论定义的阿·迈纳指出,这个词本身并没有明确的定义。①

人们误解了定义的功能,以为它是要使一个词的意义变得明确。伦理学著作里会给"对错"下个定义。它不可能在一般意义上使"对错"的意思更明确——我们都明白"对错"的意思,如果需要标准定义,查查字典也够了。实际上,如果我们连"对错"的意思都不明白,我们恐怕读不懂以任何方式为它所下的定义。

欧几里得和牛顿从定义开始。他们要建立理论,这些定义是为建立理论服务的。在某种意义上,"水是氢二氧一"也可说是个定义,但显然,那首先是个发现,不是字典学工作。哲学教科书若模仿欧几里得或牛顿,只会是照虎画猫,无所针对地提供了一个干巴巴的字典学定义。哲学文著中若提出一个特殊的定义,那它一般用于澄清用法分歧,用于限制用法,等等。或者,它干脆就展示了一种洞见,洞见一种重要的亦即富有启发的然而别人没注意到的概念联系,从而充当思想走向的路标。

查尔莫斯自己则与事实之争相对照来界定语词之争:争论双方对

①〔德〕阿·迈纳:《方法学导论》,王路译,生活·读书·新知三联书店 1991 年版,第 24 页。

相关事实没有争议但对用什么语言来描述这些事实有分歧,是为语词之争。在语词之争中,他又区分了有意义的和无谓的。前一种,"有某些东西依赖于怎样使用语词",这时候,语词之争是重要的。后一种,"只是语词之争罢了"。显然,只是语词之争与实质之争不是两种并列的争论,就像想象中的百元钞票与手中的百元钞票不是两种并列的钱币。确定了那只是语词之争,一切都已结束。所以,没谁会认为自己在作语词之争,那相当于自认:我在瞎争,我在抬杠。

我们难免觉得,把查尔莫斯所称的"重要的语词之争"叫作"语词之争",哪怕强调它是重要的,仍然容易引起误解,因为我们平常说到"语词之争""字词之争",意思恰是"只是语词之争罢了"。但事情远不止此,我马上要表明,查尔莫斯所称的"重要的语词之争"本来就不是"语词之争"。

依查尔莫斯,"鲸是不是鱼"只是语词之争——如果我们对鲸的性状描述并无争议。好的,我们对鲸的性状描述并无争议——鲸有肺,恒温,等等。那么,鲸是不是鱼就没的可争吗?显然有,因为是不是鱼是有标准的。这时争论的不是鲸的性状,而是这些性状说明了什么,它们是否以及怎样影响动物分类。按照科学分类法,有肺、恒温等表明鲸是哺乳动物,但若采用"现象"分类法,鲸生活在水里,它游泳而不爬行等,鲸应该归入鱼类。唯科学分类法是正当的吗?抑或两种分类法各有各的道理?那么,这两种分类法之间是什么关系?这些都可以是严肃的问题,殊不亚于自杀式袭击者是恐怖分子还是自由战士——且不管这些问题是事实问题还是语词问题。

我当然不是否认有些争论只是"语词之争"。Heidegger应该翻译成海德格还是海德格尔?你要跟我争论说,这是rose,不是玫瑰,我会回应说，随你叫它什么名字，玫瑰还是玫瑰。我在突泉插队，说起身上痒痒，惹得烧饭的老王头笑话，他教导我们说，人只会刺挠，牲口才会痒痒。我要是跟老王头争起来，你会说，你们仅仅是语词之争。没什么可争的，要是问我为什么说到人和牲口都说痒痒，我会回应说，没什么为什么，没什么道理，我们就是这样用这个词的。

两人为选用不同语词而争，但用这个词或用那个词其实并不影响所要言说的内容，是为"字词之争"。不过，不同的用词很少会不影响所要言说的内容，这一点，我猜想诗人最多体会。痒痒/刺挠的分歧不那么重要，但我们从中也许可以想到，农村人比城里人更在意区分人和牲口，实际上，大多数城里人从来没跟牲口相处过。反正，一般说来，这样描述或那样描述，描述出来的内容总是有差别的，哪怕两种描述都成立。

是否影响言说的内容，往往要看语境——张三比李四高和李四比张三矮是一回事吗？从这里想，即使玫瑰/rose之争也不一定只是语词之争。我们可以设想，在中国的花卉博览会上，政府规定必须用中文标注花卉名称。一个实际发生的事例是把汉城改称为首尔。[①]提议修改的人士大概不会承认自己仅仅在作语词之争，他们有一堆政治-历史的考虑。你不赞成把汉城改为首尔，你可能不同意建议修改者的政治-历史立场，这时候，他和你有实质争论。但也可能，即使你持有相同的政治-历史主张，仍然不赞成这种修改——你认为这些政治-历史考虑或者不能有效地通过这种修改体现出来，或者没必

---

① 类似的例子还有黄金海岸改为加纳，锡兰改为斯里兰卡等。上世纪二三十年代，有关于改汉族为夏族或华族的建议。近年来，有人提议中国的国际名称应从 China 改为 Zhongguo 或别的什么。

要这样体现。

我们还可以再分析一些例子，不过，我们应已经能够看到，鲸是不是鱼，汉城要不要改成首尔，不见得只是语词之争，它们含有实质的争论，虽然这实质不一定在于事实认定上的分歧，有可能，争点在于相关语词的差别并不能体现所欲体现的诉求。这时，分歧也不宜说成"用什么语言来描述这些事实"——无论主张留用汉城还是改用首尔，都不在于哪个名称更好地描述了相关历史事实。

语义之争——"绕着转"

在查尔莫斯那里，另有一些语词之争是重要的语词之争，因为"有某些东西依赖于怎样使用语词"。"重要的语词之争"，他举了三类例子。一、元语言争论，这里，我们首要的关注是语词及其使用者。这种争论出现在语言学、语言哲学、历史、文学批评等领域中。二、准法律争论，例如确定什么叫"婚姻"或"谋杀"。三、修辞学／政治争论，例如什么叫"酷刑"或"恐怖主义"。这里，语词带有某些意味和联想。

元语言争论，查尔莫斯举了个"飞"的例子。甲方说，你并不是在飞，你并没有推动自己在空气中到这儿到那儿。乙方说，飞，并不必须推动自己在空气中到这儿到那儿。查尔莫斯说，这个一阶争议完全基于元语言上的分歧。我没有吃透查尔莫斯对"元语言"的用法，依我俗见，这里的分歧似乎简简单单是关于语词含义的分歧。詹姆士那个故事好像与此同类，涉及的是"绕着转"包含的不同含义。

詹姆士那个故事挺平俗的，但他是要从这个故事引出实用主义的根本旨意：只有造成实际后果差别的概念差别才是真正的概念差别。所以他在"要看你实际上说'绕着转'是什么意思"这句话里特特把"实际上"这个词加了重。这又跟对传统形而上学的批判连在一起。在詹姆士看来，世界是一还是多，是命定的还是自由的，是物质的还是精神的，这些问题都与是否绕着松鼠转同类。于是，他就可以主张用这种"实用主义方法"来解决争执不下的形而上学问题了。①

　　我想，詹姆士的进路就是很多人所理解的"语言转向"。这个转向包含了很多思想，很多尝试，但转到头来，似乎不过在主张：所谓哲学问题，其实是语义问题。大量甚至所有哲学问题，可以靠查字典加以解决，或最多是要求我们编一本更完备的字典。语言转向于是成了"语言学转向"。的确，语言转向之后的分析哲学不断挺进到语义学和语法学领域之内。

　　澄清 being 或 is 的几种意义，解释"当今法国国王是个秃顶"这话错在哪里，曾被欢呼为解决了几千年纷争不已的存在论基本问题。它们的确是一些重要的哲学工作——西方的论理发展中有不少思路纽结在这些关节点上，松解这些纽结，有助于思想的自由生长。论理总是通过语言实现的，穷理或曰哲学论理因其反身性质会不断返回到语言本身，涉及语义和语法的澄清。不过，据此而称"哲学问题总是语言问题"已经颇为误导，若称"哲学问题总是语言学问题"就完全弄错了。哲学探究必须警醒地把关于语词的探究保持在论理的层面上而不试图发展为语义学和语法学。② 这不禁让人想起维特根

---

　　① 〔美〕威廉·詹姆士：《实用主义》，李步楼译，商务印书馆 1979 年版，第 25 页及以下。

　　② 当然，哲学家可以同时是语言学家，反之亦然。

斯坦的一批警告:"困难在于:让自己停下来","在哲学中很难不做过头"。所谓逻辑语法或深层语法,本来是指内在于论理学的语法探索,后来发展为普通语法的一部分,源始的论理旨趣若没有完全消散,也至少含混不明了。本来没有任何戒律限制哲学的某一部分转化为实证学科,然而,我们在此的任务是分清哪些是实证研究哪些是哲学探究,尤不可受欺以为转化成为实证学科的那部分研究竟解决了哲学的根本问题。

　　十九、二十世纪之交的语言转向,颇可与十七、十八世纪的"认识论转向"比照。实证科学的长足进步曾让哲学家意识到自己的任务并不在于揭示世界的客观结构,哲学的任务应更加鲜明地标识为"认识我们自己"。在西方哲学强大的传统力量吸引下,这种努力大规模地转向"认识人的心理结构",这类研究又大有淹没哲学探究之势。后来的语言转向,其旨本在拨正心理主义的扭曲,以概念考察为旗帜重新与实证科学划清界线。但类似的情况再次发生,概念考察又大规模地转向对普通语义-语法的研究,并以为这类研究将最终解决哲学的基本问题。

　　挖掘某些深层语法,区分 being 或 is 的几种意义,这些工作,在有针对性的时候,可以是论理的内在组成部分。但存在论的基本问题,"世界是物质的还是精神的""世界是被决定的抑或我们禀有自由"这类问题,没有也不可能由此得到解决,实际上,它们根本不是"超弦是不是物质的最小元素"这类有待解决的问题。至于一般的语言学,在论理学上没有针对性,它最多会帮助我们防范论理过程中的一些低级错误。精通语言只是论理的外部准备工作。我好好学习德语,有助于我更好理解德国哲学家讨论的某些问题,但我学习德语并不是在从事哲学探索。

事实还是语义
——恐怖分子还是自由战士

　　元语言之外，查尔莫斯所举的另两类例子，一类包括"婚姻""谋杀"，等等，另一类包括"酷刑""恐怖主义"，等等——自杀式袭击者是恐怖分子还是自由战士？就这篇报告的主题而言，我没有看出这两类有什么区别。本节就把它们拢在一起讨论。

　　他是恐怖分子还是自由战士？依查尔莫斯，两造对事实没有什么分歧。但另一方面，这样的争论显然不像"飞"和"绕着转"那些因语词歧义而起的争论。两造对恐怖分子和自由战士的语义没什么分歧——唯没什么分歧才争得起来。那这是什么层面上的争论呢？修辞学上的争论？因为语词所带有的联想而起的争论？恐怕不得要领。在我看，它跟鲸是鱼还是哺乳动物之争颇为相近。不讲究的话，就叫它关于分类的争论——鱼和哺乳动物之争也许揭示出两种基本的分类理念，与此相似，恐怖分子还是自由战士的争论也许会揭示出两种不同的政治理念。无论在哪个领域，似乎都有相类争论。他这样做是节俭还是吝啬？他是个企业家还是个投机家？他爱她抑或只是哄她高兴？对她来说，他爱她抑或只是哄她高兴蛮可以是非常重要的"语词之争"。

　　自杀式袭击者是恐怖分子还是自由战士这样的争论是语词之争——且不说重要不重要——还是实质之争，并不是一眼可以看穿的。要看清这个问题，不妨想想你我会怎样展开这样的争论。你谴责自杀式袭击，因为它造成大量平民伤亡。我争论说，美军轰炸造成了更多的平民伤亡。你可能不承认这是个事实，但即使你承认，你仍然可以反驳我说，美军轰炸造成平民伤亡与自杀式袭击造成平民伤亡性质不同：自杀式袭击以造成平民伤亡为目标，美军轰炸则以军事人员和设施为目标，平民伤亡是连带发生的。我争辩说，自杀式袭击伤害平民也不是目标，而是手段，其目标与美军轰炸一样，同样是赢得战争。你反驳我说，不，我们必须区分直接目标和最终目的，恰恰因为自杀式袭击攻击的直接目标不是敌人而是平民，这种攻击就不是战争，而是恐怖行动。相关争论可能采用十分不同的路线，例如，我可能援引无政府主义全盛时期的系列袭击，你可能援引德累斯顿或广岛。就以这里设想的争论路线来说，争论在每一点上都可能向另一个方向发展。但一般说来，无论循哪一条路线，争论都会既牵涉事实又牵涉语词。

随着争论的开展，你我多半会不断引进一些新的事实。即使对新引入的事实是否成立你我仍无异议，我们的争论仍不一定了结。你可能会说，这个事实不相干，那个事实并不重要，这个事实才重要，等等。不妨说，这些不是关于事实是否成立的争论，而是怎样看待事实的争论。但最值得注意的是，我们不能由此认为，一边是赤条条的事实，一边是站在所有事实之外的看法和态度。通过引入新的事实，原本似乎不相关的事实获得了联系，原本这样联系的事实进入了另一种联系。

上面这个设想的争论还表明，在争论中，你我不仅会引进新事实，我们还可能需要澄清目的、手段、直接、间接以及战争等一般概念。一个传统的名号是"概念考察"，常以"目的是什么"或"直接是什么"这样的形式出现。① 概念考察显然与确定自杀式袭击还是美军轰炸造成了更多的平民伤亡不同类,它不是"事实之争"。但就像引进事实并不只是多出了一些赤条条的事实,概念考察也不是从语词到语词,从概念到概念。我们需要依赖形形色色的事实来展开概念考察。

前面说到,鲸是不是鱼、汉城要不要改成首尔等不宜笼统说成"用什么语言来描述这些事实有分歧"。 自杀式袭击者是恐怖分子还是自由战士的争论更不宜这样刻画。毋宁说它是关于政治理念的争论,牵涉很多道理,牵涉应该考虑哪些事实,应当怎样看待这些事实,等等。这类语词和事质相互缠绕的争论是义理之争。把这样的争论叫作"语词之争",哪怕说它是重要的语词之争,也是高度误导。与其说在这场争论里"有某些东西依赖于怎样使用语词",不如说"使用哪个语词依赖于某种东西"。当然,"恐怖分子"和"自由战士"是两个语词,争论借助这些语词展开,落实在这些语词上,然而,什么争论不借助语词展开呢?

我无法接受查尔莫斯的号召:忘掉语词,因为语词远远不仅带有"意味或联想",而是有种种重要的道理汇拢在语词中。恰当地使用语词,使得事实呈现出新的面貌。"有重要意义的语词之争",就是关于何种语词能够起到这种作用的争论。与此相反,"字词之争",所谓概念游戏,大意是说,我们看见一系列字词换来换去,却没有看见事实呈现出不同面貌,字词的变换并没有揭示事实的不同联系。

---

① 查尔莫斯列举了这样一些"X 是什么"这样的问题,例如"物质是什么",区别于"鲸是什么"这样的事实问题。

概 念 多 元 论

　　论理之际，我们常常会采用事实／描述、事实上的／语义上的、事质方面的／表述方面的等两分。这当然是因为这类两分时不时会帮助我们澄清争点。然而，我们切不可被误导去认为天下万物都可以被某种两分整齐划开。就连男人／女人或阴／阳都做不到这一点。别的不说，单说那究竟是何种两分，也随着使用的语词不同会有微妙的区别。例如，在这篇未定稿中，查尔莫斯以多种方式称所意指的两分，两分的一边，有时说是 of fact，有时说是 substantive。说成 substantive 或"实质性的"，那另外一边就已经成了非实质的，成了"仅仅语词之争"。

　　我同意查尔莫斯，哲学争论不是关于怎样确定事实的争论。依照事实上的／语义上的这种两分，哲学的任务就成了确定语义？詹姆士从"绕着转"的故事似乎引出的就是这样的结论。然而，要澄清语义，我们何不求教于字典求教于语言学家呢？在这一点上，查尔莫斯不完全同意詹姆士。在他看来，哲学争论中固然掺进了大量的语词之争，但哲学争论并不都是语词之争。我们要做的是把哲学争论中的语词之争部分辨别出来，排除出去，而这将有助于集中到实质哲学问题上，哲学将由此取得进步。这篇报告的主要内容是怎样用"语词之争测试法"来从事这项工作的一个纲领。

　　我在前文表明，对何为语词之争，查尔莫斯的看法颇多疑问。而在获得比较靠谱的诊断之前，我们很难提出有效的治疗方案。如果我们坚持事实／语言两分，用"语词之争测试法"排除了语词之争，我们还剩下什么呢？剩下事实之争吗？显然不行，于是，查尔莫斯不再说"事实"，换成说"实质"。可惜，我们没有被告知，把事实问题排除出去同时把语词抛到脑后去之后还剩下什么样的实质哲学问题。

在我看，"语词之争测试法"一开始就行不通。这一方法依赖于这样的假设：大多数概念争论可以用不引发语词争论的概念来重新表述，只有少数"基本概念"或"河床概念"除外。我猜想这个假设并不成立。实际上，我对一层层抵达基础的这一总体设想就有相当保留。概念考察既不以提供一个更标准更确切的字典学定义为目的，也不是向着更基本的概念不断推进以便停止在那里。概念考察的确会把我们带到某些"基本概念"那里——存在、实在、灵魂、信仰、正义、善好，然而，它们不是一些各说各话无可争论的概念，相反，所谓"基本"，说的是它们是多种争论的拢集之处。

概念考察并不是向着些"河床概念"渐渐挺进，依我看，概念争论实际进程更多显示的是循环这一特征。关于目的／手段的讨论会牵涉直接／间接、原因／后果、有意／无意等一系列概念，原因／后果概念会牵涉动机、作用、效果、结果等概念，你要考察动机和效果，又连回到目的和手段上来。[①]也许这一进程是在"螺旋上升"或螺旋深入，但它不会把我们带到不多几个"河床概念"。

概念考察的终点在哪里呢？既然循环，就没有终点。但在一个意义上，概念考察当然是有终点的，这是因为概念争论是有争点的。

---

① 随着考察的推进，最后甚至会把所有一般概念都牵扯进来。黑格尔的逻辑学试图把一切基本概念都包揽进来形成一个"真理的整全"，而他这个整全也是循环的。我还想补充说，即使这样循环着的整体，也只是以往体系时代的遗迹。

大循环、小循环、往哪里循环等等，没有一定之规，依我们所要澄清的争点为准。我们不大可能建立一种系统的方法，因为我们每一次都须参照实际争点来展开概念澄清的工作。而且，十分重要却常常未被重视的是：什么会形成争点，怎样能澄清争点，这些都跟特定的文化传统和说理传统有关。从希腊人到今天的欧美人，容易忽视这一点，因为他们的文化传统和说理传统占据统治地位，他们不经意间会把它当作唯一的传统。然而，就算他们到达了他们的"河床概念"——ousia、substance、soul、faith、justice、goodness*，我们还面临着怎么翻译它们的任务，怎么把这些概念联系于我们自己的论理传统的任务。并没有一套自在的"河床概念"。概念多元论不在于来到河床概念那里就只能各说各话；不同传统之间始终需要对话，而不是皈依于某种自在的真理。

查尔莫斯在报告里的结论是概念多元论：关于"什么是信念"这类问题并无确定的答案。虽然我对他达至这一结论的路径多有保留，但我高高兴兴地接受他的结论。"世界是物质的还是精神的""什么是信念"与"什么是鲸"这类问题不同，原则上不可能获得一劳永逸的答案。本来，这些问题是些思考的题目，题目下面是特定论理传统中的种种争点和思路；我们提出它们，不是为了求得最终答案，而是要依托这些争点来展开思想，加深对世界的理解。

---

* ousia，实体，实质。substance，实体，物质。soul，灵魂，心灵。faith，信任，信仰。justice，公正，正义。goodness，善，美德。——编者

《观看，书写》序 [①]

　　法文 philosophe 和英文的 philosopher 意思差不少，把后者译为哲学家，前者大概得译为哲人、智者、有智慧者、文化高人。书中对话的两位，鲍赞巴克与索莱尔斯，一位是建筑师，一位是作家，但都是 philosophes。在法国的文化高人那里，思想不是哲学课堂上的思想，思想与艺术、文学融合无间。本书中几篇对话，其内容无所不包：毕加索、兰波、巴黎音乐城、哮喘病和呼吸、贝聿铭、数码与同一性、商业、时间、现代性、"9·11"。如译者姜丹丹所言，这场思想交流"犹如一场别具一格的交响音乐会"。感谢姜丹丹用严格而又流畅的中文，把我们领进这场高水准的对话。

　　这场对话若谈得上主线，那一定是建筑与现代性。我们都是现代人，各式各样的媒体告诉我们当前发生的形形色色无穷无尽的事情，每个人都拣出其中某一些组织成一幅画面。历史当然从来没有唯一的版本，不过，随着历史远去，删繁就简，渐渐露出我们大致同意的几种轮廓。当代的图画却重重叠叠，不辨南北。对话的特点，无论其为长处还是短处，它并不提供唯一的图画，而是用重重叠叠

---

　　① 　本文原载于〔法〕鲍赞巴克、索莱尔斯：《观看，书写：建筑与文学之间的对话》，姜丹丹译，广西师范大学出版社 2010 年 1 月出版。

来描绘重重叠叠。两位对话者既不在反对现代性，也不在赞美现代性；像任何时代一样，当代有令人赞叹的追求和成就，也有需要警惕直至亟待克服的东西。用传统取代现代不仅是句空话，而且是句胡话。

在现代的种种特征中，图像是个突出的特征。从轴心时期开始的文字时代，逐步让位于图像时代。鲍赞巴克提到，在一次新闻发布会上，一个电影导演曾用挑衅的方式回答一个记者的提问："您属于世人还读书的旧时代"。他诠释说："在十九世纪的居所里，一切知识、消息、消遣、故事，所有今天成为戏剧性景象的一切，当时主要是通过文字、书籍和年历来传播的。现在，报纸在屏幕上，用图像呈现。而图像一向令人着迷，因为，它揭去了观看的禁忌的面纱。"

文字倾向于往"去身心智"发展，如鲍赞巴克所言，"在西方，所有的理性思想运动倾向于将肉身与精神相分离。曾经需要生产出一种词语，一种思想的材料，不再适应于身体、感觉和感知。曾经需要制造出一种知性，不包含严格意义上的个人化的、特异的、对两个人来说完全不一致的体验，即身体的体验。在过去，这是抵达实验观察与科学的条件。"当然不止在西方。比起别的国度，在中国皇朝时代，文字主导远为更加突出，整个精英阶层都是由读书明理来定义的，皇帝本人也从小饱读诗书。只不过，在不依靠宗教支持来建立精神-政治一统的实际历史中，天理承担了加重的政治任务，无暇往科学的方向去发展自己的去身心智。

自尼采以后，"具身心智"的呼声一浪高过一浪，鲍赞巴克说："当我们设计建筑时，我们用身体思考。"索莱尔斯呼应说："当我们写作时，我们也一样用身体思考。"我有一本文集，题作"从感觉开始"，也许接近鲍赞巴克的想法："从古至今，人类智力的全部进步史呈现为不断走向愈加的抽象化、并在普遍性中消解特殊与个别的进程。在我的工作中，每当我重新回到感性体验的真实，我就会进步。因为，需要学习面向感觉采取行动，并把握感觉。"

从文字向图像，从去身心智向具身心智，从精英主导向平民主导，这些趋向隐隐约约交织在一起。只提一点：教廷当年关于是否禁止偶像的争论突出地说明了大众式理解对图像的需求。现代的这种总体趋向的后果之一，是精神生活统一场的断裂，对话渐趋稀少。当然，"统一思想"只是现代专制政党的苛求，旧时人的思想观念并不一致，我们回望时看到的"和谐"部分来自主导意识形态的以及历史本身的删繁就简。不过，人们从前共同生活在同一个地球上，不同的观念之间互相呼应。唯此，如对话中提及，墨西哥的迪奥狄华肯和埃及金字塔之间才会有一种"立即可以感受到的形态间的相似"。就此，鲍赞巴克评论说："人类在地球及其为什么面前感到彻底的惊诧。地球究竟从哪里来？究竟是什么？又是谁赋予了地球上所有这些形态、这些生命？那么，我们究竟又是从何而来？这是同样的问题。在那里，这些答案是建筑的初始。建筑最初不仅仅是为了遮风挡雨。是为了人的存在。这是另一种性质的事业。一个谜回应另一个迷。"如海德格尔所言，技术的发展把人类带出了依赖于大地的生存，精神生活统一场的断裂于今至为显著。索莱尔斯说："今天，大家都在谈'全球化'，但我呢，我却认为我们进入了一个没有世界性的时代。说真的，我们可以觉察到人类好似不再居住在同一个地球上。"这里有两个层面，"全球化"是在经济活动等机制意义上说的，"没有世界性"是在精神生活层面上说的。鲍赞巴克说："三十年来，面对占主要地位、但也是转瞬即逝的金钱流通的问题，世界之中有整整的一面，即城市制造的那一面，大楼的物质建构、意义、象征维度、持久性，都被遮蔽、遗忘或超越了。我们进入了生活的另一种抽象化，经济造成的抽象化。"

　　两位对话者更多从艺术方面谈到此点。用鲍赞巴克的话说："后来，艺术家逐渐体现了主观的、绝对的存在历险……他强调了个人历险的首要性，用来抵抗一切，尤其他向所有人传达这种绝对的体验。"鲍赞巴克是 architect，建筑师。architecture* 与 building** 有别，采用尼古劳斯·潘夫斯纳（Nikolaus Penvsner）的简要定义，architecture 是着眼于美的 building；美学里，建筑列为一门艺术。不过，建筑有别于其他艺术门类，建筑师同时是工程师。"建筑师处在社会的建设性的、积极的山脊上。这在建筑文化与文学、音乐及绘画之间营造一种距离。……建筑师需要具备为他人修建的责任感。艺术家并不需要建造世界。"不过，自包豪斯与俄罗斯的建构主义以来，这种界限被逐渐打破，"每个建筑的要求、每个地点，都是独一无二的。于是，不再有建筑学说、风格或可共享的建筑原则。不再有普遍的实用解决方案"。这不禁让我想到哲学，从来，哲学家好像也"处在社会的建设性的、积极的山脊上"，但尼采以来，存在主义、维特根斯坦、解构主义，似乎都不是在从事建设，不再提供"普遍的解决方案"，而是在消除哲学和艺术的界限，一次次从事

----

*　architecture，建筑设计，建筑学。——编者
**　building，建筑物，楼房。——编者

独一无二的冒险。建筑是个运用广泛的隐喻,我小时候听的是"社会主义建设",现在流行的是"构建和谐社会";初读哲学时读到康德的建筑术,后来读到结构主义;最宏大的隐喻则是 l'architecte de l'Univers*。从事建设的人,竟不知不觉间都吸纳了这个宏大的隐喻,忘记了自己身为凡人的基本事实,忘记了 Bildung 的另一层含义:培养、培植。哲学家,以及其他种类的建设者,解构"普遍的解决方案",并非放弃建设的责任,而是退回到众多建设者的行列,不是根据既定的蓝图,而是根据此时此地的要求建设,众多建设者的共同努力,合成培植。无论社会还是思想,我都希望,培植的理念能够更多地取代建构的理念。

鲍赞巴克的一段话概括了这里的想法,这段话是在诠释海德格尔思想时说的,这段话,在我看来,的确浸透着海德格尔的精神:

> 需要有近处的关注,有事物的汇集,但也要有运动、距离的取消。需要微小,也需要庞大。困难,也许在于距离的取消,无所不在的统一特征,感知的身体可以同时在几个地方,可以移动。比起六十年前,人的身体远不再那么扎根在近处。它更具虚拟性,但毕竟还是真实的。在当今的建筑领域,有一个观念偏差,认为不需要考虑地点,地点也不再有未来。假如地点的特性不再存在,我们也不再有具体的在场,我们也不再真实地移动。这就是在屏幕时代,无距离意识的主导。

---

* l'architecte de l'Univers,字面意思是宇宙建造师。——编者

漫谈东西文化思想比较 [1]

我讲的题目是"漫谈东西文化思想比较",这不是我的专业,文化比较本来也算不上一个专业,因为特别宽泛。特别宽泛的话题人人都可以讲一点儿,我就属于人人里头的一个。

中西文化差异太多了,可以描述,也可以分析,在这么一个短短的讲座里讲不了很多,而且罗列一大堆这个差异、那个差异,肯定挺无趣的。从题目当中可以看到,我要从两个角度来探讨。第一个是比较侧重历史的。"文化"这个词有人统计过有十几个定义,甚至有一本书里面列了一百六十个定义。余英时先生曾经总结说,这一百六十个定义里面最重要的是完整性和历史性,而我认为甚至连完整性在很大程度上都是由历史性规定的,所以讲文化要多从历史方面来讲。而且 culture(文化)这个词本身就已经提示了一个强烈的历史的纬度,现在讲文化规划,其实"规划"就是一个非历史性的词,文化靠生长、培养,没法靠规划。

第二点,我讲的比较靠近思想这一块。文化是一个特别大的概念,几乎是漫无边际的,我要讲的比较靠近文化和思想交会的这一

① 原载于北京大学国家发展研究院编:《中国问题》,上海人民出版社 2010 年 5 月出版。

块，当然即使这一块我也只能讲很少一点儿内容。

整个题目以及我今天要讲的，背后都有一个问题，可以说是一个哲学问题，大致是关于普遍性的问题。关于普遍性，我们有两种比较基本的看法。一种普遍性我称它为抽象普遍性，各种文化的共相、共同点。各种文化究竟有没有共同点？这些共同点重要不重要？另外一种我有时候称它为渗透的普遍性，或者延伸的普遍性，是从特定的文化出发，然后进入一种对话、交往。我个人是持后一种态度的。讲到中西文化等问题的时候，普遍性作为哲学问题肯定一直是放在背后的。

简短地讲一下历史上出现的中西文化比较。文化比较作为一个概念虽然比较新，但今天我们有了这个概念，回过头去看，可以说人们早在一千年前、两千年前就开始做文化比较。中国早期的文化比较一般是用"夷夏之辨"这样的说法。什么是华夏文化？什么是蛮夷？某种意义上，蛮夷就是没文化，华夏就是有文化，文化就是用华夏去化蛮夷。一般说起来，在鸦片战争之前漫长的中国历史上，基本上中国人都没有怀疑，认为中华文明华夏文化是文化，是最高的文化，最好的文化。从来没有怀疑过，这是想当然的事情。

西方不完全是这样。比如说希腊人，他们也跟中国的古人一样，把自己看作文明人，把周边的民族看作 barbarians（野蛮人）。但是比如希罗多德，就是西方第一部历史的作者，他在《历史》，也叫《希波战争史》这本书里头，也说到希腊的文明、文化是最好的，但是他这个最好很大程度是在跟别的文化比较了之后得出的。这跟中国有点儿不一样，我刚才讲了，中国人不是在比较了之后觉得自己的文化是最好的，而根本上就是把中国文化是最好的当作不言自明，当然这种心态和看法，近一个半世纪以来强烈地改变了。

　　文化比较这个概念是比较新的，而且慢慢形成了一个学科。作为一个学科好像是中性的研究，但是实际情况不完全是这样。其中有一点就是，文化比较在中国更多的是在对自己的文化不是那么天然自信之后才热衷起来的。以前中国人对自己的文化极为自信，就没有想到文化比较，甚至"文化"这个词就是指我们去"化"人家，叫作文化。文化比较是相对比较弱势的一种文化容易采纳的事情。而一种强势的文化更多的是做"文化研究"。这种"文化研究"跟"文化比较"有点儿相反，更多的是从强势文化的角度去看待别的文化，多多少少是站在一个较高的立场上的。说到底，"文化比较""文化研究"都是很难和我们的立场、感情完全分开的。这种情况有点儿像人类学，人类学好像天然是一个变得先进的民族反过来研究较为落后的民族，比如说西方民族来研究中国，研究非洲，等等。当然人类学现在也在反省这样一种姿态，但这种姿态多多少少是内在于这个学科的。

　　再进一步讲中西文化比较的历史。虽然中西交通已经有很多年了，我们甚至跟罗马也有过交道，但是这些交道都是相当间接的。比较突出的事件是马可·波罗的《中国行纪》，这本书的真伪不能百分之百地确定，但是从这本书出来之后一直到现在的影响是实实在在的。马可·波罗到中国来是元朝初年，那个时候中国文明可以说发展到了至少是最高峰之一。要从文治武功里面的文治来说，宋朝是各个朝代中文治程度最高的。反过来，那个时候正是欧洲到了中世纪，刚刚进入小复兴的时期。在马可·波罗眼中，《中国行纪》中的中国，是一个绝对辉煌的文明。此后比较多的中西交通是西方人到中国来传教。他们大多是一些传教士，是一些有信仰的人，在这个意义上当然会认为基督教是更高的文明。但当他们来到中国之后，中国文化和中国文明给他们留下了深刻的印象。明朝虽然有种种问题，但是作为一个大的文明还是很昌盛的。

再后来中西交往就比较多了，我特别愿意提到 1793 年马戛尔尼访华，希望跟中国通商的事件。关于这个事件，后来有个法国人写了一本书叫《停滞的帝国》。这本书我很愿意推荐大家看。当时是乾隆晚年，马戛尔尼访华，想要和中国通商，但后来灰头土脸地回去了。主要的争端是为了一件事情。按照天朝的规矩，马戛尔尼见到乾隆要跪着，但他没有这个习惯，他作为英王的代表也不能向外国的国王下跪，没有这个道理。为了这个细节双方反复地争论，最后马戛尔尼回去了。他是当时英国最有希望的政治外交的新星，但是由于这次失败，他回国之后的政治生涯很不顺利。这对马戛尔尼个人来说，是一次巨大的失败。

更大的失败则是对中西这两个世界。争论是关于跪与不跪，但后面有个大背景。西方人要跟中国人做生意，他们觉得要签合同，要有一套谅解和手续，来做平等的生意。而对于乾隆来说，对于清朝人来说，只有进贡和赏赐，他们要维持的是这个形式。最关键的是中国人不觉得缺什么，这在乾隆的有关记录中，以及其他好多文件里都可以看到。中国人觉得，所谓贸易就是你来求我。

马戛尔尼访华是在 1793 年。读过雨果的《九三年》等小说，我们就知道当时的欧洲，大概就是法国革命前后的样子。在 1793 年之前的一个世纪，也就是十八世纪，欧洲发生了翻天覆地的变化，诸如工业革命，等等。如果马戛尔尼早一百年来中国，他会感到中华帝国是一个繁荣的国家，中国文明是一个高等的文明。但是当他访华回去，从有关记录，尤其是翻译官做的日记和笔记，已经能看出欧洲人相对中国人站在了比较优势的地位上，虽然还没有鸦片战争之后那样的优越，但是可以看到他们对中国从民生一直到官员，以及政治方式，诸如此类，颇看不起，多有批评。当然也有一些夸奖。这与元朝初年的中西态势已经完全不一样了。

下面我想从中国人的眼光来看。当时的中国人没有跑到西方去，他们是通过跟传教士的交往，像徐光启、李鸿藻等人，他们从不多的西方传教士身上，从传教士所带来的科学和哲学中看到了一个伟大的文明，就在这些人的背后。在这种伟大文明的映照下，可以看到中国文化传统当中的缺陷。在宋明的时候，这种缺陷中国人很难看到。因为相对于周边地带，中华文明的辉煌和优秀是压倒性的。

后面的故事我就从略，其实更重要，只不过大家也更熟悉。鸦片战争中，英国人派出区区几艘军舰，而我们大清帝国动用了全国的军队跟他们作战，一次鸦片战争，接着二次鸦片战争。可以说在英国人的一方，几乎没有什么大伤亡。把中华帝国这么一个巨大帝国打败的战争中，他们居然没有什么伤亡，大多数所谓伤亡是非战斗性的，只是因为长途的航海中有人得了痢疾，水土不服，等等。从1840年到1861年，中英国力相差如此之大，中国人特别是士大夫阶层不可能看不到，这种差别是摆在那儿的。像林则徐等相对先知先觉的人看得更清楚一些，到了后面十九世纪末的时候，可以说，所有有知识的人都看得很清楚。

这个时候掀起了中西文化比较的一轮高潮，这当然才是更重要的主题，因为大家比较熟悉了，我就不太多讲。大致可以这么说，我们这种文化比较一开始是从器物层面开始的，然后进入政治制度的层面，然后进入文化的层面。一开始，我们承认或者至少有一大批人开始承认西方的器物是高于我们，然后可能到了严复那里，这时候，有一批先知先觉的读书人认识到西方政治制度优于我们。然后尤其是在"一战"前后，更多的人开始谈论文化。

从此以后就有各种各样的观点，这些观点一直流传到今天，差不多一百年了，我们仍然在继续"五四"前后的这些争论。我不分析这些观点，我只说两个极端。一个极端就是像胡适他们讲的，他们认为中国文化独有的宝贝就是姨太太、小脚、拉洋车，等等。你不叫中国特色吗，这些东西就是我们的特色。中国有没有好东西呢？有，中国有很多好东西，但好东西西方都有，真正中国有西方没有的就是这些东西。我并不是说胡适他们的主张就是主流，但是的确声势非常浩大。

这样一种提法自然就带来了一种所谓反弹，就是关于中西文化的再反省，这是由梁漱溟这些人所代表的。这些代表就提出，谈不上西方文化更有优势，中国在文化上并不差，中国是差在器物、制度或者运气。当然这时候诸如中国文化一定比西方文化高或者好，这样的说法也比较少。我前面提到，文化比较往往是弱势民族的话题，基本上不是要用一种居高临下的角度去比较，而是想通过这种比较使大家拉平。因为文化是特殊的东西，西方人有西方人的文化，中国人有中国人的文化，怎么比呢？不大好比。所以文化比较争取的目标是一种持平。不过我后面会说到，等到真正比较下来之后，往往是通过这样一种策略，最后还是要证明中华文明、中国的文化是一种更高明的文化。

我们也知道到了鼎革之后，也就是 1949 年之后，就谈不上什么文化比较了，基本上一切话题都政治化了。一直到八十年代的时候，文化比较形成了又一次大高潮。八十年代的文化热，热得不得了。比如当时我们以甘阳为首的一批人组织了一套丛书，名字就叫《文化：中国与世界》，把所有的哲学等问题都笼在文化这个筐里了。这在很大程度上是二十年代文化比较的翻版，实际上八十年代我们这些人受教育不是很够，对以前的事情了解不多，所以经常是把前人其实已经讨论过的事情，又讨论了一遍，可能深度、广度还不一定比得上前人。不过八十年代文化热还有一个原因，有些人其实是想谈政治，但不让谈，于是就迂回谈文化。这跟二十年代就有些不一样了，二十年代是先说政治，后来发现政治后面还有更深的东西是文化，这是从器物到制度到文化的一种脉络，八十年代则在很大程度上是一下子就跳到文化上去了。

到今天，所有这些文化比较的话题还在重复，我个人看也未见得深入了很多。不过随着"中国崛起"，大家的感觉有点儿不一样了。应该说八十年代的时候，中国人的文化自信是降到了极低的水平上，到今天可能情况已经不太一样。

我前面借着讲中西文化比较的历史，已经把中西文化比较的一些内容说出来了，其实这也不是我说的，我能说的新鲜东西不多。前人已经说了那么多，你要再添点儿新东西很难。现在我想讲讲文化比较的难处。

我虽然爱好历史，但本身不是读历史的，读的是哲学，对概念上的困难和概念上的东西更感兴趣，所以我想谈一下文化比较的难处。

第一，"文化"这个概念非常宽，非常杂。到底什么是文化？我刚才讲了，有人做了几十种、上百种的定义，到今天我们什么都叫文化，比如饮食文化，甚至厕所文化也不是没有人说，各种各样的文化，到底你谈的是哪一部分？

另外，"东方"和"西方"这两个概念也是又宽又杂。希腊也是西方，罗马也是西方，是不是希伯来也是西方？阿拉伯在西方人看来是东方，实际早的时候西方人说东方的时候不指咱们，咱们这块叫远东。他们讲东方一般就是指阿拉伯、小亚细亚这一块，后来发现还有更东方的地方，"东方"已经用掉了，没有办法，所以叫远东了。阿拉伯在西方人看来是东方，但是在我们看来是不是西方？美国当然也是西方。日本是不是也算西方？还有印度呢？

"东方"当然有日本，有印度，有中国，诸如此类，但中国跟日本的文化差异有那么多，这方面的比较也很多。虽然我们老说日本人从中国汲取文化，当然是这样，但是日本人跟中国人太不一样了，无论是文化和个人性格都跟中国人差得特别多。我讲一个非常突出的特点。有本书叫《菊与刀》[①]，其中讲到一点，美国人在"二战"之后进驻日本，原本想着日本人是那么不服输的民族，要占领得冒很大风险，他们设想美国人走到哪里都会受到攻击，结果事情完全不是如此。日本人在认输之前搏斗绝对不要命，但是一旦认输就完全认了。从中就能看到，中国人的性格和日本人的性格很不一样。

文化比较的困难除了地域上的广泛之外，还有一个历史上的广

---

① 〔美〕鲁思·本尼迪克特：《菊与刀》，吕万河等译，商务印书馆 2012 年版。

泛这一问题。历史的广泛问题还带来了另外一个问题，这个问题人们早就注意到了，就是哪些是属于西方文化的，哪些是属于近代文明的，这个特别地难分。几乎大多数论者都会论及这一点，以前北大的冯友兰先生也讲过这个话题，持比较极端的观点，认为所谓中西之差异就是古今的差异。现在可能没有什么人再持这样极端的观点了，但是这中间肯定有很多分不出来的东西。

再下面一个问题可能要比前面几个问题更困难一些，就是作为一门学问或者是一项研究，文化比较在多大程度上是真正的研究，而不是一种感情的宣泄或者是一种感情的策略？人文学科一般说起来都带一点儿感情，哪些是感情，哪些是研究，经常会掺和在一起，这跟研究量子力学是不太一样的。比如我们经常会听到一些概括，说中国人讲"合"，西方人讲"分"，乍一听好像是在公平地说双方各自的特点儿，其实讲话人大概已经想好了，"合"总是比"分"要好一点儿。更不用说中国人讲"和谐"，似乎意味着西方人讲"不和谐"，你好像是在描述，但实际上已经占尽先机了。

像梁漱溟的讲法好似很中肯，说西方人是向前看，印度人是向后看，中国人是持中。看起来这也是一个描述，但实际上后面梁漱溟也讲到了中国人既不像印度人那样耽于轮回这类事情，也不像西方人一味功利，最后讲来讲去还是中国人的文化比较对。钱穆有一篇小文章讲"道理"，他一上来就讲中国这个民族是最讲道理的民族。他后面还有很细的分析，说"道"和"理"还不一样，道近于宗教而理近于科学。不过最后又说，道即理，理即道，于是乎道与理贯通融会，胜于西方人要么走向宗教的极端，要么走向科学的极端。

梁漱溟、钱穆都是大家，而且看起来都是以学术方式来讨论这

个问题。确实,谈文化是很动感情的,有的人讲西方好,西方好得
不得了,再看中国什么都不对。反过来,尤其这些年国学热,有些
人觉得中国好,你说一句中国不好他都想要跟你急。这个话题很动
感情,那么我们怎么能够把这个感情和客观公正联系在一起呢?关
于这个问题,我想提一点。爱一个东西,爱中华民族和中华文化,
原则上跟看到其缺点并不很矛盾。实际上像胡适、鲁迅、周作人他
们批评中国文化批得很凶,讲西方好得不得了,但我们知道这些人
都是爱中国文化爱得不得了的人。如果中国文化还有传承,那你恐
怕绕不过鲁迅、周作人、胡适这些人。好像有个特点,夸中国文化
好的都比较迂回,好像都是在讲文化平等,只是暗中在夸中国。而
骂中国文化的,骂得比较直,像鲁迅、胡适把中国文化骂成那个样
子,他们为什么敢骂,很大程度上是因为爱中国文化,这一点人人
都能看出来。所以我想说,感情和批评、分析不是像表面看起来那
么矛盾的,我甚至觉得非要把两者联系起来有点儿幼稚,字面上的
幼稚,就好像小孩子爱爸爸和妈妈,就说他爸爸最有钱,他妈妈最
漂亮。我们成年人一般不这样,在全世界成千上万的女儿里,我最
爱我自己的女儿,但我不会主张她是所有女孩里最聪明、最漂亮、
最懂事的。

　　最后我想说,我们刚才讲到这些困难,差不多都牵扯到一个困
难,就是过度概括的困难。我们一讲就是东方、西方,但你讲的"西
方"是哪儿,西方那么多国家,那么长的历史。但我们也不可能在
反对概括这方面持非常极端的态度,干脆不做概括。那是做不到
的。泛泛批评别人太概括,这样的批评不是中肯的批评,也太容易
了。实际上,虽然都是概括,但有的概括就比另外的概括来得好,

能够给人更多的启发。比如费孝通谈到中西文化差别的时候，他说中国文化是特殊主义的，是一种差序格局，不是一下子就人类都平等了，一下子都爱了，他是从爱亲人、爱亲近的人，一点点扩展出去的。这样的概括并不是要给人像物理学那样的普遍真理，基本上是一种启发性的东西。

再比如许倬云对中国文化讲过一句好玩的话，他说中国文化有三原色，一个是亲缘团体，一个是精耕细作，还有一个文官制度，这是中国三大特色。他接下来又讲，这三原色至少已经去了两个半了。我为什么觉得这个话有一点儿好玩呢？我们讲中西文化，可以想一想，中国人和西方人现在到底还有多大程度的文化差，这些文化差意味着什么？没有一个显而易见的回答。我们讲全球化也好，国际化也好，最最突出的特点就是我们，特别是你们，学生们，从一生出来甚至还没生出来一直到现在，生活中的点点滴滴几乎跟一个西方人差不太多，至少在外部环境上差得不太多。你在医院里出生，他也是医院里出生的；你上幼儿园，幼儿园是西式的，小学、中学、大学也都是西方的建制和课程；你坐公共汽车，公共汽车也是西方的；你看电视，电视也是西方的。这一整套东西有多少是西方的？这个问题的确需要重新想一想。

另外一方面，虽然我们老讲中西文化差异，但是如果眼睛不仅盯着西方，把其他文化也放在视野里面，那么中国的文化传统跟欧洲的文化传统其实特别接近。这两个文化首先都是北半球文化，都是温带文化，跟热带、寒带的文化就不一样。这两大文化传统或者文明传统都讲究勤劳、上进、建功立业，相对而言，都是既重视政治制度的公平，也重视个人尊严。从地域上讲，我们跟日本、印度是邻国，但从文化上讲，我们中国人甚至很有可能觉得，跟一个欧美人一旦成为朋友，互相的理解会容易得多，更加深入，比跟一个日本人、印度人要来得深入。

这两支文明都是所谓"成功"的文明，这两支文明一直是生生不息的。有人说，中国文明是全世界的文明中唯一没有中断的文明，西方文明的蜕变比中国文明是明显一点儿，但这也是西方文明的一个特点，它通过蜕变来保持文明的延续发展。现在西方人仍然认希腊、罗马为家园，这种感觉很有点儿像我们认先秦为家园、西周为家园。在这个意义上，西方也是持续的文明。这两大文明可以说是人类文明史上真正持续两三千年的文明，一直是主流的文明。变化发生在十九世纪中西两个文明的相撞，清朝处在衰落时期，欧洲则正是崛起的时候，在这么一个背景下相撞，这是中国比较不幸的地方。如果这种遭遇是在康熙年间，现在的世界格局，至少从我们中国人的角度来看，肯定跟现在不会一样。

中国文化人和欧洲文化人还有一个共同点，就是对自己的文化有高度的自豪感和优越感，这种优越感在多元文化背景下是需要在一定程度或者一定意义上去克服的，但是它的存在是一个事实。当然这个事实在中国这一百多年的历史当中要打些折扣。还跟这种文化优越感有关系的，就是这两种文化在比较强盛的时候都是高度宽容的。我们的汉朝、唐朝、宋朝，与外来文化的关系不是那么紧张，而今天对外国的东西，在观念上的紧张还超过了那些时候。

我差不多把文化比较方方面面都讲了一下，下面稍微讲两个集中一点儿的话题，一个是政治文化方面的，一个是更靠近思想这一边的，这两者有点儿联系，可以当作一个事情的两个侧面来说。

　　中国的政治史，跟西方最突出的不同，就是中国基本上是一个以"合"为主流的比较单一的政治体，西方则是一个比较分散的政治体。这种情况可能从周朝就开始了，已经和西方有差别了。周朝的版图，现在知道得不那么确切，大致知道的是今天所谓的渭河河谷一直延伸过来，包括河南、河北的南部、山东的北部、安徽的北部，等等，这些地方已经有规模很大的文化群，这些文化区互相认同，有点儿像希腊人的互相认同，但是两者也有很大的区别。古希腊人在希腊文化上的确是自我认同为希腊人，但是希腊人没有一个中心，不像我们整个周文化一直有一个中心。西周有一个中心，东周不太一样，是中国历史上一次所谓的分裂时期。不过即使是春秋战国时期，仍有一种趋向于统一的趋势。甚至可以说，这种趋势从平王东迁以后就已经开始，基本上整个春秋战国是一个不断吞并的历史，从小的诸侯国合并成较大诸侯国，从较大诸侯国到大的诸侯国，最后被秦朝统一。我们为什么有这个趋势？我回答不了，像这样的问题也从来没有唯一的答案。大体上可以说，中国历史分裂的时期大概占到三分之一或者三分之一略强，总的来说是一种统一的文明。在中国人的心目中，分裂始终是不正常的，中国人始终把一个大一统的国家或者是大一统的文化看作正常情况。这跟欧洲正好相反。我们都知道，欧洲真正的统一大概只有两次，一次是在亚历山大大帝的时候，这个时间很短。还有一次是在罗马帝国。在欧洲政治体中跟中国比较接近的就是罗马帝国，碰巧罗马帝国最强盛的那一段时间，中国是汉朝，汉朝和罗马帝国有很多的可比性。总的来说，欧洲是一种分的状态，这种分使得欧洲与中国产生了很多差异。我提一点点前人可能讲得不是那么多的，就是这分使得西方的城市跟中国的城市有了不同的意义。西方的城市，比如说希腊的城邦，和周朝的城邑是挺接近的，它们都像处在茫茫旷野中的据点。但是欧洲的城市一直具有政治上的独立性，希腊城邦是最突出的例子。一个城邦（polis）就是一个国家，"polis"翻译成城市不行，翻译成城邦就是想取城市国家的意思。中国的城市则基本上没有起过政治独立的功能，更多的是商业功能、交通功能等其他功能。欧洲政治文化中有一大块是关于"公民"的，公民身份、公民意识；citizen（公民；市民）这个词当然是从 city（城市）来的，这在中国政治中是从来没有的，只有周朝时候所说的"国人"有那么一点儿接近之处。

我觉得，从这一点考虑中国政治文化和西方政治文化，有着根本的意义。比如说，"五四"时候谈得最多的是科学与民主，认为科学与民主是西方的特点。把西方描述成民主的，对于当时的人来说有一定的道理，因为当时的发达国家实行的多是民主制，但是把民主拎出来作为西方的特点，从历史上来看就不行。我们知道民主政治基本上产生在古希腊，在古希腊的这些政治思想家是怎么考虑民主的呢？一般古希腊人认为有三种主要的统治方法：一种是一个人的统治，就是所谓王制；一种是少数人统治，就是寡头制；还有一种是多数人的统治，就是民主。希腊的政治哲学家当然观点各个不同，有的喜欢王制，有的喜欢寡头制或民主制。多数人统治是否是最好的？应该说，大多数人对民主制并不是太看好，从实行来说民主制也并不广泛。但是碰巧雅典实行的是民主制，而雅典是个优秀的城邦，并一度成为整个希腊世界的霸主。外在的成功当然会让我们更正面地看待那个政治制度，但民主制是不是跟雅典兴盛有必然联系，这是值得研究的问题；今天的民主制跟西方的强大是何种联系，在多大程度上是偶然或者内在的，这都是可以研究的。

　　总之，在希腊之后，民主制在西方也差不多是灭绝的东西，所以从历史上说，不能把民主制看作西方的特点，但是在很大程度上可以把"公民"当作西方的特点。公民在古希腊的重要性自然不用多说，民主制由谁来选举，当然是公民了。就算罗马，无论是在王政时期、共和时期还是帝国时期，"公民"都是特别重要的政治概念。在中世纪，它仍然是一个重要的概念，虽然不如以前重要。再后来，文艺复兴前后，西方的这些城市再次崛起。西方的近代化开始出现在城市，特别是意大利北部这些城市。这些城市多多少少都拥有自主权，它们虽然属于某一贵族，但是城市人主要是指商人，他们买断了城市的行政权力——这些城市工商阶级保障为贵族提供更多更稳定的税收，贵族就可能出让他管辖城市的权力，这些城市就获得自治。

　　"公民"这个西方历史中的因素，贯穿希腊直到现代，但中国没有这个概念。即使今天，如果你要检查中国人的政治意识，会发现仍然特别缺乏公民意识。我这样说不是贬义，并不是说缺乏公民意识，中国人的生活就没有了保障。西方人也是有时候有保障，有时候没有。翻开历史我们会看到，中国历史上充满了残酷的压迫、剥削、残杀，但是欧洲也一样，历史上都是有那么多残酷的事。我们没有公民概念，但是有所谓民本思想。人民生活的保障，不是通过伸张权利，而是通过以民为本的传统思想，例如官员和士人为民请命诸如此类。民本思想在欧洲不见得没有，但近代以前，一直不占主流。

一般认为民本思想开始于孟子。我们泛泛地说孔孟都是儒家，其实孔孟差别很大。孔子的政治诉求更多的是贵族之间的礼，关于民本说得不多。民本思想主要发源于孟子，历史上的儒家凡是强调民本的，多引孟子的言论。反过来，统治阶级，像朱元璋，他要控制思想，删经典，首先就删孟子书中的民本主张。

民本思想和中国独特的政治结构有关系。简短地说，这个政治结构就是，中国有士和士大夫的阶级，而这个阶级在欧洲从来没有出现过，最多有什么跟它有一点儿相像。士的历史我们有籍可查，是从孔子开始，紧接着是墨子，之后是儒墨两家，然后诸子百家。到秦汉之后，士的地位经历了一个巨大的转变。

士不像贵族或草莽英雄，由于血统或英雄气概获得权力，他们的长处是受过教育、富有理性。他们本身不是权力的来源，而是统治者的助手，帮统治者干事的。春秋战国时候，列国相持，士可以选择买家，此处不留爷，自有留爷处。秦统一中国之后，只有一个买家了，要干事，只能给一家皇帝干，不再有选择雇主的问题，最多是能选择干还是不干，那时称作出处问题。

士可以分成两种。一种只是统治者的工具，他们富有理性，但这个理性，相当于韦伯所说的工具理性。比如说我有一个小县城，不愿封给我的宗族，但还是需要有一个人去管理，我就在士里选一个能干的去管理。另外一种士是像孔子、墨子、孟子这些人所提倡的，他们认为士不光是给统治者干事，士还有一个使命，这个使命后来叫作"道统"。道统的源头是三代的治道。传说中三代好得不得了，统治都是合乎道的，因此就是治统和道统的合一。后来乱掉了，治统和道统分开了，权力和道统分开了，皇帝是权力的源泉，而三代的完美统治方式是通过道统、通过士传承下来。这时候，士只有一个可能的雇主，因此丧失了独立性，似乎只能依赖于皇权，但这种道统的意识形态给了士大夫阶层某种独立意识，他们并不只是皇帝的办事员，他们有某种独立的诉求——道统。构成道统的核心价值，就是民本。士大夫之所以要服从于皇帝，是因为需要皇帝的权力，皇帝赋予他权力才能保证民本的实现。所以他们劝谏皇帝，上疏、进谏，有时候是不要命的，比如海瑞抬着棺材去向嘉靖皇帝上疏。进谏的内容最后都落实到老百姓怎样怎样。我们讲中国政治文化中的官本位，老百姓不问制度只盼清官，这些说法都有道理。不过，中国的官不能完全理解为韦伯意义上的纯粹工具理性的官僚，他是要传"道"的。在很大程度上，民本的思想是因士大夫阶层的存在而存在的。我们看到在中国传统政治中，更多的是士大夫阶层通过落实民本思想来保障社会的安定和富足，而西方更多的是通过每一个公民自己以及公民社会进行权利上的斗争来保障自己的利益。虽然今天的中国跟传统上的中国相比已经面目全非了，但这一特点仍然依稀可见，在中国人的政治心理上仍然相当明显。

　　这样一个士大夫阶层，英语没有好的翻译法。我见到十多个相对通行的译法，有一种似乎稍好些，scholar officials，大概是学者官员的意思。这样一个皇权与秉持道统的士大夫阶层构成的统治结构是中国政治特有的。西方的统治结构主要是贵族制的，贵族之间联盟，大贵族、小贵族之间联盟，构成统治阶级，贵族自己没有文化，极端一点儿说，贵族就是传了几代的强盗。他们也不靠一个士大夫阶层来统治，政治上的平衡靠各自伸张其权利，而不是靠谁为民请命。反过来，中国的贵族制度在汉朝就已经大规模瓦解，到唐朝再次受到重创,到宋朝贵族制度可以说完全没有了。欧洲的文化人,比中国的读书人更接近于我们今天所说的自由知识分子。中世纪的文化主要由僧侣、教士传下来。总的说来,西方的文化人或者说知识分子与政权的联系相对松散,更多的是个体之间的联系。不像中国,整个士大夫阶层是作为帝国体制中的一个稳定阶层存在的,与政权有着内在的联系:没有他们就没有中国这两千年的政治史;反过来说,没有这样一个政治结构,也就没有中国士大夫阶层这种特殊的群体。

无论从社会身份上说,还是从思想内容上说,中国的士人都不大像西方的自由知识分子。他们在学问上、知识上,首先有的是政治关怀。他们的研究、思考方式始终都是高度的政治化、社会化或者说伦理化的。对于中国读书人来说,很难设想他会去从事纯粹智性的追求,而和政治伦理无关。实际上在传统社会中,如果一个读书人那么做了,大家会觉得他太古怪了,几乎要把他当作一个异类。不管是尊德性一派还是道问学一派,两派的基础都是尊德性,任何知识上的追求都是要跟"齐家、治国、平天下"连在一起,否则大家就会认为那只是低劣的知识,甚至是带有破坏性的知识。

我想从这一点讲到另外一点,也是大家经常提到的一点,为什么中国没有发展出科学。我写过一本小书叫作《哲学·科学·常识》,在里面谈到过这一问题。这个问题,所谓李约瑟问题的问法不太对,要问的不是中国为什么没有发展出科学,而是西方为什么发展出了近代科学。为什么呢?因为没有发展出近代科学是常态,除了欧洲,其他文明都没有发展出近代科学,而只有针对例外的情况我们才能问为什么。我举一个例子。比如说我们村有谁家生出一个毛孩来，我们就要问了，他们家怎么生出毛孩来？但你家邻居生了个正常孩子，你就不会去问他，你生孩子怎么没有生出毛孩来？李约瑟本人热爱中国文化，对中国文化在西方的传播做出巨大贡献，但所谓李约瑟问题的问法跟一大串政治文化比较中的问法一样，带有西方中心的惯性。只要跟西方不一样，我们就问为什么。它怎么没有民主制？它怎么没有发展出科学？它怎么没有公民意识？诸如此类。因为西方被看作自然的或者正当的，跟它不同的就要找原因了。实际上不应该这样问，大家都没有发展出近代科学，只有西方发展出来了，所以比较富有意义的问法是：西方怎么发展出来了？

　　西方从古希腊开始就有一种非常独特的精神，这种精神就是纯粹智性的追求，对无关利害的真理的追求。有很多例子。比如有一个关于阿基米德的传说，讲罗马人攻占叙拉古，阿基米德正在沙盘上画一个圆，罗马士兵打进来的时候，他护住沙盘，说："不要动我的圆！"这个故事不管是不是真的，都只在希腊传统中才会有，在西方传统中才会有。中国虽然也一直有人舍生取义、杀身成仁，比如崔杼杀了齐王，齐国的太史兄弟一个接一个甘愿杀头也非要记录这件事，非要写下"崔杼弑庄公"这几个字。但是，只有希腊传统下的人才会为一个"圆"舍生取义。有一个著名的例子是布鲁诺，他在火刑柱上还坚持说"地球绕着太阳旋转"。这些故事体现了西方人的纯智性追求，而这种追求在很大程度上就是理论得以发展的一个源头。

　　中国文化传统不像西方传统那样富于纯智性追求，这不是说中国人没有理性精神，或者中国人不讲科学。我想说，在"理性"这个词的一般意义上，中国人不比西方人缺少理性。我刚才讲到中国人和欧洲人有很多共同点，重理性就是一个突出的共同点。说起来，欧洲还有宗教，还有长期的中世纪，所以不如说中国人是更加重理性的。中国人当然更不缺聪明和技术，在两千年中，中国的技术不说比欧洲更发达，至少是不差。但是中国人始终没有理论兴趣，中国人的理论都是闹着玩的，不但历史上是这样，到今天也是这样，从阴阳五行理论到宋明新儒学的理论，一直到今天高喊的理论创新，都是闹着玩的，没有当过真。中国人在理论建设上是最没有成就的。我们这一两代人给世界文明增添了什么我不知道，但是你要问理论，我敢说的确没有增添什么。人家有一种人类学理论、社会性理论，我们去做田野研究，成为人家的理论的一个例证。

我们今天讲的是文化比较，是结合中西方的历史来讲的。一开始就说到，罗列中国文化和西方文化的不同点，可以写满两块黑板，但是哪怕罗列得相当准确，我们都会觉得没多大意思。为什么呢？因为我们看不到这些特点之间的联系，而这些联系在很大程度上是在深处联系的，这个深处恰恰就是历史。历史给予现实生活一种深度。历史不止是一个学科，各行各业都有它的历史。伯纳德·威廉斯——很多人认为他是英国二十世纪最出色的哲学家——他说过一句话，说历史会使我们熟悉的东西变得陌生，使陌生的东西变得熟悉。历史的眼光让你与现实之间产生了一种距离。我们生活在此时此世，我们总是倾向于把自己生活的那种方式、自己的那种观念、自己的周边世界当作理所当然，但是当你跳开看历史的时候，就会发现完全不是这样，你相信的东西、认识的东西都不是那么理所当然的。

　　更进一步说，由于历史是特殊的而给予了现实深度。我前面说到，爱我的祖国和文化并不意味着要把它说成在平面比较的意义上是最好的。你正好生活在中国，正好有这样的经历，碰到了这些人而不是那些人，这些并非完全必然的东西，这些带有偶然性的东西，对我们来说是最深刻的东西，是你最要执守的东西。历史特殊性、文化特殊性，常常被认为等同于历史相对主义或者文化相对主义。我在这里不谈相对主义这个大话题，但是我想说，在另一个意义上，特殊的东西恰恰是抵制坏的意义上的相对主义的东西，因为只有特殊的东西才是你能够执守的东西。现在，整个世界的发展看起来是在削弱特殊的东西，比如说随着交通的便捷，随着英语成为一种霸权语言，随着其他很多因素，文化的特殊性确实在减弱。大城市里的人这样生活，小城市的人也这样生活，镇子里的人也这样生活。一切都变成可以在同一个平面上进行比较的了，如果在美国我能挣更多的钱，我就移居到美国去。现实失去了深度，一切都放到同一个平面上来。然而，只有特殊的东西才是你生活意义的来源。这一种文化，这一个团体，他是你的儿子，她是你的老婆，这才是你的生活，这才是你全部意义的来源。那种抽象的普遍性，是我们智性生活中的中介物，不可能给我们的生活以意义。

　　最后这段话，算是为我用这种方式讲了两个小时做一个辩护吧。谢谢大家！

送 老 爸 ①

真巧，今天正是老爸八十九岁生日。九年前，在于洋的锦绣大地为老爸办八十大寿，海内外亲友云集，莫不尽欢。今天，很多很多亲人好友又聚到老爸身边，为老爸办最后一次生日。我代表老爸，代表我们一大家子人，谢谢诸位！

八十大寿那样的场面只有一次，朋友欢聚在老爸身边的次数却数也数不清。老爸好客是出了名的，几十年来，我们家常常高朋满座，老爷子亲自下厨，他不喝酒、不抽烟，餐厅里的客人，酒酣耳热，天南地北胡侃，老爷子不以为忤，一路笑着：高兴，大家常来，高兴。老爷子待人好，朋友们也都惦念着老爸。我走到哪里，见到朋友，未及寒暄，总先问起老爸。逢年过节，邓正来一定带着欣欣嘟儿前来，带着大包小包，然后美美喝上一顿。

老爸一生最爱花草树木，简宁的诗说："婴孩之心，花木之心"，在老爷子的日记里，大段大段记述着庙上的名目繁多的花树，记述着春天的嫩叶，夏日的浓荫。有几年，莫非在植物园工作，为老爸张罗了不少好花好树。

无数往事涌来。怎么就想起无关紧要的一桩。跟北凌、丹洵、阿坚几个溜达到丹江口，给您打电话，您说，丹江口，我年轻时候

---

① 本文写于 2009 年 5 月 22 日。

在那里待过好一段时间。我东走西走，尽是您到过的地方，或是抗战时逃难经过，或是任职时出差开会。上一辈人走过的，我们下一辈再来走一遭。闲聊时，您对我说，老爸没能给你们留下什么。善良，爱朋友，您给我们留下了世上最贵重的宝藏。

这世界非常复杂，我们谁也弄不懂，但有些事情也很简单，善良呼应善良，友爱培植友爱。在老爷子的周遭世界里，一片祥和。这是老人家的心性修来的，也是老人家的福分。没有恨，没有怨，没有索求，对所有人，都从心田里美美地笑着。也许这就是无差别相吧？您本来就是有佛心的世间人。

这个祥和的世界，从此就要消散？香香说：我爱爷爷，我不想爷爷死；孩儿她妈安慰说：人都要死的，爷爷上天堂了，去跟他最爱的奶奶团聚了。香香若有所悟；可过了一会儿又说：天上什么都没有，很冷很冷，我不想他们住在天上。

我不知道有没有天界，有没有来世，即使有，我也不知道它们是不是比这个世界好些。我们恐怕注定要在这个地上的世界度过一生，我们也只有这一生，机会难得，值得珍惜。一切都会过去，但老爸，最亲爱的老爸，此刻你还在我们身边，在山水花木之间，在我们对您的共同纪念之间！

魂兮归来，伏惟尚飨。

尘土归净土 爱心满人心　——儿女共挽

享受它的温暖，为它贡献温暖
朝生夕灭，白驹过隙。一切都会过去，只有爱永存。阿门。

说　与　写 [1]

一

　　粗一想，书写好像只是话语的记录，有了庭审速记，有了录音整理，我们更容易这么想。然而，从源头上说，说话和书写更可能一开始是两个不同的系统，后来才会合到一起。反正，书写和说话有很多重要的不同之处。

　　两者最明显的差别，是说话要容易得多。邻居见面，家长里短，一会儿就各自说了一箩筐，写一两万字却很费劲，除非练就张旭那样的狂草，或者学会速记技术。放到在竹简上刻字的时代，"写"一万字费老工夫了。《道德经》五千言，《论语》不到两万字。大学里教书的开玩笑说，老子和孔子一辈子评不上副教授。

　　说话不用专门教，放在正常环境里，孩子长大了自然就会听说，读写却要专门教。维果茨基的研究表明，"书写是没有对话者的言语，向一个不在眼前的或想象中的根本不存在的人致辞——对儿童而言，这是一个崭新和陌生的情境。我们的研究表明，当儿童开始

---

　　① 原载于《财新周刊》2010 年第 31 期。

学习书写时，他很少具备学习书写的动机。"①

　　史前民族的历史故事和观念体系，是通过口头一代一代传下来的，谁也不清楚十代以前的历史和观念是什么样子的，所知道的都是眼下这个版本。有了文字以后情况就不同了，每个时期的不同观念都留下了自己的版本，不同观念体系之间的差异，同一个观念体系在历史演变中产生的差异，都摆在我们面前。这种情势造就了一种颇为不同的心智。例如，造就了对既定生活方式的反省，对当前时代的批判。不妨说，在口头传统的时代里，人们生活在当下，而在书写传统里，人们才生活在历史里。

　　这种新出现的审慎的、反省的、批判的态度，差不多就是我们平常所说的科学态度。在一个没有书写的社会里，求真的科学态度简直无从发展起来。论者早注意到，唯当有了文字，各种各样的科学才能发展起来。例如，科学史家林德伯格（D. C. Lindberg）指出，天文观测的精确记录几乎无法以口头形式传递，更别说证明费马定理了。不过，在我看来，比这更重要的是，唯当有了书写，才能发展出反省的、审思的科学态度。

二

　　书写改变了人对过去和未来的态度。发明录音设备之前，话语也能流传，但流传开来多半会走样。我们都玩过传话游戏，十个人坐成一圈，转一圈回到你这里，往往面目全非。文字却可以从这里

---

① 〔苏〕维果茨基：《思维与语言》，李维译，浙江教育出版社 1997 年版，第 110 页。

传到那里、从此时传到后代而不变样。帝王攻城略地，把自己的功业用文字刻在石碑上，让后世景仰。口说时代，好东西要求人们当时就认；有了文字，我们就不怕举世皆愚不认真货色了。今人不认又何妨？藏之名山、付诸后人可矣。

文以载道，反过来，不上道的东西就不宜落下文字。说说可以，立个字据就不肯了，白纸黑字太容易成为铁证。官场中人最晓得其中利害，无关痛痒的东西都印成红头文件，要紧的事儿都靠私下打招呼。

文字易于跨空间跨时间地传播，这是文字的最大优点，但什么优点都得付出代价。一个显而易见的代价是，传播开来的只是些干巴巴的文字。我们面对面说话，站着的姿态、坐着的姿态，目光，形体，气息，这些都是对话的一部分。无论何种言谈都需要质感的空间，梭罗专门谈论过对话者的适宜间隔，他关心的是崇高的话题，会话者需要多隔开一点，"以便我们身为动物的热气和湿气可在其间散发掉"。我们倒也能想象有些话需要和着体温嗫嚅。面对面说话有着无法取代的丰满。大哲的书我读过几本，可惜没机会亲聆大哲的教导。读到大哲弟子的回忆，那种现场灵韵唯远隔云端怅然喟叹。读书也可想见其人，但似乎总是口授更能心传。在文本里，话语所从出的环境，话语里的抑扬顿挫都失去了。从前用毛笔书写，书写还是带表情的，后来用钢笔，表情就少了，改用印刷体和电脑打字，书写就完全没了表情。标点符号多多少少用来传达口气，可表情仪容千姿百态，标点符号才几种？

对话发生在具体的情境里，所说的好像只是一点儿补充、一个注脚。而在写作的时候，文字变成了主角，说话人、听话人、说话的环境成了配角。说话人知道他对谁说，什么时候说，为什么要说，为什么要这么说。对于写作，这些都成了问题。打个比方，以前的一件器具，一把剑啊，一个罐子啊，在匠人手里生长出来，他大致能看到它的整体，他知道这个器具是为什么人做的，会派上什么样的用场。相形之下，写作有点儿像工业生产，谁也不知道这本书最终会落到谁的手里。

大概就因为这个吧，中国的圣人孔子不写文章，希腊的圣人苏格拉底也不写，还专有一番关于只说不写的议论："一旦写成，每篇论说便会四处流传，传到懂它的人那里，也传到根本不适合懂它的人那里，文章并不知道自己的话该对谁说不该对谁说。"而且，读者发生了疑问，文章不会解释自己，不会为自己辩护，也不会修正自己。

当然，这番对书写的疑议是由柏拉图写下来传给我们的。禅宗主张不立文字，其实留下的文字也不少。真正不立文字的恐怕早已失传，连不立文字这个主张我们可能都不得而知。还是那个老矛盾：写吧，失去的东西太多；不写吧，"言之无文，行而不远"。

三

为了弥补这些损失，文字必须发展出一些独特的艺术。由于脱离了语境，写作就得把情境本身交代清楚，或者把话说得更加周全。写作需要而且能够使用更多的语汇。据查，表示"黑色"的中国字有九十八个之多。它们当然主要是书面字汇。我们平时说话所用的词汇，大概占不到我们书写时所用词汇的十分之一。冷僻的字，印在纸上读者能读懂,说在嘴里听众就不一定懂。"高兴"这个词,可以带着一百种表情和口气来说,不一定每次用个新词儿。

实际上,用词多了说话拗口,降低了表达力。爱掉书袋的朋友不明此理,满口子曰诗云,佶屈聱牙,听众要么糊涂,要么哂笑。相反,精美的写作会创造一种新的韵律,宫商体韵入弦为善。福楼拜写下一段,要在钢琴上弹奏出调子来,才算写定。

写作和言说要求不同的艺术。交谈像溪流,沿地势蜿蜒而行;写作更像建筑,谋篇布局,一篇文章之内就可以有复杂的结构、精巧的照应。话一出口,驷马难追,写作呢,不妨坐对青山慢慢修改。引用前贤,记不清,可以到古书里找出来。从读者方面看也是一样,复杂的句式,绕来绕去的理路,一遍没读懂,可以翻来覆去读上几遍。冷僻的用语,你可以找字典查一查。

写作和言说各有特点,擅长说话的不一定擅长写作,反过来也一样。据传司马相如和扬雄这些一等一的大文豪,都口吃不擅谈吐。写者和说者所要的环境也差不多是相反的。写小说的,写哲学论文的,常要闭关。讲话的人则总要有听众在边上。你对着一个人说话,除非是当老板的年头长了,否则总会给对方留下反驳的余地。写作的时候,一个人关在屋子里,难免顾盼自雄,或口出大言张狂不惭,或斩钉截铁带一种真理在握的口气。

闭门写作时间长了,会忘记写作本来是在交流。有的学者,台上念稿子的时候,满嘴听不懂的术语、连不上的句子,会议间歇,听他用普普通通的话重述他的观点,居然意思挺明白条理蛮清楚的,吓你一跳。写作到了这个份儿上,自然就会有人出来提倡浅显,语言学家提倡尤力。记得吕叔湘曾说,最好是这样——有人在隔壁朗读一篇文章，你听着以为他是在对谁说话。

提倡浅白，除了普及文化这种社会文化考虑，还有一层学理上的依据：口语是语言的不移的基础。要说明一种语言的实际语法，语言学家多半愿从口语中引用语例。朱德熙说，即使大家的文句，引为语例时也要警惕。我一般同意文章要写得尽量明白，不过，如前所称，写作是一种独立的艺术，并非只是口语的替代物；它有多种分支，论理、宣言、七言长律，不可能听起来就像有人在隔壁说话。

四

我们中国的皇朝传统一向是书写重于言说的。好多个世纪，统治西方的王公贵族还是些文盲，咱们的官员却各个饱读诗书，写一手漂亮文章。皇太子幼小时起，就由名师硕儒来教读书写字，雍正、乾隆那样的皇帝，更摆出一副他最有理论、最有文采的模样。今朝中华文明复兴，我们又成了写作的大国，不计博客网聊，单说发表论文、出版专著，好像咱们又排到世界第一了。

大约五千年前，苏美尔出现了文字，约一千年后发展为楔形文字。大约也在五千年前，尼罗河谷出现了写在纸草上的象形文字。此后，使用青铜器的大部分地区都开始陆续使用文字。中国文字大概形成于夏代后期，殷墟发掘出了相当数量的甲骨文，而且殷人已经会用毛笔在竹板上记事。我们的文明就这样开始了。

五千年后的今天，这一以文字与书写为主干的文明，似乎正在徐徐落幕。早有眼明之人指出，我们已进入了图像时代。不只是图像，无线广播，尤其是电视，把说话再一次带到前台。皇帝们朱批圣谕，总统们通过电视对民众发言，当然，还有电视上的大讲堂。

　　固然，新媒体不仅传播图像和声音，也传播写作。不过，网络写作与曾作为文明主干的写作不同。从前，文章千古事，东西方各有自己的一批经典，四书五经也好，荷马柏拉图也好，曾是所有读书人的共同读物。几十年前，昆德拉已感叹作者多于读者，在我们的网络时代，更是如此。

　　网络写作不大像从前的写作，倒更像说话，即时发言，即时阅读，然后被新涌上来的话语浪潮冲散，真个随说随扫不留痕迹。这种新型的写作会造就一个什么世界，得留给网上写作网上阅读的青年朋友解答；相当肯定的是，这不再是我所熟悉的那种文明了。

山水城市研讨会发言 ①

那么我也简单说两句。接着吕植教授的话，我们到底要不要现代化、要不要这些东西？我自己经常也在想这些问题，我们到底要什么？说起来，很多很多的东西，要是谈起来的话，很多人其实不是真正地需要，但是在实际生活中，他就是要了。我觉得这里面其实还是有很大的差别。我们要什么，和实际我们会要什么，差别很大。一个很重要的差别在于，它造成的很多后果是总体性的，不是在身边的，它要绕一个大圈才会回到身边，这种感觉就不一样了。

比如谈起汽车，大家会对汽车行业有相当多的保留——如果不说反对的话，但是真正有条件买车却不买车的人是非常少的，虽然有，但的确非常少。刚才说到的各项环保的要求，我自己也是一个环保热心者，从个人的生活到从事的工作，多多少少和环保沾些边，但不是像你们那样真正投入进去。我认为，我们要纠正人们的观念，由于那种大的得失，每个人不会真的去考虑很多。所以除了我们通过教育去改变，还是需要很多立法、制度方面的东西。

依赖人们的良知和理解都是远远不够的。所以环保工作必须把立法考虑进来。刚才有好几位建筑师说到，城市的扩张是种自

---

① 本文由 2010 年 8 月 8 日在"山水城市研讨会"上的发言整理而成。

恋，可能作为建筑师，这是他们的体会。但是作为一个普通人，很多东西都不是自己的观念在起作用，而是实际的生活在起作用。城市不断扩张，这并不是我们的爱好，农村人跑到城里来，城里人住在城里不肯去农村，除非你挣了很大的钱，能在农村盖很好的房子，或者特别少数的环保主义者或修道的人。这些都不是在观念层面上活动的事，而是很实际的生活。除了我们有这些理想之外，我们特别需要盯住实际生活中什么东西能改善。

比如我们在读古今中外的文化时，我们特别畅想以前没有技术的文化，或者至少技术不是那么核心的时代，有很多美好的东西，虽然那时也有很多很丑陋、残酷的事情，这是难以比较的。说中国好还是西方好，过去好还是将来好，这些真的很难比较。但是技术这件事，是绝对走不了回头路的。人类只要有了技术就不会放弃，有史以来都是这样。唯一的问题在于我们怎么利用技术、使用技术。比如，你造奥迪车，是因为有那么多的公路，那么多的人需要用奥迪车，如果明天我们不用那么多车，它也就不会造那么多车，他们有可能会造立体城市中的交通工具了。这不是他们喜欢造这些东西，而是大家需要。

刚才吕植老师讲中国的农村，我认为那种小规模的立体城市特别适合农村的城镇化。我们改革开放以来，从八十年代中期到现在，盖房占据的资源、土地之多，多得不可思议。在发达地区，你走在路上，农村基本上已经和城镇连起来了。如果这些情况不加以限制，人就会这样发展，如果这种立体城市能够实现，那我就阿弥陀佛。我个人觉得这个想法太棒太棒了，如果在资源上能够更节约的话。刚才马岩松建筑师说有的人比较孤僻，他想住在一个大房子里等，这个当然可以；我们建一个立体城市，并不是像1984年建立一个新国家一样，所有的人都要住进来，这只能说是一个模式，它是靠吸引的而不是靠安排的。如果是靠安排的话，不管是多好的安排，如果它是强加给我们的老百姓，我们都是不能接受的。

这个未来城市的吸引力在于，我们现在的城市住房，其实结合了两个缺点，一是现在的这种住房变得很拥挤，二是在拥挤之上并没有带来交流，关上门，一个楼里的人大家都互相不认识。这并没有马岩松说的隐士般或地主般的清净，同时也没有得到社会交流。如果通过建筑的形式把社区重新建立起来，那么未来城市、立体城市的方向，是不是也可以看作是这种努力的构想。从这个角度讲，我是特别特别地赞成。

最后我想说一点，我不太了解建筑，但是我想，做建筑的时候，会不会从一个孩子的眼光来看应该怎么建设社区。我们现在的楼建得无论如何都没有娱乐性可言，没有那种迷宫感，像山西的悬空寺，可能大家也都去过，它傍山而建，进去之后也非常错落，一会儿就迷失在里面，这是非常好玩的，而现在的这个建筑不具有这个特点，我见过那种两栋楼连成一起，通过空中走廊什么的，只要它们连在一起，孩子们就特别开心，他们马上就有一种不是在孤零零的楼里，而是在一个社区里的感觉，我真的特别希望建筑师们能够考虑我们外行的或者是孩子般的要求。

谢谢！

使劲呼吸，胸怀会比较宽阔 [1]

首先，我要感谢江措董事长和老友贺中，邀请我来参加这次十分让人期待的活动。跟江措董事长喝过大酒，他高贵沉稳的格调给我留下了深刻印象，贺中是将近二十年的老朋友。

这是我第三次来西藏。西藏的山川崇高富丽，西藏的文化博大精深，这些，像我这样"浅度游"的旅游者不敢多嘴议论。我们这种平原动物（阿坚语）上到青藏高原，最直接的感觉是空气洁净，空气里含氧较少。含氧少，就得使劲呼吸；使劲呼吸，久而久之，胸怀就会比较宽阔。空气洁净，久而久之，心灵就会比较干净。我是读哲学的，贺中考虑，读哲学的心胸不能太狭窄，思想不能太芜杂，所以不嫌麻烦，多次邀请我到西藏来。1996年那次，贺中、阿坚我们几个去纳木错，没找到越野车，找到一辆鱼贩子的卡车。鱼贩子的领导坐驾驶楼里，怜我年老体弱，挤出半席给我；贺中、阿坚和几个工人站车斗上。那时候，青藏公路坑坑洼洼，过了当雄往西拐，等于没路，那叫个颠，贺中、阿坚铁打的汉子也颠散了，就听一片敲打驾驶楼顶篷的叫骂声，"妈了个 x 的"——我读小学课本

① 本文由 2010 年 8 月 27 日西藏"优·敏芭藏香芬芳之旅"欢迎宴会上的发言整理而成。

长大，凡课本里不载的词儿都不会念——只听上面骂司机，会不会开车？！我怪替司机冤枉的，坐在驾驶楼里往前看，不是沟就是坎，哪儿有路啊？都不知道司机怎么七整八整还真把车子整上了那根拉山口，又怎么七整八整整到了湖边。那时候纳木错湖边没有一间房子，没有一个游人，只是在不远的山洞里有几个静修人。鱼贩子在湖边扎了帐篷，湖里捕鱼，天黑之前，捕上第一网鱼，鱼还真多，堆在帐篷一角。我吃过海鲜酒楼，鱼虾端上来挺香的，可你跟海鲜同住一个帐篷的时候，那味道可很不一样。那味道让你根本无法入睡，我们几个几次三番钻出帐篷，吸烟。纳木错的天气一时一变，一会儿繁星满天，一会儿风雪交加。第二天，我们弄了条小木船，划到湖里，脱了衣裳，净身下水——反正没人偷窥。湖水冰冷，游不上一小圈，就重新爬上小船，躺在船上，看天，看云，看雪山。

前两天又去了趟纳木错，跟十四年前大不一样了。青藏公路修得平平整整，自不必说，从当雄到纳木错也铺得一色的柏油路，路铺得还特别好。一出溜就上到那根拉山口，一出溜就到了湖边。湖边，小宾馆盖起来了，小商铺搭起来了，牵着白牦牛收费照相的排满湖岸。天还是那么碧透，云还是那么灿烂，雪山和湖面还是那么圣洁，可感觉不是那个感觉了。阿坚说：嘉映，咱们这是最后一次来纳木错啦。

倒不是说现代化不好；好也罢不好也罢，我不相信谁能逆转现代化的潮流。在座的诗人、作家、学者、企业家、官员，我想每一个对现代化进程都有自己的思考和疑虑。但这些思考和疑虑，不是要中止现代化的进程，而是要通过自己和大家的努力，希望我们的现代化不是完全低俗的现代化，而是在现代化进程中，保护心灵的空间，坚守文化和精神的传统。我相信，这也是咱们这次优·敏芭芬芳之旅的意义所在。我期盼着参观优·敏芭藏香基地，从董事长江措的气质上，从前两天贺中我们几个溜达到的优·敏芭藏香专卖店里，我已经隐隐约约感觉到优·敏芭藏香独有的气息。这种气息里蕴藏着深厚的精神传统。

在中国的精神传统中，无论在藏地还是汉地，友情都占了很大分量。这次优·敏芭芬芳之旅就是一次友情之旅。来的不是客，来的都是朋友。咱们来，得当好朋友，吃好、喝好、玩好，提升自己的境界，增进互相的友情。这才不辜负主人朋友的一片雅意。而且也可望，为了拓宽我们的胸怀、减少我们身上的杂质，江措董事长和贺老汉还会组织类似的活动，我们再次受到邀请。谢谢江措，谢谢贺中，谢谢诸位。

扎西德勒。

哲人不王 ^①

一

柏拉图是西方思想史上数一数二重要的政治哲人。柏拉图的政治哲学，外行不一定了解很多，但都知道他所谓的"哲人王"。

柏拉图是思想王国中的王者，但他从来没当成现实中的哲人王。柏拉图父母两系都是雅典的政治世家，他本人年轻时就有从政之志，但当时雅典的政治情势相当混乱：长达二十七年的伯罗奔尼撒战争以雅典的失败告终，"三十僭主"推翻了民主政制，但不久又被民众推翻，重新恢复了权力的民主派处死了柏拉图的老师苏格拉底。柏拉图对雅典政治的发展很失望，没有投身雅典政治，而是到各处去游学，到过小亚细亚、埃及、意大利等地，学习哲学、天文、数学，考察各地的政制、法律，后来也边学边讲，吸引了一批年轻的追随者。其中一位名狄翁者，是西部强邦叙拉古僭主狄奥尼修一世的姻弟和大臣。通过狄翁的引荐，四十岁的柏拉图渡海到了西西里，试图说服狄奥尼修一世采用他自己心目中的良好政制。但

---

① 原载于《财新周刊》，2010 年第 35 期。

僭主与哲学家的会见成为一场冲突，柏拉图差点儿被处死，虽经狄翁等说情免死，还是被当作奴隶卖掉。经人搭救回到雅典后，柏拉图建立了名扬千古的雅典学园。二十年后，狄奥尼修一世去世，狄翁拥立其子狄奥尼修二世继位，再次邀请柏拉图到叙拉古。六十岁的柏拉图不无犹豫，但最后还是前往。狄奥尼修二世雅好哲学和文学，起初颇为礼遇柏拉图。但在不久后的宫廷政治斗争中，狄翁被放逐；柏拉图虽被挽留，却处于近乎软禁的处境中，后来获准返回雅典，返回前还向僭主做出保证今后会重返叙拉古。几年后，为履行自己的保证，也由于狄奥尼修二世做出不久将允许狄翁返国的姿态，柏拉图第三次渡海到了西西里。这一次的情况并没有多少好转，两年之后，无功而返。此后十几年，柏拉图专注于学园的工作，未再卷入实际政治。这时，他名望甚高，多有城邦领袖前往学园向他讨教政治、法律方面的意见，学院弟子也有一些投入某些城邦的实际政治活动。

　　柏拉图的经历与我们的孔圣人颇多可比之处，虽说这两位所处的历史-政治环境迥然不同。孔子三十而立，此后，一边招收学生，一边到齐国求仕，齐景公不用，他又回到鲁国继续研修教书。当时鲁国的政治局势相当动荡，孔子似乎没有看到从政的良机，直到五十岁时候，才做了官，后来做到司寇，做了些事情，如堕三都，诛少正卯，应是为了从三桓那里恢复鲁君的正统地位，但不知为什么，并不很受鲁君待见，做了一两年，就辞职了。此后到另几个国家求仕。孔子很讲究"君君臣臣"，不过他的忠君跟后世只有一个皇帝可供效忠不同，君臣之间是"双向选择"，此处不得明君不妨换一处试试。他在卫国陈国得到过聘任，聘期都很短，余下大多数时候则颠簸于途，经历了不少险阻，陈蔡绝粮，受困于匡，还多次被楚狂接舆之类的隐者嘲笑。到晚年，孔子才再次返鲁定居，专注于编书教学。后面二十年，他的一些学生被这里那里聘作县宰之类，没谁在政场中有大作为。

二

　　柏拉图和孔子，各自是西方东方最伟大的政治哲人，可是他们为什么不能在现实政治中有所作为呢？

　　也许是未遇明主。鲁哀公不很像明主，孔子行相的时候恐怕就没给予充分信任。但孔子要遇的是什么样的明主呢？汉高帝？唐太宗？康熙皇帝？孔子期盼圣王，柏拉图尝试说服僭主，似乎他们都承认，得君才能行道。"得君行道"这话粗听还好，细听起来，倒好像政治-历史人物只是政治哲人的工具，忙活了一通，最后实现的是哲人的政治理想。事实当然不是这样。哪个君王会任自己成为思想的工具？我们只见过哲人被君王用作工具的，没见过君王被哲人用作工具的。汉武帝说是独尊儒术，但何尝是在行孔子之道。斯大林、金正日也独尊马克思主义。后人说，百代多行秦政制，也有人说，表儒里法，当时的皇帝自己说得客气一点儿：本朝制度，王霸杂用。这个"用"字用得好——儒家思想，好用的用，不好用的，朱元璋一声令下，就删了。政治-历史并不是实施政治思想的历史。

　　君主既然不会傻到变成哲人的工具，那干吗非要遇明主呢？哲人何不取彼现世统治者而代之，当真去当哲人王？仲尼不有天下，但让我们想想，仲尼果若有天下，真就能开出万世太平来吗？哲学家也有当了王的，最出名的是罗马皇帝奥勒留，一位优秀的罗马皇帝，如是而已。

孔子和柏拉图的从政以失败告终，这倒没什么，做事情总是有成有败的；可以一问的倒是，他们有过成功的希望吗？后世曾实现过孔子或柏拉图的政治理想吗？也许，哲人的政治理想太高远太完美了，在这个世界上并无实现的可能？但这么说，似乎是贬低了哲人，我们谁不会凭空想出一幅民富国强的美好图景？

哲人做不了王，万一做了王，也就是个普普通通的王，究其缘由，最简单说，因为孔子和柏拉图一路的政治哲学与通常所说的、狭义的政治关系不大。狭义政治的第一要义是权力，第二要义是治术，而政治哲学的首要任务既不是权力也不是治术。那么，政治哲学何为？在于探究政治的目的或意义。政治的目的或意义是什么呢？用西哲亚里士多德的话说：保障人的良好生活。什么生活才是良好的生活？对不同的人群来说，是否有不同的良好生活？何种政治有助于维护和丰富人生的意义？何种政治制度最能保障良好生活？这些问题当然没有显而易见的答案，也因此，才有形形色色、不断发展的政治哲学。

政治哲学也关心政体与治术，因为狭义的政治当然与人民是否过上良好生活深有关系。但它绝不能独力造就或维护之。商鞅、韩非、李斯对权力和治术的阐论远比孔子周密切实，而且，这些政术家颇有几个在现实政治中大有作为，虽然个人的结局不一定美妙。商鞅治秦之时，"令民为什伍，而相收司连坐，不告奸者腰斩"，议论政治的，哪怕来说好听话，也是"乱化之民"，"尽迁之于边城，其后民莫敢议政"；诸如此类的律令推行十年，"道不拾遗，山无盗贼, 家给人足……乡邑大治"①, 这也许可说是一片治世景象, 可你就是看不到其中有人的自发的生活。比较起曾皙所愿的"浴于沂, 风乎舞雩, 咏而归"②, 比较起孔子到子游所治的武城, 闻弦歌之声, 我们便能看到, 什么是有生活目的的政治, 什么是凌驾于生活之上的政治。什么是良好生活当然没有人人同意、亘古不变的答案, 但大致离不开生计小康, 社会宽松, 庶民有爱心、有教化、有品格、有能力, 简言之, 大致就是为人父母希望儿女生活在其中的社会。很少有父母, 哪怕是力主专制政治、自己喜欢告奸的父母, 会希望儿女生活在"不告奸者腰斩"的社会里。

三

我恐怕, 一向以来, 人们有意无意之间, 把政治哲学过多地跟权术和治术联系在一起。现在, 我们若把政治的目的理解为保障人的良好生活, 那么, 这里所谓的政治就是极为宽泛意义上的政治。这种广义的政治, 不独独是政治人物的事业, 良好的社会生活是由各种各样的其他活动一起来创造和维护的。这些活动, 为方便计, 不妨笼统称为文教。在孔子的想象中, 古代圣王主要不是后世所谓的政治家, 在三代大治之世, 文教为主, 狭义政治只起辅助作用。如果把孔子所谓德治理解为狭义政治属下的一种治术, 自然会觉得老夫子过于迂腐, 但孔子说到政, 主要内容并不是今天的政治, 而

---

① 《史记·商君列传》。

② 《论语·先进》。

是今天的文教。萧公权所言不虚：孔子"认定政治之主要工作乃在化人，非以治人，更非治事。故政治与教育同功。"[1]伯里克利称雅典为希腊的学校，其意相似。

哲人或有立功于当世之志，孔子说，苟有用我者，期月而已可也，三年有成。他在哪儿都没干满三年，但干满三年就定能成就什么吗？他在鲁国当了一两年司寇，其他职位上干得更短，没留下斐然的政绩，了不得是个贤臣罢了，别说致万世太平，即使对当时的政治格局，大概也没起过什么特别的作用。萧公权谓："综孔子一生之事迹观之，其最大之成就不在拨乱反正，而在设教授徒。"[2]我恐怕"最大之成就不在"云云，尚属溢美之词，孔子拨乱反正的事业，取得了多少成就呢？孔子后世被奉为素王，素王这称号，在我这种不谙古典的耳朵听来，似乎有点儿调侃的味道。哲人何必称王？无论哲人是否有立功于当世之想，但到头来，他主要的功绩却在于文教。孔子短短的从政生涯，别说对中国历史，即使对当时的政治格局，大概也没起过什么特别的作用。而孔子的礼乐思想，以及由孔门孟子倡导的民本思想，塑造了中国政治的重要品格。政治-历史不是实施政治思想的历史，但若没有政治思想，所谓历史就只剩下一出出帝王将相的宫廷戏，谈不上有什么政治-历史。没有孔孟，两千多年中国的政治-社会不会是它实际所是的那个样子。政治哲学是思想，思想影响实践，但并不指导实践。

三代是不是像孔子说的那样，不得而知，我们倒是大致知道，

---

[1]　萧公权：《中国政治思想史》，载于《中国现代学术经典：萧公权卷》，汪荣祖编校，河北教育出版社 1999 年版，第 57 页。

[2]　同上书，第 46 页。

在上古历史中，文教（包括宗教）和狭义政治不似后世区分得那样清楚。不管怎样，只要政治与文教分离（或用古话说，治统与道统的分离），我就要说，一个国家不仅是政治-经济，它不是单由政治人物领导的，而是由政治人物与文教精英共同领导的。欧洲很多国家的国政大厅两侧，一侧挂着该国历史上的政治人物，一侧挂着哲人与艺术家，大致反映了这一观念。

张东荪有一段谈论历史和道德的话，颇可以与这里所欲阐明的观点相互发明。他在为梁启超辩护时说："就历史来看与就道德来看，便很有不同的观点。就历史来说，（梁启超）诚然是一个失败，不必讳言。然就道德来说，这种知其不可为而为之的态度，正是人格的表现。未可因其不济事而短之。假使梁任公预知革命之不能免，不作双方劝告，而专向一方烧冷灶，则他即变为投机分子，不成其为梁任公了。"① "知其不可为而为之"是句好话，但还不妨加个脚注：哲人绝非独自抱个理想不管它可为不可为，哲人的政治理想总是有现实意义的理想，它也许在现实政治中行不通，却可以让现实在更广更深的意蕴中呈现出来。具有现实意义与成功并不是一回事。

文教与政治各有相当的独立性，文教当然不能代替政治。王道派声称，只要施仁政于民，"可使制梃以挞秦楚之坚甲利兵"②，这不仅欺人，而且错认了自己工作的性质。反过来，文教之业也断然不能委托给狭义政治。统治者又哪有真信这个的？政治家即使当真

① 张东荪：《我亦谈谈梁任公辛亥以前的政论》，载于克柔编：《张东荪学术文化随笔》，中国青年出版社2000年版，第312—313页。
② 《孟子·梁惠王上》。

倾慕文教，也不可能把文教放到第一位。因而，文教之业断然不能委托给狭义政治。至于君王哲学家，则是最最可怕的君王。雍正和斯大林不满足当皇帝，他们还有一套哲学，那些时代的文教于是格外凋敝。只要统治者把文教收入自己的管辖，就不用再谈论振兴文教了。

　　政治人物总不免要把文教做成意识形态工具，即使客气一点儿的，也总是这样问：文教能为政治做什么？可怜我们的文化人也不脱此问，仿佛日夜在为统治者分忧。我们倒不如问：政治能为文教做点儿什么？因为良好的生活原离不开文教昌盛。固然，如博丹（J. Bodin）所言，国家有身体，也有灵魂，灵魂是更高级的，不过，身体的需要更为紧迫。在紧急情势下，高级的需求须按情势紧急的程度在低级的需求面前让步，但一贯辖制文教的政治注定是恶劣的政治。

　　哲人原不为称王而生，王也替代不了哲人，一个有意义的政治体，须由政治与文教携手才能造就和维护。政治家是否优秀，除了他在狭义政治上的能力而外，还须以尊重文教独立的程度而定。有的历史学家不明此点，悖逆我们的直觉，把亚历山大大帝列于秦始皇之侧，把拿破仑列于希特勒之侧。至于自诩为思想者文化人而无限景仰那些残害文教的霸主，固不足与之语思想文化焉。

信仰是与生活方式联系在一起的 [①]

生活方式的变化让传统信仰变化

问：人们应该需要一种信仰活着，有说法称现在中国信仰失落，您认为这种情况的原因是什么？中国人的信仰会发生怎样的转变？

答：先说狭义上的宗教信仰。人总需要有精神上的寄托，寄托可以是多种多样的，有人寄托于音乐，有人寄托于诗歌。不过，信仰还不单是个人的精神寄托，信仰是很多人相信的共同的东西。宗教是典型，它是既有的、已经存在的、有一个信众团体的。

中国人在这一点上是比较独特的，其他的国家民族都有一个主要的宗教，但中国没有。广义上来说，中国人的信仰是和中国的文化、中国人的生活方式相联系的，我们传统上说信儒家。中国近百年来的变化大家都很清楚，从鸦片战争后，中国最近一百多年历史

[①] 本文基于 2010 年 12 月 24 日凤凰网的采访记录整理而成。

上几个坎,受到西方来的冲击,传统的生活方式瓦解了,继而传统信仰也瓦解了。

问:您在国外很长时间,那么从全球视野,您如何看中国当今的信仰危机?也请您从个人于东西方之间的游历,来谈一下对于"信仰"两个字的察与悟。

答:西方人的生活方式也在不断地变化,他们也在感慨信仰失落,只是程度上他们不如我们厉害。再比如日本,相对而言他们现代化发展不那么被动,相应的,文化和信仰的改变比较缓和。变化缓和,于是人们就有时间去对信仰进行重塑或修正。与西方或我们的邻国相比,我们的信仰失落就显得格外触目。变总是要变的,但变得比较缓和,变化就比较积极;变得太剧烈,就造成危害。中国可能是后一种。

问:但是否正是这种"程朱理学"式的传统文明,使得现在转变非常困难?你说的"剧烈"是否是说文化和信仰跟不上经济和生活方式的变化?

答:你说的算一部分。确实非常困难,但西方也未见得容易。不过,现代文明是从西方输入的,与中国的固有文明异质程度高;而且,中国本来有的传统文明非常扎实,与现代文明的冲突就更剧烈。最后,我们经历的几种变化,从西化的现代化尝试到共产主义意识形态,再转到现在的观念,几种观念体系的差异都很大,因此变化格外剧烈，相比其他的民族，我们现在的信仰状况更加支离破碎。

问：最近几年，中国内地的城市化进程非常迅猛，大量的"农二代"进城。他们不熟悉土地，但也不被城里人接受为"城里人"，他们在城市里经历着信仰迷失的煎熬。您认为他们应该信仰什么呢？

答：农民工进城引发的信仰问题，其实就是生活方式的变化引起的。以前的农村虽然也经历过各种各样的破坏，但是几千年一直保持着比较稳定的生活方式，大家都知道自己该做什么。农民工进城脱离了这种生活方式，很容易感到茫然若失。这种问题很广泛：当生活形式变化之后，应该如何面对。

认为人们应该信仰什么，这话很难说。有人说引进基督教、信佛教，重振儒教，我认为这些都不太现实。在当代社会比较现实的是给予信仰上的宽容、尊重，这比引导更重要。有了这种宽容之后，大家能比较容易找到适合自己的信仰，找到一个共同信仰的群体。这个群体里的人之间没有利害关系，他们聚在一起不为任何功利，就是生活上的慰藉和灵魂上的调养。

知识与权力，不能成为信仰的负面典范

凤凰网：知识分子越来越多地成为"无神论者"。虽然说信仰并非一定是宗教，但这是否在一定程度上也反映了一个现状：中国

缺乏信仰的引领者？

答：第一，相比其他的社会群体来说，知识分子无论在哪里，"无神论"的比例都更高；第二，知识分子本身也并不是信仰的引领者。耶稣或者穆罕默德，都不是知识分子。中国古代的读书人虽然不是信仰的引导者，但他们倒是应当成为儒家道德的典范。今天的知识分子不是过去的读书人，过去的读书人，读书是要做官的，读书人就是官员或者将要走上仕途成为官员，所以要求他们起道德典范作用，虽然实际上他们多半做不到。现代社会的结构基本上已不再要求任何阶层起到道德典范作用。比如克林顿，比如意大利总理贝卢斯科尼，他们也许政绩赫然，但丑闻缠身。对我们的官员，不指望他们起到道德典范作用，他们不要起到负面的典范作用就很好了。这话也可以对今天的知识分子说。当然，还是官员更重要，他们占有社会上最多的资源，我们应当关注官员的道德品质，因为不公正带来的危害比任何单个因素带来的影响都要重。

问：提到官员的这种权力，今年发生了几件事。比如"李刚门"，以及"宜黄自焚案"。这都是权力信仰的一种扭曲，他们将权力看得过于强大。您如何看？

答：与信仰、精神生活相对的，财富、权力、色情，这些是最世俗的东西。这些东西从来就在那儿，只不过，今天信仰和精神衰落，这些世俗的东西"赤裸裸"地发挥力量。而在过去，信仰和精神传统会起到缓冲作用。今天，不是我们把权力看得太重，而是在我们的生活中权力本身的比重就太大。中国一直是官本位的国家，但是传统社会中，我们还有一些防护的缓冲的东西，官员都是双重身份，他一方面手握权力，并且是既得利益者，另一方面他也是读书人，他们会在意"史书会如何写"。而这些防护层如今都剥落了。

但我们也可以看到温暖的事情。比如上海"11·15"大火后，十万人自发送去的鲜花。无论是救助一个得病的孩子，还是汶川地震时全国的反应，社会中美好、善良的感情和正义的行为还是到处可见。我们担心的是，这样的事情得不到鼓励、宣扬。

问：在我身边，挣得少的人抱怨物价飞涨、身价直跌，挣得多的人抱怨私有财产无保障、投资无门，仿佛所有的人都对生活不满意。您如何评价现在的信仰经济化（市场化），或是信仰的政治化？

答：现代人的实际生活本身是完全无法避免的，在社会生活面前唱什么道德高调都毫无意义。我们所能做的是寻找一种方式，能够在现代经济条件、社会条件下，依然能够保持心灵生活。比如说，我们现在享有更多的社会自由，它给了你过一种更积极进取、更健康的生活的条件，但它也会带来更多的危险，因为有更多的事情让个人自己去做决定了。你需要懂得怎样负责，才能运用好这种自由。很难比较现代人和前人谁更道德，你只能按照现在的社会条件来衡量现在的道德。市场化本身并不是道德沦丧衰落的原因。

信仰的政治化？统治阶级一向都利用信仰，同时也影响人民的信仰。比如过去道教、佛教，北宗或者南宗的兴衰，很大程度上取决于当朝皇帝所信的是什么。虽然政权会对信仰产生影响，但今天这种影响已经弱了许多，因为我们有更多的信息渠道。单凭灌输很难奏效，但有时可以鼓动已经在那里的社会感情，例如民族主义。这是一把双刃剑，这类鼓动也会招来意想不到的后果。

诚信的友情让你不再孤单

问：请您谈谈您自己的信仰吧。

答：我从我所了解的各种文化中汲取养料，是在各种文明的教化中长大的。我从我的长辈，特别是一些兄长身上学到了很多。或许是凑巧，我年轻的时候，一直生活在非常优秀的人旁边，他们对事情的判断和做法一直对我起着典范作用，他们的感召和影响培育了我。在诸多德性中，关键的是个老词——"诚信"，诚信让你和那些你愿意从他们那里获得尊重的人联系起来，诚信也让你和更深远的传统融合在一起，你不再是孤单单的一个人。

在中国人生活的各种因素中，"友情"是非常重的一环。有好多事情需要依赖它。在身边一定能够发现比自己更优秀的人，所谓"三人行，必有我师"。我们要通过更多的善意和努力去和他们在一起，让自己"配得上"做更优秀的人的朋友，在友情的呵护和培养下获得更多的生活意义。

救黑熊重要吗？ ^①

一

一次，跟几个救助黑熊的朋友聊天，他们说起常听到的一个质疑：你们为什么花那么大力气去救助黑熊？你们为什么不去救助失学儿童——人更重要还是熊更重要？听到这样的质问，朋友们有点儿困惑——是啊，为什么？难道儿童失学不比黑熊受苦更要紧吗？救助黑熊是不是有点儿中产阶级的矫情？事实上我不止一次听人这样评论动物保护人士、四合院保护人士。

我不是特别肯定，救助失学儿童一定比救助黑熊重要，但我这种看法说来话长，放过不表。就算救助失学儿童更重要，似乎还有些事情比儿童失学更更重要。孟加拉的孩子饿得奄奄一息，索马里的孩子在军阀混战中死于流弹，孟加拉和索马里太远，我们也许爱莫能助，但有很多很多事情我们可以伸以援手——艾滋病村里的孩子不仅失学，还面临生命危险。那里的成年人也在等待救助。流浪汉无家可归缺衣少食，被拐卖的孩子沿街乞讨还受到帮主虐待，为

————————

① 原载于《财新周刊》2010 年第 51 期。

自己的最低权利抗争的百姓被投入牢房。如果我们可以问救助黑熊的人士为什么不去救助失学儿童，我们能不能问救助失学儿童的人士为什么不去救助艾滋病患者呢？

当然，如果连救助失学儿童的人士都该受质问，天下人谁还不该受质问？索马里的孩子在受难，这个法国人却跑到北京来为四合院奔忙；艾滋病人在受苦在死去，有人却还在书房里写研究《红楼梦》的论文，有人在反复训练以把百米成绩提高 0.1 秒，甚至还有人在花前柳下谈恋爱，在音乐厅听歌剧，在饭馆里嘻嘻哈哈喝酒。环境保护，动物救助，失学儿童资助，这些活动，我自己东一点儿西一点儿参与过，可我大半时候在写论文，带孩子，时不时到饭馆里跟朋友喝酒。

我们问救助黑熊的人士而不问在饭馆喝酒的人为什么不去救助失学儿童，也许是因为救助动物和救助失学儿童这两件事离得比较近，这两种人都在做好事，有可比性，在饭馆喝酒的人已经无可救药了，懒得去质问他。可是，问题还是摆在那儿：音乐厅里的听众为什么不去救助失学儿童？我在饭馆喝酒的时候可曾想到艾滋病人在受苦在死去？我写论文的时候可曾考虑过，世上有比写论文更重要的事情？

二

一起聊天的朋友中，有一位本来不知道黑熊胆汁的营生。有一天她去会两个朋友，他们正要到一个黑熊养殖场去，试图说服老板不要再做从黑熊活体抽取熊胆汁的营生。她跟着去了，第一次看到黑熊的悲惨境遇。这个养殖场养着上百头黑熊，它们被一头头分别关在自己的囚牢里，囚牢用水泥砌成，装着厚厚的铁栅门，囚牢很小，黑熊在里面几乎不能转身。这些黑熊每天被抽取一次胆汁——把导管插入熊胆，胆汁顺导管流出。那些黑熊各个可怜无助，有些在插入导管的操作过程中伤口感染，痛苦异常，有些奄奄一息。这位朋友初次见到这个场面，深感震动，她从前从来没有去想过黑熊，可从那天开始，她投入了救助黑熊的活动。

把这位朋友牵入动物保护的是一次偶然的机会，而不是对世上林林总总事业的全盘衡量比较。回顾我们行来之路，哪件事情没有几分偶然？你大学进了化学专业，因为你中学第一次知识竞赛化学卷拿了满分；她后来研究宋词，因为教语文的中学老师长得又帅又特别喜欢讲李清照；并不是，至少主要并不是，化学比物理学更重要，宋词比离骚重要。我们是些偶然在此的生物，作为偶然在此的生物爱上这个，做起了那个。

百八十年来，选择一直是个时髦的词儿。婚姻自由允许我们选择老婆或老公，自由报考允许我们选择上哪所大学，自由迁徙允许我们选择到上海工作或者到兰州工作。当然，选择差不多总是双向的。我成绩平平，我倒想报考北大清华，人家不选择我；我不爱说谎，倒想当政府发言人，人家不给我这个职位。不过，我这里要说的不是对选择的这类限制，而是要说，即使在我的选择中，也有我的不选择。救助黑熊是我自己的选择，没谁强迫我去，然而，我为什么不选择救助艾滋病人？当然不是因为艾滋病人不如黑熊重要。我被带到了黑熊养殖场，我看到也感到黑熊可怜，我的好朋友在做这件事，就这样，我被牵进了救助黑熊的活动。我们并非既站在事外又站在自己之外，一方面计算自己的种种条件，一方面计算候选之事的种种利弊，然后做出理性的决定。我也许可以这样刻画我买股票时的情形，这样刻画我在婚姻介绍所挑肥拣瘦的情形，但有血有肉的生活不是这样。

不时有年轻人问我：天下学说林立，哪些是最重要的学说？我该选择研究哪种学说？尚未入门，或有此一问，独上高楼望尽天涯路，待你入学渐深，这个问题就越来越不相干，你不再是做你选择做的，而是它不由分说地卷着你去做。在婚姻介绍所里，你东张西望挑挑拣拣，找一个你的条件够得上的最佳候选人，这时候，婚姻生活还没有开始。你们结婚十年，对方的优点、缺点、相貌、情性，一切都不再是你站在对面权衡评价的东西，它们成为你自己的一部分，你欢喜、埋怨、珍惜。生活深处，世界不是分成你和你要选择的东西，你跟你周边的人与事融合为难解难分的命运。如果只关心选择，不妨说，随着生命的深入，一个人的选择余地越来越小，然而，生命不是一道关于选择数目的数学题。布里丹的驴子总保留着选择的权利，结果饿死了。与命运为侣一道浮沉就好些吗？我觉得比总站在外面好些，虽然命运本身不是什么甜美的东西。

我们可以把世上所有的事情都放到对面，然后按重要性加以排列，在这个表格里，救助艾滋病人也许比救助濒危动物要紧，救助濒危动物比在饭馆喝酒要紧。我们该请哪位理论家来做这个"价值排序"游戏呢？好，辟划天下的理论家为我们排出了次序。我们该按照这个次序先做最重要的事情，做好之后再做次重要的事情？大家都先来救助艾滋病人，然后再考虑黑熊？大家都来解决无房户问题，等天下寒士都有了地方住，再来建歌剧院？谁会依照这个影子次序生活？如果一个社会里，人人都按照一套固定的价值排序来生活，人人都争做影子次序里最重要的事情，在尚有孩子失学之前就无人去救助黑熊，那会是一个多么让人丧气的社会。

三

保护黑熊要紧还是救助失学儿童要紧？保障房要紧还是歌剧院要紧？这些问题当然会成为问题。它们总是在特定环境下成其为问题。因此，答案不会注定是：在尚有孩子失学之前先不管黑熊，在尚有无房户之前就不建歌剧院。反正不要以为，不建剧院，天下寒士就会有房安居。实情倒是，那些没有剧院的社会，往往更多的人没有自己的居所。

一个决定去做一年志愿者的青年也许正在考虑他去做动物救助还是失学儿童救助，一个企业家也许正在考虑把一笔善款捐给动物保护组织还是捐给希望小学，对他们来说，这些是真实的问题。它们是真实的问题，因为它们是我们自问的问题，而不是别人加到我们头上的问题。若他饫甘餍肥，既不关心动物保护，也没打算去帮助失学儿童，他只是质问你为什么不去救助失学儿童而去救助濒危物种，他提出这么个问题是啥意思呢？我的确记得不因言废人的古训，但这古训一定是有限度的——秃子讲增发剂的妙用，就像贪官在主席台上宣讲反腐，他老婆电视里看见，不能不发笑。但若他要的只是个悬空的理呢？既然是悬空的理，这样的理还是那样的理又有什么差别？

那么，只有对我重要的才重要？这里没有任何客观标准吗？

不，正相反，只对我重要的事儿一点儿也不重要；救助黑熊当然不是对我重要，是对黑熊重要，救助失学儿童不是对我重要，是对失学儿童重要。我只是说，无论它多重要，都要跟我相连，不仅要跟我的能力相连——制止霍乱重新泛滥极其重要，但我对此无能为力；而且要我有那份缘分去跟它相连。道不远人。

你一心画画，你用不着向别人向自己证明画画是世上头等重要的事情。我觉得自己做的事情有意义，也希望别人认可它有意义，但我并不觉得我做的事情最有意义，更不会声称唯有我做的事情才有意义。我们经常感慨别人做的事情更有意义，但多半，出于种种因缘，我没打算也不可能因为你做的事情更有意义就放下自己做的事情参与到你的事业中去。

画家并不每次站到画布前都自问：我做的事情有多重要，倒可以说，他总在考虑怎么把画画好。并非他总是自问：我怎样把画画好，而是他在构图时在着色时，在所有时间里，都在做着怎样把画画好这件事情。我们的一切品质一切愿望都在从事本身中获得意义。当然，在特定的情况下，他可能停下来问自己：我真该一直做这个吗？我不该离开画室去做个流浪歌手吗？与命运为侣并不是说我们不能主动改变习惯，改换追求，不可以离婚或剃度出家。然而，这一点应该是很明显的吧——这时，你不是站在各种选择外面计算利弊，绘画是你生命的一部分，家庭是你生命的一部分，你在你自身中选择，不，选择这个词太轻了——你要从你自身挣脱。你与自己的生命对质。实际上，一辈子嘻嘻哈哈喝酒一辈子研究《红楼梦》而从来不质问自己的人，从来不与自己的生命对质的人，你去质问他又有多大意义？即使你在做通常认为有益的事情，例如救助黑熊，你就不曾自问过：这里有没有中产阶级的矫情？但在这里，也只有自己能够质问自己。在该自己质问自己之际你却闪了，别人的质问又于事何补？

我们做一件事情，尤其是从事某项有益的事业，难免希望有更多的人参与。我认识不少投身或参与各种公益事业和正义事业的朋友，有扶贫的，有资助失学儿童的，有救助黑熊的，有维权律师，有人权斗士，他们用各种方式号召、感召人们参与他们的事业，但他们并不质问谁谴责谁。不像从前的传教士那样，用不皈依就下地狱来吓唬咱们。为了感召更多的人参与扶贫事业，他提供关于贫困人口各种情况的惊人数据，拍摄贫困地区悲惨图景的照片，宣传扶贫人士的无私努力，讲述巨大贫富鸿沟的危害。但他不谴责。当然，他谴责花天酒地为富不仁。我说的不是这个，不从事扶贫事业的人也谴责花天酒地为富不仁。

我们谴责为富不仁，谴责眼见幼童落水不施援手，但我们不谴责没有积极投入扶贫活动或救助艾滋病人的人。幼童在你身边落水，那不是发生在你身外的一件事，那是你不能不全身心感到的事情，那是你铁定的"缘分"。我们并非遇事才做选择，我们的基本"选择"，是把自己培养成什么样的人。我那些从事公益事业和正义事业的朋友，他们做那些事情，体现了高于常人的德操，但他们并不是因为这些事情体现了更高的德操才去做的。他们被牵进了这些活动。你培养自己的德操，你就被牵进有德的活动，你放纵自己的恶习，你就被牵进恶俗的活动。

普世宗教与特殊宗教

——一个教外人读汉斯·昆的 《什么是真正的宗教》①

程颢说王安石谈道是在塔外"说十三级上相轮",不能"直入塔中,上寻相轮"。吾侪教外人说宗教,难免被这样批评。

但我是教外人吗?有时碰到人问,你是基督教徒吗?我说不是;不觉得别扭。他接着问,你是无神论者?我说是;却有点儿别扭。倒不是这个回答的真值不够确定,而是这个回答好像有一层否认神的存在的意思。atheism,即"无神论者",无论从构词上说还是从历史上说,都带有点儿积极否定,甚至挑战、挑衅的味道,"战斗的无神论者"的味道。我是个男人,而不是个非女人,更不是个misogynist(厌恶女人的人)。在"头上三尺有神明"的意义上,在"叫它幸福!心!爱!神!我对此却无名可名!"②的意义上,我并不是"无神论者"。

我的确不是基督徒。基督教只是宗教中的一种,此外还有伊斯

---

① 〔瑞士〕汉斯·昆:《什么是真正的宗教》,载于刘小枫主编:《二十世纪西方宗教哲学文选》(上卷),上海三联书店1991年版,第3—32页。以下引文除标注外均出自该书,仅随文标明页码。

② 引自〔德〕歌德:《浮士德》,第311行。

兰教、佛教、萨满教、罗马国教、青阳教，数不胜数。它们之间的差
别太大了。你有宗教信仰吗？我若回答，有，我信青阳教，那会是
一个蛮奇怪的回答。基督教历时两千年，上有教皇，凌驾于君王之
上，下有遍布世界的教徒，中有硕儒博士，神学著作汗牛充栋；青
阳教屈居民间，信众（我顺口就说"信众"而没说"教徒"）只有少数
"愚夫愚妇"，没有百十年就湮灭了。虽然辞典不得不为"宗教"一
词提供一个统一的释义，但似乎不如说各种宗教之间最多只有家族
相似。除了字典学家和社会学家，很少有谁从宗教的共同本质想到
宗教说到宗教，总是从一两种典型的宗教想起说起。我猜想，即使
字典学家和社会学家谈论宗教的本质，通常也是从一种或几种典型
的宗教着眼，然后逐步扩展开来，而不是把所有宗教摆到眼前，从
中抽象出它们的共同点——尚未确定何为宗教的本质，又怎么决定
该把什么摆到眼前，例如，是否该把儒教摆到眼前？

　　所谓典型或原型，多半是那些世界宗教；那些限于一个小部落、
一小群人的宗教，历时不久的宗教，别人不知道，很难起到典型的
作用。各宗教的神祇本来都是民族性、地方性的，只有几种宗教转
变为世界宗教，数其大者，基督教、伊斯兰教、佛教而已。（印度教
信众虽多，但差不多只有印度人信。）今天关于宗教的界定，像其他
多数关键词的界定一样，来自西方；就连"宗教"这个汉语词，虽然
已有千年历史，但一旦用来翻译 religion，它的意思就跟着 religion
走了。于是，基督教自然而然便是宗教概念的原型。儒教是不是宗
教？我们多半会参照基督教来考虑答案，而不是参照青阳教。

　　以基督教为原型的宗教概念，扩展到如今笼统称为宗教的例如
佛教上，很难严丝合缝。别的不说，佛陀并不是个人格神，他没有

开天辟地之功，也不是处女生的；佛陀是个凡人，是凡人中的彻底觉悟者，就此而言，我们不知道他更近于上帝、基督还是更近于孔子。说佛教是无神论，虽不中肯，却不算错。从历史-社会角度来看，近代以来涉及宗教的最根本的问题，宗教宽容，差不多也只是基督教及伊斯兰教的问题，佛教徒无须宗教宽容的观念，他本来没有异教徒的观念。（外道与异教徒是两个观念。）

　　欧洲经过了惨烈的宗教战争之后，逐渐生长起宗教宽容的观念。这种观念在莱辛的《智者纳坦》中获得了广富影响的表达。宽容或 tolerance 是种好品质，但这类词比较适合用来赞誉别人，用来形容自己则有点儿高人一等屈尊俯就的意思。但反过来说，一种宗教是否真的应该或能够把自己视为与其他宗教平等？我阅读不多，却也读到过不少以此问题为中心的文著。这里谈谈汉斯·昆的《什么是真正的宗教——论普世宗教的标准》。

　　汉斯·昆以基督教教内人的身份提出这个问题。一方面，依照现代开明观念，我们不应把自己的民族、文化、宗教视作高人一等，不应把身在基督教视作获得拯救的唯一途径；但另一方面，"如果在教会和基督教之外已经存在着拯救，那教会和基督教还有什么必要存在？"（第9—10页）汉斯·昆分三步或曰依三层标准来回答这个疑难。首先，存在着基于人性的普遍伦理标准，任何真正的宗教都不能违背这些总体的伦理标准。其次，每一种伟大的宗教都有自己的圣典，它们提供了一种宗教特有的规范。最后，是特殊的基督教标准，"一种宗教如果在理论上和实践上都让人们感受到耶稣基督的精神，那么，这种宗教就是真的和善的。我把这一标准仅仅直接用于基督教：使用自我批评式的方法提问：基督教在多大的程度上是合乎基督教精神的？不揣冒昧地说，这个标准自然也间接地适用于其他宗教"（第 24 页）。总体上说，讨论这个问题，有外部角度与内部角度，从外部观察，我们会发现许多真正的宗教，然而，"我面对的不单是需要思考的哲学和神学论证，而是一种宗教的激励"，"只有在某种宗教成为我的宗教之时，对于真理的讨论才能达到激动人心的深度"（第 25 页）。

汉斯·昆的论述，颇多内容深得吾心。尤其是他以基督徒的身份，常首先"使用自我批评的方法"对基督教本身提问，直面十字军、宗教裁判所、对犹太人的迫害（第 15 页），直面极为排他、不宽容和气势汹汹，几乎是病态地夸大罪恶和负疚的意识（第 14 页），他的坦诚体现出大器的自信。不过，在总体立论路线上，我觉得似未尽善。这条总路线，简要说，是把普遍性完全理解为共同性，以这种作为共同性的普遍性来解答思想上的困惑：普遍性高于特殊性，特殊性实现普遍性，"真正的人性是真正的宗教的前提……真正的宗教是真正人道的实现"（第 30 页）。他的三层标准，第一层便是普遍人性的伦理标准，而下面两层标准能否确立，归根到底以是否合乎第一层标准为准："基督教的特殊标准不仅仅符合宗教一般本源标准，而且最终地也符合人性的总体伦理标准"（第 28 页）。这条总路线总的说来似乎是绕过而不是切入普遍性／特殊性关系的真正难点——如果确有普适的伦理标准，这些标准确实形成一个和谐的整体，在发生分歧和冲突的时候，人们确实愿意从自己的特殊性上升到这些普遍标准（最后这一点其实是"确有普适标准"的主要内涵，因为，如果在发生分歧和冲突的时候，人们不愿上升到"普遍标准"，"普遍标准"就成了空话），分歧和冲突当然会迎刃而解，我甚至要说，特殊性就只是一些摆设而已。然而麻烦在于，特殊性附属于普遍性只是一种积非成是的形而上学幻象，并不是对事情的真实描述。事实上，特殊性并不附属于普遍性，特殊的人之间、特殊的宗教之间发生冲突，没有什么原理迫使他们上升到普遍性，他们仍将作为特殊的人和特殊的宗教来寻求解决冲突之方。解决之方也许包括营建某些普遍的标准，但它们并不是一些已有的现成的标准。"保障人权、解放妇女、理解社会正义和战争非正义"（第19页）并非一开始就是所有宗教和所有文化共有的普遍者，它们由宗教-文化的冲突和对话营建而成。

汉斯·昆笔下的上帝也是这样的普遍者。他说"基督徒信仰的不是基督教，而是上帝"（第27页），这个上帝，不只是基督教的上帝，而是所有宗教的上帝。例如，"在末日不会再有任何宗教，而只有上帝本身"（第32页）。然而，作为共同者的普遍上帝并不能真正公平地对待众生；他是不是多神教的上帝乃至无神论的上帝呢？作为真正的普遍者，应该是的。一个基督徒如是说，足够宽容了，但对多神论者或无神论者，似乎仍有武断之嫌——"只有宗教才能确立一种无条件的和普遍的伦理，同时把它具体化"（第18页）似乎有点儿强加于不信任何宗教的人。汉斯·昆批判"匿名基督教徒论"时说："那些不是基督徒也不想成为基督徒的人的意志没有受到尊重……我们不会发现一个严肃的犹太教徒或者穆斯林、印度教徒或佛教徒不觉得把自己当作'匿名的基督徒'的做法是一种把自己意志强加于人的手段……似乎这些人不知道他们自己是什么人！"（第12页）根据同样的理路，我们似乎也不能把不信任何宗教的人视作匿名的信教者。也许，即使无神论者也信从"无名可名"

的高于他自身的存在，但因此他一定信仰上帝吗——哪怕不把上帝理解为单属于基督教的上帝？

人们常说，语词总是抽象的；然而在另一个意义上也不妨说，语词总是具体的，称 Jehovah（耶和华），称 God（上帝），称 Allah（安拉），称天，称 Sakyamuni（释迦牟尼），总已经把某种特殊的文化-历史一道说出了。那么，在这些语词之上，是不是有一个更高的"无名可名者"呢？在我看来，"无名可名者"不属于任何一种特殊的语言，但它也并不属于一种高于各种语言的语言，或属于作为一切语言基础的语言；倒不如说，"无名可名者"是两种或多种语言的中间地带，是各种语言之间的同一与分殊。我希望我们不再迷恋凌驾于一切特殊性之上的普遍性，更不用说把自己的特殊存在直接提升为普适原理。

那么，任何一种宗教，例如基督教，仅仅是种种宗教之中的一种吗？上面说到，汉斯·昆引入了从外部的观察与内部的观点这组概念（第 24 页），在一名"中立的"观察者眼里，基督教只是种种宗教中的一种，然而，从内部看待基督教，基督教就不只是与其他宗教并列的一种宗教，它是"我的宗教"，在这种宗教里，"我相信我找到了说明我的生与死的真理"（第 25—26 页）。从外部看与从内部看是一组广泛采用的概念，本文开头处提到程颢对王安石的批评，采用的就是这组概念。这组概念有种种亲缘概念，例如经验与观察，体验之知和观望之知。依体验之知和观望之知这组较为宽泛的概念，宗教间的对话与文化间的对话就没有什么不同。我虽是教外人，对爱和信却并不陌生，就此而言，与信教人的心智也许并不远隔，就像开明的信教人，与我们交往并未格格不入。我们也许可以小心翼翼地把对自己文化的爱与信都称作 the religious 或 religiosity，即宗教情怀。我生在华夏文化之中，我因生于斯成长于斯而爱我的文化；我并不是把我的文化与别的文化比较一番发现它最为美好才爱它。爱和信不是研究和选择的结果。我不必向人证明要人相信，华夏文明是最伟大的文明。（我生在父母怀中，我因生长于亲人之间而爱他们。我并不是因为把我的亲人与别人比较一番，发现他们最出色最美好才爱他们。我不必向人证明要人相信，我的亲人是最出色最美好的。）科学结论若不能证明其普遍为真就不足信，爱的信却不是如此。我的信既不依赖于别人也该信，也不导致别人也该信。

体验之知之为真与观望之知之为真有着不同的标准，更确切地说，事涉体验之知，只有在类比的意义上才谈得上"标准"，因为我们主要从外部谈论标准，而体验之知的真，体验之真切，主要是从内部说的，牵连着爱和信赖。我们很难为体验之真切列出评判标准，并非因为体验是隐藏在内部的心理活动之类，而是因为体验之知既与爱和信赖纠结在一起，其为知的形态就千变万化，难用一致的标准来界定。在这里，如果硬要说到标准，不妨用汉斯·昆的话来说：真理标准"首先只和自我而不是和他人相关，首先只对自己有约束力"（第15页）。我无需别人爱我之所爱，信我之所信，我只在自己的所爱受到轻慢和危害时才奋起捍卫她。

爱和信不是站在外部加以权衡之后的选择，但这绝不意味着爱与信闭目塞听。爱自己的亲人并不意味着看不见他们的缺点，或看不见别人的优点，甚至相反，爱之深而责之切。对自己的文化、自己的宗教也一样。就基督教而言，"甚至在基督之后也还经常需要预言性的补正，需要教会内部的预言者……也需要教会以外的预言者和受到启示者；预言者穆罕默德和佛可以突出地列入其中"（第28页）。与他者的对话是对话的典型形式，同时，以比较不那么彰明的方式，始终存在着一种内部的对话，或汉斯·昆所说的"内部的批判"（第22页）。华夏文明内部始终存在着对这种文明的具体内容的质疑和批判。其实，就我们有所信有所爱才责之切而言，宗教间对话、文化间对话倒可以视作内部对话的一种形式。上文所引"只有在某种宗教成为我的宗教之时，对于真理的讨论才能达到激动人心的深度"一语，似乎含有这层意思。我们关心人权概念的异同，关心民主制有没有普适性，研究罗尔斯理论的得失，唯当这些转变成我们文明的内部问题时，它们才"激动人心"。

生活的真理从来都是在这个传统或那个传统之中展现自身的，无人怀疑，宗教传统是人类生活的一种最重要的传统。正因为只有身在一个传统的内部才能对真理爱得深切、信得真切，在我们这个不断营建普遍价值的时代，宗教信仰绝未失去意义，对自身文明所怀的"宗教情怀"绝未失去意义。这些仍有意义，在于它们生长在特殊的传统之内。特殊性是相通的基础或前提。我们只能以一种特殊的方式得到救赎。有人或由基督教的上帝救赎，有人由华夏文明救赎。有谁竟由普世宗教或普适伦理救赎，那仍然是一种特定的救赎，而不是更高的救赎。

《白鸥三十载》序 ①

　　复旦大学出版社陈军邀我编一本三十年集，犹豫了一阵。我不太喜欢炒冷饭，不，不，"炒冷饭"这话，我一直没弄懂，冷饭舍不得扔掉，拿出来重新炒炒吃，似乎说得过去；倒是把刚出锅的热饭再炒一遍，有点儿奇怪。最好多选没发表过的或没编入过集子的。我写的绝大多数文字都没发表过。我写日记写信，写诗写小说，写散文杂文，写读书笔记，写教案，写了就写了，没发表过也没打算发表。就说翻译，就说论文，甚至大部头著作，也有不少从未发表过。我只是好写，一向好写。有人好打牌，不为赢钱，不为参赛；好打牌的"好"，四声，有点儿喜欢的意思，但主要也不是喜欢，就是好；差不多在同样的意义上，我好写作。旧文稿堆在书架底层，新文稿塞在电脑里，不知从何处着手去翻检、整理。手头总在做着别的什么事情，只能抽空随兴检出几份，断断续续，凑足了分量。尽量选没发表过的或没编入过集子的，从专著中截选，尽量选比较易读的章节。九十年代中期以前的文章、信件等，多是手写的稿子，编入前须请学生帮着录入。这个集子的编成，除了感谢陈军和我的助手梅剑华，也要感谢首师大的李韧、吴小安、李明、冯文婧几位学

---

　　① 本文原载于陈嘉映：《白鸥三十载》，复旦大学出版社 2011 年 1 月出版。

生。华东师大的刘晓丽对遴选文章提出了很好的建议，并提议不少细节的修订，我尤为感激。所选文字都放在成稿的年头下，而非依发表时间排列，如《海德格尔哲学概论》1995年出版，却放在1988年。这本小集子意在立此存照，不是要表述我现在的想法、观点，所以内容都保持原样。日记书信等，当时信手写下，现在要让不在事中的读者读通，偶或须改动几个字，或调一下顺序。编入时删除了一大句甚或删除几个段落的，用□□□或用□□□□□□标出。依这个集子的性质，脚注我大多删了，个别不好删的加上方括号移入正文。纪事多半凭记忆写出，难免有误，以后若翻检到相关资料，再行订正。

听到"三十年集"这几个字，自然想到杜工部诗集里位列第一的那首著名五言，把它抄在下面。

奉赠韦左丞丈二十二韵

纨绔不饿死，儒冠多误身。

丈人试静听，贱子请具陈。

甫昔少年日，早充观国宾。

读书破万卷，下笔如有神。

赋料扬雄敌，诗看子建亲。

李邕求识面，王翰愿卜邻。

自谓颇挺出，立登要路津。

致君尧舜上，再使风俗淳。

此意竟萧条，行歌非隐沦。

骑驴三十载，旅食京华春。

朝扣富儿门，暮随肥马尘。

残杯与冷炙，到处潜悲辛。

主上顷见征，欻然欲求伸。

青冥却垂翅，蹭蹬无纵鳞。

甚愧丈人厚，甚知丈人真。

每于百僚上，猥诵佳句新。

窃效贡公喜，难甘原宪贫。

焉能心怏怏，只是走踆踆。

今欲东入海，即将西去秦。

尚怜终南山，回首清渭滨。

常拟报一饭，况怀辞大臣。

白鸥没浩荡，万里谁能驯？

就在诗中取几个字，把这个集子叫作"白鸥三十载"吧。

读越胜《燃灯者》①

我认识的人里，有文才的不止一二，但这样的回忆文章，我想只有越胜写才好。越胜不止于对朋友好，他与朋友交，交心；能交心，因为他没有自我心，他为朋友做事，不是自己有任何东西要表现。唯此，友人的情态，友人的天光云影，得以挥洒展现。不说长他几年的唐克，在7路无轨电车站依依不舍分手的周辅成老先生，在一起泡热水澡交换恋爱故事的一代英杰刘宾雁，偏这个没有自我的越胜有这福分！

有时候会觉得，那个时代的高人俊士，没有越胜不认识不深交的。文中偶一出入的高尔泰、张志扬、曹天予、周国平，还会有多少故事等着越胜写。"我爱真理，但我更爱朋友"，越胜当年如是说。其实，爱人，才能爱真理，才有真理。越胜写唐克："他撇嘴道：'谁画了，我自己买票看的。'语气大有二奶扶正、穷人乍富的得意。"——在越胜笔下，没有丝毫挖苦，倒让局外读者对这个中国"路上派"先锋唐克又添一份爱意。

三位传主都是奇人异人，他们带着那段异常的历史出现在我们面前。"没有人爱我，我也不爱谁。一个人喝咖啡不要谁来陪……"

---

① 赵越胜：《燃灯者》，湖南文艺出版社2011年9月出版。

这首歌，当年听越胜唱，跟越胜学着唱，读《骊歌清酒忆旧时》，才知他是从唐克那里学到的。那首歌的歌词、调子，完全是七十年代，越胜的文章把我们带回到的那个年代。那是个险恶的时代，唯因此，友情来得特别真，特别重。那是个贫苦的时代，倒仿佛因此，人不得不有点儿精神。刘宾雁的坦诚，是每个认识他的人都立时感受得到的，坦诚自是一种优秀品质，但只有在那个时代，只有经历了宾雁所经历过的那么多思想者的苦难之后，坦诚才会闪耀那样奇异的辉光，散布那样温暖感人的力量。越胜心里，这段历史浓重得排解不开，唯在这种"历史感"的簇拥下，他笔下的人物才那样饱满。

这种历史感，并不止是感觉，它培育出正大的判断，只举一例——

　　人们常说宾雁是"青天"。这或许是苦难者习惯的幻象。其实，没有哪个称谓比它离宾雁更远了……作"青天"的前提是和统治集团保持一致，当"自己人"……宾雁是站在"草民"和"无权者"一边的……宾雁的劳作就是要消灭制造青天的土壤，让民族中的个体成为自由的有尊严的个体，从而让民族成为自由的有尊严的民族。这是权势集团不能容忍的。

这三篇文章，实不只是纪念友情，不只是对已逝时代的缅怀，它们始终在吁请我们思考自己，思考我们这个尚未结束的时代。

"说理"四人谈 [1]

说理及其作用

陈嘉映(以下简称"陈")：我先开个头，正好，昨天晚上我跟当时北大的同事聚餐聊天，还有钟磊，有个讨论。钟磊是我以前的一个硕士生，当时在北大就很优秀，后来到美国读了博士，受到更完整的学术训练，主要是分析哲学方面的训练。但这种训练也有点儿毛病，你说什么，他都要换成一个英语，一个学术用语，好像他听不懂一个普通汉语词似的。

刘擎(以下简称"刘")：你能举个例子吗？

陈：一时记不起当时说的是哪几个词。"换了个说法"是件挺复杂的事儿，奥斯汀举过很多例子，你说你看见一头猪，他换成说，你看见一个物质对象的表面。初一听，他是把通常的说法变成严格

---

① 本文由 2011 年 11 月 2 日陈嘉映、刘擎、慈继伟、周濂漫谈说理与论证时的谈话内容整理而成。

的学术的行话，但你一旦接受这转化，你已经掉在陷阱里了。

这背后的一般问题是：如果两个说法真是同一件事情的不同说法，那为什么非要把我的说法翻译成你的说法呢，翻译成分析哲学的行话呢？十有八九，经过翻译，忽略了点儿什么，增添了点儿什么，改变了点儿什么。通过重述，问题本身就可能改变了。奥古斯丁关于时间的困惑并不会被大爆炸理论消除掉，莱布尼茨关于存在的困惑也不会被摹状词理论消除掉。

钟磊跟我中间隔着孙永平，孙永平在中间打哈哈，大致意思是，你们两个不是有争点吗？那就把争点拿出来，让我们看看你们的争点究竟是什么。

当然，我们常常瞎争，不得要领。为了避免瞎争，我们有时得确定争点究竟何在。但要确定争点到底是什么往往也不容易，尤其在所谓哲学争论中。这里，争点与陈述争点的语言交织在一起。我一旦接受下你的语言，我可能已经放弃了争点。钟磊会觉得，你若采用我的语言，那事情不是就清楚了吗？但那恰是我们争论的一部分——你认为我们应该把问题和困惑翻译成专业语言，我反过来认为很多真正的问题被行话掩盖了，需要用自然语言来表述，才能触及真正的困惑。费曼甚至认为物理学问题也应当努力用非专业语言来讲解，这我有点儿怀疑，但我认为所谓哲学问题的确是这样的。

人们把澄清争点想得简单了一点儿。钟磊说我们首先得把事实部分确定下来，看看我们是不是对事实的认定就不同，如果事实认定不同，我们就来查验事实；如果事实认定相同，我们来检验基于事实的推论，检验推论所依据的原理。但实际的争论很少能应用这样的程序。在很多争论里，尤其在所谓哲学争论里，对事实的确认跟陈述事实的方式连在一起。而且，事实太多了，哪些事实relevant*？每一个事实的权重？现在有些新左派主张鼎革后的前三十年的经济路线基本上是正确的，要证成或反驳这观点，哪些是"有关事实"？三十年里发生了很多很多事情，而且，显然不能局限在三十年里大陆发生的事情，你会把四九年之前的事情牵扯进来，你也可能把四九年之后的台湾牵扯进来——你不跟四九年以前比，不跟同期的台湾比，就很难说清究竟是成就大还是失误大。在每一次特定争论之中，辨清某一事实是否相关当然非常重要，但你无法在具体争论之外来确定这一点，好多法庭片里都有这种场景——一个看似无关的事实却变成了核心事实。

事实之外，我想说说原理。我们也许在谈论纳粹把一些挪威平民扣作人质，抵抗组织胆敢有所动作，他们就杀害人质。我对这种做法表示愤恨。你于是问：那你同意不得滥杀无辜平民这个原则？我当然同意。那你根据这条原则，必定要反对美国人在日本使用原子弹。不一定。我不是先有一个大的原则，然后推出某个结论。一个道理可能在某个事例中很明显，不用再追溯到更高的原理。如果这个道理引起争议，我们会用各种各样的办法争论，不一定都要追溯到更高原理。实际上，这时候更高原理帮不上什么忙，因为它本来就是具体案例中那个道理的另一种说法。在这个案例里，这两种说法哪一种都行，但换个案例，它们就不再是同一个道理的不同说法。我是否同意你把我的道理换成更概括的原理，要等着看你会把这个原理应用到哪些例子上。你不能轻易把我们平常的表述上升

---

* relevant，有关的，有价值的。——编者

到更高的层面上去问我同意不同意。语词的意思在更高的层面上变得含糊起来。原则上达成一致并没有说出很多，不妨说谁都反对滥杀无辜，麻烦在于确定哪些情况下可以说谁是无辜的。谁无辜这个事儿不是一个简单的事实，它连着很多事情才能确定。

　　我正面说一下我的观点：争论之初，我们有一个半清楚不清楚的争点，我们一面争论一面也就在不断澄清争点，但在这个过程中，争点本身也在不断转移。一开始我们在争论到底太阳是宇宙中心抑或地球是宇宙中心，我们转了一大圈下来，确定了地球围着太阳转。谁绕着谁转的确是原初争论的一部分，一个极重要的部分，但不能说那就是原初争论的真正争点，原初争论还牵涉到很多别的问题，世界由哪些元素构成？动与静哪种更高贵？哪种运动更为完满？在原初争论中，很多问题纠缠在一起，等到争论结束，它成为一个明确的天文学问题。从这个明确的天文学问题看，动与静哪种更高贵哪种运动更为完满这些事儿都 irrelevant*，而关于世界的物质构成的观念完全转变了，甚至运动和静止的观念也面目全非。这不宜说成现在我们找出了争点，解决了争论。在争论过程中，我们的观念系统不断变化，争点是在一个相当不同的观念系统中得到解决的，地球绕太阳转还是太阳绕地球转不再是一个从属于宇宙中心何在的问题。

　　人们往往认为说理的目标是得到一个非此即彼的结论，最终表明一方的论点正确，另一方错误。大多数的争论比这复杂得多。一场争论往往牵连到我们的很多相关观念，通过争论，我们的很多观

---

　　* irrelevant，不相关的，不切题的。——编者

念得到调整。说理或论证的目标不见得在于争出个你对我错，谁折
服了谁，而更多是个教化过程。张学良该不该扣留蒋介石？争论双
方也许谁都没有说服谁，但这仍然是个值得争论的题目，争论双方
即使最终仍然坚持自己的观点，还是可以从争论中学到很多东西，
得到提高，加深对那个时期的历史的一般看法。在我看，论证的教
化意义大于谁输谁赢。

当然，教化不一定通过争论。学徒跟着师父或专家，他相信师
父是对的，你是学生，先接受一些做法和看法，然后逐渐形成你自
己的一套。那是一个通过培养得到教化的过程。

刘：所以，问题就是通过"讲道理"或者进行论证，我们能做
到什么、不能做到什么？你刚才说了其实我们做不到我们以为可以
达成的目标，我们幻觉上以为讲道理有用，但实际上无用。但论证
或说理还是能做到一些东西，它的用途在哪？它的有用的部分在
哪里？

陈：经常，最有用的部分是教化。我觉得呢，一般人在谈论证
的时候把论证的目的想得太窄了太急了太刚性了。在我看来，论证
的作用更富柔性。这种柔性的效果并不是我们退而求其次勉勉强
强只好如此。整体观念的教化往往比一事上谁对谁错更重要。

刘：我在想论理过程隐含的那种权力策略，甚至在教育，在老
师与学生的对话中也存在。如果两个人在辩论，哪怕处在同等的位
置，也有这种权力驱使的策略，语词的策略，就是哈贝马斯讲的那

种"strategic action"[*]。我把你纳入到我的一个框架来和你争论,尽可能把你的框架纳入到我的框架中,在辨别事实的时候,就需要把你看重的 relevant 事实排出去一点,把我认为重要的事实纳入进来一点,这种自觉不自觉的策略,也卷入了 power struggle^{**}。

陈:当然有 power struggle 的因素,但我觉得不能只谈 power struggle,不谈真理性。话语是交往的一种形式,交往总包含权力关系,即使朋友熟人之间交谈,你也可以看到权力和求真这两种因素此起彼伏。我个人更在意求真活动,而求真要求把权力因素降到最低——我把这理解为"求真"的语义的一部分。

刘:比如在时下思想界的讨论中,经常有人预设对方的认知框架是错的、有问题的,处在一个封闭僵化的(多多少少有点被洗脑造成的)框架里。比如他批评你采用了中西对立,西方进步、我们落后的框架,然后给出许多事实,来打破你的框架,带你进入他的框架。但是他给出的框架是不是另一种封闭?是不是由所谓洗脑塑造的结果?似乎很少自省。然后,他就变得似乎很有说服力,哪怕给出的事实其实是很孤立的。但实际上他并没有和你展开讨论,他只是在影响你、说服你。那么,说服与辩论之间有区别吗?我们需要做区别吗?

慈继伟(以下简称"慈"):这可能是一个综合性的问题。刚才

---

*　strategic action,策略性行动。——编者
**　power struggle,权力斗争。——编者

提到培养，我想补充说培养有两个意思。一个意思是，你现在根本没有论证的能力，我"培养"你是帮你填补论证能力的空白，当然这个空白不是完全的空白，完全的空白没有办法填补。还有一种情况，其中起"培养"或说服作用的实际上是一种"魅力"，或者说是一个包含魅力但不能简单地等同于魅力的综合体。如果我说服了你，是狭义的说服，是完全靠道理的说服，那么可以说这个道理在你那儿其实已经存在了，我只是帮你把它揭示出来。也就是说，在我还没有开始说服你的时候，咱们就已经同意了，我只是把这种同意揭示和表达出来。如果情况不是这样，如果没有"本来已经存在的"同意，我能"说"服你那肯定是由于非道理的或道理之外的东西，某种"魅力"，某种既有别于道理又有别于暴力的力。当然这里说的"魅力"是宽泛意义上的，其实就是一种温和的劫持，因为它是温和的，被劫持者往往意识不到这其中的"力"，自然也就意识不到自己其实不是被"说"服的。

周濂（以下简称"周"）：在《论确定性》中，维特根斯坦说过："当两个无法相互调和的原则真正相遇时，每个人都会把对方叫作蠢人和异教徒。"即使这些拥有不同原则的人尝试彼此之间进行说理，这种理由也会因为缺乏足够多的共同基础而丧失效力，所以维特根斯坦才会接着说："我说我会'反对'另一个人，但是难道我不会给他讲出理由吗？当然会。但是这些理由能有多大效力？在理由穷尽之后就是说服。（想想传教士让土著人改信宗教时所发生的情况。）"

陈：我记得你引用过这句话，这里译作"说服"的是 ueberreden，英文本译作 persuasion，译成"说服"不太好。你看这儿，我是把这段话译成"我曾说我将与另一个人'争胜'，但我不会给他讲出理由吗？当然会。但这些理由能达到多远？理由穷尽处，是劝说"。ueberreden 或 persuasion 在这里译成"说服"不太好，因为说服主要靠道理，而维特根斯坦在说，有时候靠的不是道理，而是把动之以情什么的都加上，继伟刚才讲的"温和的挟持"是个挺好的例子，比如你太太劝说你去跟她逛商店，她没靠理由说服你，但你还是被她劝动了。把 ueberreden 译作"说服"，就看不出来维特根斯坦说的区别在哪里了，我看不出"讲出理由"和"说服"的区别。

刘：我老婆成功地说服我的时候，就是通过很多很多零散的边缘的事实，突然让我觉得我自己专注的世界——我原来看得很重很满的那个世界，只是一个很小的世界，原来重要的事好像不那么重要、紧急的事也没那么紧急了，然后就跟她去了。

陈：当然温柔的挟持只是一种，改变别人的观念还有很多别的途径，欺骗、意识形态宣传、软威胁等。陆丁这一两年常在我的课上、讨论班上，听我这样看待论证，他质疑说：那还怎么区别 sophistry* 和 philosophy** ？我基本的看法是这样的：无法在实际论证之外给出区分 sophistry 和 philosophy 的标准。柏拉图说 sophists 讲课是收费的，philosophers 不收费。这当然是个非常强的独立标

---

* sophistry，诡辩术。——编者

** philosophy，哲学。——编者

准，但柏拉图可能在反讽，至少很难照字面接受这个标准。我是说呢，我们是在具体的论证中每一次每一次地去区分。

刘：主观上是不是有这个区分？比如说一个哲学家，他是相信他论说的东西，他认为那是真的或对的；而智者或诡辩者，就像现在的律师，你让他站在哪一方都行，他完全可以站在任何一方的立场来论证，论证完全是一个工具性的东西。

我在华师大听过嘉映的课，我差不多同意他的一个观点，就是我们寄予说理和论证太多的期望，我们以为说理能达成的作用，其实是在边缘、外部达成的。但我想，说理肯定还有正面的作用，它实际上发生的作用是什么呢？

慈：为了弄清这个作用，我们先要对"论证"或者"说服"这个活动做一个大概的描述。是什么原因让人们聚到一起去从事这样一种活动？这种活动往往导致什么样的结果？表面上由说理导致的结果是不是其他因素导致的结果？参与这种说理活动的人都是什么样的人？他们的背景是什么、目标或利益是什么？一言以蔽之，这种我们习惯称为"说理"的活动究竟是一种什么性质的活动？这里需要的是一种人类学或人类学式的描述。

刘：你觉得这个描述是一个一般化的、结构性的描述还是必须针对具体情景的？

慈：这要根据需要而定。对社会或政治哲学来说，一般化的、结构性的就够了，但如果涉及经验性的、历史性的问题，当然就有必要针对具体情景。但我想后者显然依赖于前者，当然前者也需要根据后者不断修正。

周：也就是说，在论及说理活动的时候，除了要做结构性的抽象描述，还需要把说理者与说理对象的身份与关系、说理的论题、说理的背景和语境等具体要素逐一明确下来，才有可能对说理活动加以澄清，但这似乎预示了抽象的澄清说理活动是不可能的。

慈：是这样。但需要"透过现象看本质"，通过尽可能严谨的分析和推测（推测是很难避免的）弄清说理的参与者到底在做什么，不论他们声称他们在做什么，一般来说他们自然会说他们在"讲理"或"说理"而没有在做其他任何事情，甚至不论他们（诚恳地）自认为他们在做什么。

刘：可以做一些类型上的划分。

慈：确实可以划分。其中一个很有必要的区分就是奥斯汀在讨论语言行为时对 locution/illocution 以及 perlocution* 所做的区分。如果把 perlocution 放到一边，至少可以说：把说理活动单纯看作谈论道理、交换理据的语言活动，仿佛说理者关心的只是道理和道理之间的关系，这几乎等于只注意语言行为的 locution 部分，而忽略

---

* locution，说话风格，惯用语。illocution，语内表现行为。perlocution，言语表达效果。——编者

了说理行为作为 illocution 的多种可能性和复杂性。换句话说,在 locution 层次上表现为说理的语言行为,在 illocution 层次上不一定如此。说理者在使用说理的文字时,所做的事情,speech act*,并不一定是说清道理,而可能只是"以理服人",其中"服人"是首要的,而"以理"只是或至少在很大程度是不得已而为之。依我的观察分析,说理或者论证往往不是一种主动的或者自发的语言行为,而是一种带有或多或少被动成分的语言行为。

其实也可以说,一方不能压服另一方,而只能通过说服,这本身就表明了一种力量相对均等的状况。我们通常所说的平等观念就是一种与此相应的价值,一种尊重对方、视对方为与自己平等的主体因此必须采取"讲事实摆道理"的态度或姿态。哪怕这种姿态仅仅是姿态,摆出这种姿态,或者说必须摆出这种姿态本身也很说明问题。不论是姿态,还是相对真诚的态度,只要是说理了,只要不得不说理,这里面就包含了平等和平等意识。而且,说理成了习惯,尤其是制度化了,这还会反过来强化力量均等的状况。

刘:比如我们的有关部门不断要给出各种各样的说法,也是在试图论证,是因为感到被 challenge**,以前的说法不足为信了。这虽然还不是完全平等的,但感到论证和不断论证的必要。

周:对,有关部门当然也可以通过纯粹的暴力或者欺骗来达到它的目的,但是只要权力还不敢彻底裸奔,就不得不提出一些至少

---

* speech act,言语行为。——编者
** challenge,挑战。——编者

在表面上可以被论说对象所接受的各种说法，这种说法上的不断转变，以及希望通过说法的转变来赢得民众的认可与支持的做法，恰恰表明了有关部门在一定意义上不敢不严肃认真地对待民众。

慈：只要有论证的必要，只要感到论证的必要，这本身就表明了相对平等的关系和相对平等的态度，当然这种平等只是相对的，不一定是完全的。在这种相对平等的关系中，尤其在涉及公共事务时，只要你不接受我的做法或不同意我的说法，我就欠你一个解释，需要给你一个解释。我欠你一个解释是什么意思呢？你是一个人，一个和我平等的人，我既无能力也不应该压服你，所以只能跟你讲理，向你论证，企图说服你。哪怕我说理的内容包含了欺骗，我的说理行为本身也表达了某种对你作为一个平等的人的尊重，哪怕一开始是不得不的、勉强的尊重。如果这样看待说理或论证的活动，就会发现，说理者表现出的愿望和能力，使说理者成为说理者的东西，不是或至少首先不是对所谓理性或真理的信从，而是对他人的一种态度，一种相对平等的态度。说理活动首先是对人，其次才是对事，对理。论证或说理如果是这样一种活动的话，那么达不成一致，甚至其中还有欺骗，也就不足为奇了。说理或论证本来就不是抽象的人带着一种求真的目的走到一起进行的纯粹知性活动，所以最后达不成一致，还有各种"歪理""强词夺理"在起作用，这些都是说理活动的一部分，都是不需要多做解释的现象。最能揭示说理活动性质的就是各种各样的投票活动。先讲理，再投票，或者干脆直接投票就行了。最要紧的是利益不一致、价值不一致的当事人之间的平等关系，只要这种平等得到了尊重，其他的，包括说理都是次要的。投票这种做法所表达的就是这种平等,同时也表达了说理本身的难度和限度。

刘:所以你认为,使论证成为必要的是平等?

慈:对,也就是说论证这种活动的意义不在于达成共识,不在于尊重理性,而在于表达了人与人之间的平等关系,以及人们对这种关系的认同,这本身已经是一个不可小视的价值进步了,甚至这就是理性,至少是理性的一大部分。

刘:但论证成为必要,也因为是有人不同意。

慈:是不同意,但不同意的对象不是我的道理本身而是我要做的某些事情。

刘:就因为你要做的某些事情我不同意,所以你才要论证吗?

慈:我企图让你同意我的道理是要让你同意我要做的某些事情。

刘:你要做某些事情,如果我是同意你的,哪怕我们是平等的,也不需要说理。我们没有异议的话,那么论证也是不必要的。

慈:当然。说理或论证的作用就像是一个过滤器,过滤掉过分不平等的关系,过滤掉纯粹的操纵,过滤掉赤裸裸的压迫。之所以能起这种作用,是因为说理本身必须允许他人"说不"。哪怕"说不"不一定老是有用,"说不"的权利构成了一个重要的底线,而且可以扩大或提高,也可能会通过斗争、道德教化和制度建设发挥更实际的作用。

刘:论证本身被看得重要已经有很大的价值了。

心　服　与　自　我

慈:是这样。同样重要的是,说理活动以及人们对这一活动的解释和理解不是静止的。一开始,我不得不向你做论证,不得不用某种看似有理的道理去说服你。接下来,我们迟早要在二阶的意义上去论证为什么要这么做,去为说理和论证寻找理由,提供一个说法。在做这种二阶论证时,我们从实然的大体上力量均等的状况出发,进而证明这种状况是好的,是值得维持的。这样一来,我们就把"不得不"的变成了愿意的,就完成了从实然到应然的飞跃,就把力量均等的状况上升为平等的价值。另一方面,这一飞跃不可能是彻底的,说理本来具有的一阶属性永远不可能完全被克服或超越,所以,经过二阶转化的说理活动同时带有"不得不"和"愿意"的成分,同时带有"不讲理"或"讲歪理"和"以理服人"或"通情达理"的冲动。更直截了当地说,说理活动的二阶转化是一种"弄假成真",弄成了之后里面"真的""假的"都有,都起作用,这就使说理活动具有一种内在张力。一般"知书达理"的人都处在这种张力之中,如果反思的话,都不难感受到这一张力。相比之下,最有"魅力"的人、最有权力的人,往往是"废话少说"的,他们所拥有的"力"
和他们讲"理"的必要性和愿望是成反比的。我们普通人优于他们
的地方是,因为不得不说理,我们逐渐接受了一种说理的文化,内
化了相应的价值,甚至把说理变成了一种内在需求。但这种变化是
脆弱的,不完全的,那些最有权力或"魅力"的人是我们的一面镜子,
也可以说是放大镜。

刘:我在想一个情景。如果论证文化暗含了一种平等的关系,
那么拒绝论证也有可能发生在另一种情况下,就是由于我假设我们
是平等的,所以我不跟你论证。什么意思呢,就是说你特别能讲道
理,我不太能讲道理,一讲道理总是你对。所以,你若是把我当平
等的人,就要尊重我,尊重我拒绝论证的这个态度。我现在说不出
什么理由,我不要跟你论证,我不要跟你讲道理,我就这么想了。
如果是这样一种态度的话,我们是不是也可以说,拒绝论证也可能
是一种平等的表现。当然拒绝论证经常表现为强权,我不跟你废
话,你就要听我的。但还有一种情况,拒绝论证反而是一种弱者的
武器。我不和你 argue* 什么,我就是不同意你,逼急了,说不定我就
搞恐怖活动。

慈:我想是这样的。

刘:从力量对比的角度来看,我们进入"论证文化"好像是一
个从重身体到重智力的演进。这当然不是一个进化论的观点。最

---

* argue,主张,争论。——编者

早，是谁长得魁梧、高大，谁比较有力量，有优势，对不对？有人说比尔·盖茨是因为身体矮小，所以他才想出品牌的名字叫"Microsoft"。我想发明武器的人大概是身体弱小的，他们在体力上打不过别人，发明了武器之后，体力的优势就不那么重要了。最后，进入到一个论证的文化，看上去好像把以前的不平等、身体上的差异基本消除了，但实际上改变的是不平等的重点。因为有的人特别能讲道理，有的人不太能讲道理，这个差别是存在的，它转移了不平等的重点，但没有消除不平等。

陈：你刚才讲，恐怖分子不来跟你论证，这是一种。我想到的另一个例子是男人和女人，有时候这个女人其实蛮有道理的，但是说不过这个男人。

刘：会说理的男人反省一下自己，看看是不是把论理变成软性暴力。

慈：论证成功了等于把别人逼到墙角，让他不得不接受某些道理，接受某种用这些道理做的事情，接受说理者的意志。当然，事情还有另一面，相辅相成的、甚至必不可少的另一面：道理是一种很特殊的力，如果我是通过暴力来让你做一件事情，最后只是把我的意志强加到你的意志之上，因此你不会也不能将其内化为你的意志，而道理却可以掩盖说理者的意志，让对方有可能通过道理的内化而不知不觉地接受他人的意志。

刘：就是对你的暴力，我可以口服心不服嘛。

陈：我好像引用过戴震那句话："人死于法尚有怜之者，死于理谁复怜之"，死于理可怜都没得可怜了，他该杀。

慈：你要是道理讲得让我没话说，而且我也自愿参加了这场说理活动，准备好了以理服人或"以理被人服"，那么我不得不接受。当我不得不接受的时候，如果这牵涉到利益或其他重要的实质性后果，这个"不得不"的感觉是难免会有的，但因为这里起作用的是道理而不是暴力，这种"不得不"是我可以接受的，甚至是我认为应该接受的。如果说归根结底我还是依从了他人的意志，那么我这样做，我能这样做，是因为这里的他人意志是以道理为载体或形式的。通过内化他人的道理，我同时内化了他人的意志，也就是说把他人的意志变成了我自己的意志。这样一来，外力就变成了自己的力，被迫就变成了主动，最重要的是，建筑在主动性或能动性基础上的自我就能免受侵犯和打击。如果在我身上发生的事情我都理解为是外力使然，那我的自我就没有空间了，久而久之自我也就没有了。反过来，如果我通过接受别人的道理把别人的意志转化成了自己的意志，把别人的道理和意志内化为自我的一部分，这样就避免了让他人的意志强加到我的意志之上，也就保全了自我，甚至扩大了自我。如果我老是被他人说服，被说服了很多次之后，我的自我就改变了。不是被消灭了，而是被改变了。

陈：我觉得慈继伟讲的非常重要。尽管说理往往不是那么纯粹，往往夹杂哄骗、欺骗，甚至威胁，但我们必须坚持最基本的东西：以理服人跟以权力压服不一样。我们注意说理过程中的杂质，注意说理的不同类型，都是在这个基本区别的基础上展开的。这个基本区别现在往往被抹煞了，把说理和施展权力混为一谈。一开始，人们在这个方向上尝试揭示隐藏在说理形式之下的各种杂质，但后来，有人在这个方向上走得很远，本来是要警惕权力，结果反倒无意地甚至有意地成了为权力辩护——既然所谓说理其实只是施展权力的隐蔽形式，跟赤裸裸的施展权力没什么根本区别，那么我们用权力压服又怎么着呢？

不过我对"内化"这个概念一直有点儿保留。继伟讲到内化，我读《正义的两面》，里面也有这个内化进路。我一般不愿意说内化。我们不得不接受某种理由，听起来好像我们有时不得不接受某种外部必然性，但理由的不得不，一开始就跟我原有的理解有某种联系。内化这个说法，一般被理解为：一开始是纯然外在的，后来成了自己的一部分。我想说的是，理由的不得不，一开始就要有个自我才能起作用。谈到论证，我不愿从论证的最强版本出发，部分原因也在这里。依照最强版本，面对一个真正的理由，一切有理性的人不得不接受，不论你是谁，不接受就是不理性，理性于是成了跟我这个人无关的东西，成了某种完全外在的必然性。我们把暴力视作某种外在必然性，很大程度上是因为，它与自我无关，跟我是谁无关，它不分青红皂白，玉石俱焚。而理由的不得不，一开始就跟特定的理解，跟特定的自我相关。否则就成了古人说的"服人之口，不服人之心"。所谓服人之心，是说：我的确感受到了你所说的道理其实也是我的道理。在这个意义上，不是你要说服那个听道理的人，你是在启发他看到他自己的道理。我觉得还是古典的"生长"概念优于"内化"概念，当然，你可以在生长的意义上理解内化，那我对内化这个说法就没什么意见了。

刘：这是心服口服的情况。

慈：有一个具体的生活情境可能有助于说明问题，这就是如何做真正讲理的家长：讲理但又不失为家长，是家长但又很讲理。首先，这样的家长要通过反思确定自己给孩子讲道理是为了孩子好，而不是另有目的，比如给自己省麻烦，或者为了虚荣，等等，总之，这是一个经过反思的动机问题。第二，毫无疑问，道理要尽量讲得对，讲得恰当，等等，总之，要保证道理的质量。第三，必须给孩子讲话的机会，包括不同意、提出相反道理的机会。这是说理活动的应有之义，跟孩子说理也不例外。最后，除了生命安全或其他重大的、一旦出了事几乎无法挽回的情况，家长把道理讲完了，听不听由孩子决定。如果一个家长做到了这四点，最后孩子接受了家长的道理，这就可以称得上"口服心服"。可惜的是，如果我们试图举一反三，就会发现，这四条里的第一条在一般关系当中、尤其在有利益冲突的人之间是难以成立的。同样，在一般关系当中，当说理双方各有自己的利益和诉求时，第四条也不适用。所以，我不想夸大这个例子的适用范围，只是想说明比较理想的"内化"或者"口服心服"是怎么一回事。

陈：我的一个基本想法是，道理要连到感受上，他感受到是这个理儿，也就是说，感到那是他自己的道理。

刘：但是你刚才说你跟继伟的那个区别到底在哪儿？

陈：也许可以这样说，继伟呢更多从外部着眼，一开始是不得不，习惯了之后就成了自己的道理。我呢，从一开始就要引入自我，即使不得不，也是对特定自我的不得不，对特定文化、历史的不得不。这两个角度不完全是互相排斥的，我们得细细看它们怎么交织在一起。我可以举些例子来说明我的意思，刚才慈继伟也在帮我举例子。

刘：刚才继伟讲的我特别明白这件事，由于我们基本上生活在平等文化中，或者因为大家在生理上基本的平等，大小、个头差不多，慢慢就变成一个我要操纵你就不能为所欲为，论证就要变成一个必要条件，你觉得呢？

陈：我多半是从另一个角度出发来看待问题的。有点儿像天鹅湖里罗斯巴特（Rothbart），他把天鹅公主弄到城堡里，要强暴她易如反掌，但这个罗斯巴特呢是个欧洲绅士，他是个坏人，但他是一个绅士，他就是要让天鹅公主爱上他。他的目的就是占有这个天鹅公主吗？至少不只是这个。

周：他要的是"天鹅公主爱上他"这个结果所象征的那个自我。

陈：对！他是这样的一种要求，就是说，要求被爱。这是一种生活方式，这是一种灵魂方式，你最后满足了这种灵魂方式，这个结果才叫结果。那么，我现在跳开来说——周濂可能了解我多一点儿——你不能把结果抽离出来，好像我要达到的就是这么一个结果，无论通过什么手段达到这个结果就行。比如说幸福，你说政治的目标是人民生活幸福，可什么是幸福？离开了我们怎样使生活幸福的途径就无法定义什么是幸福。

刘：给你吃一种"幸福药"就行了。

陈：对，幸福药，从古人就开始谈论这件事情。如果幸福可以定义为 GDP，跟达到它的方式无关，那么，我们就可以发明各种技术手段来达到幸福。但幸福不是这种东西。

我们不能把说理主要视作让他最后同意你的手段。我们有社会经验、生活经验，我们都知道，要让他同意，说服是最费力不讨好的，不如，你可以骗他，你可以做宣传，你可以利诱他，你可以求他，这些在性质上都不同于说服。传统的论证理论（我老把它当一个靶子）倾向于把说服看作达到共识的一种手段，而不是把它看作一种高标特立的，不同于其他手段的那么一种生活方式。

刘：就像继伟刚才讲的，我觉得继伟是针对某一种，"我能不跟你讲理就肯定不跟你讲理"。

慈：这是要分类的。手段构成目的的情况只是一种可能性。

刘：或者是目的的一部分。

慈：所谓"是目的一部分"，就是手段不外在于目的，如果我用任何外在手段达到了目的，其实目的本身已经变了，不再是原来的那个目的了。所以最起码要区分两类情况：一类是手段和目的之间有内在关系的情况；另一类是没有内在关系的情况。我们需要一部论证、说理活动的历史，看看不同的说理活动到底属于哪一种情况。我刚才说的那两种情况，手段外在于目的还是内在于目的，在现实中可能就不那么泾渭分明，至少不那么容易辨认，但是这一区分在概念上、在典型的情况下还是足够清楚的。马克思说，人类历史是一部阶级斗争的历史，说理活动在很大程度上是阶级斗争、阶级斗争历史的一部分。但是阶级斗争不是人类唯一的关系，而且阶级斗争本身也有不同的认知和情感维度。这些都需要区分、梳理。所以我们需要一部人类说理活动的历史，看看说理活动到底是什么样的，到底是干什么的，而不只是在概念的、非历史的层面上做文章。

周：刚才陈老师说的跟慈老师有一个微小的区别，慈老师是在强调"不得不"的那个东西，而陈老师则在强调如果说理是有效的，就必须让你和我一样感受到那个道理，而且归根结底必须是你认识到这个道理其实是你自己的。我个人体会你们二人都是内在论者，但各自强调了同一问题的不同方面，慈老师强调"不得不"是为了指出在说理过程中，听者对自我意志，对自我受到挤压时候的那种感受；陈老师则是在说这个挤压你的东西到底是个什么东西，以及它为什么必须要被感受到。因为我比你们要年轻，所以我会特别想到对于年轻人而言，当他们在面对长辈的说理时，哪怕所有的话都言之在理，哪怕他们最终被说服了，他们都会有一种本能性的反应，就是你想要改变我。

慈：对，没错儿。

周：对，他最终不是落在道理上，而是落在讲道理之前的"你"和"我"之上。这样一来，我觉得说理本身，哪怕是像慈老师说的，我所说的一切，我讲的所有道理都是为了你好，但年轻人仍会有一个本能的反应——不要你为我好，我就是不想让你为我好。而且他会把所有的说理都理解为 manipulation*。

刘：小孩子都这样吗？但我的学生有时候还特别希望我给他们讲道理。

周：师生跟父子之间的关系我觉得还是有很大的差别的。

陈：我觉得这个问题也提得挺好的，刚才慈继伟说到那儿的时候我本来也想插一句。周濂比较知道我的想法——我们讲到论证的时候倾向于把积极论证视作典型，就是我们怎么去说服别人；但是我跟周濂说过很多次，我说到论证的时候，常常愿多想想辩护。我并不愿把论证都归结为辩护，但是我相信多想想辩护对理解论

---

* manipulation，操纵，控制。——编者

证肯定很有好处。一种是这样的——我在《同与通》里也讲过这个——我认为我的有道理，所以我要说服你，让你这样做，比较典型的是美国关于自由民主的态度；另一种呢是辩护，例如，你们都努力工作，日子过得有头有脸，孩子也送进了好学校，可我就不上班，得过且过，东晃西晃，喝点儿小酒，是吧，我这种生活方式不被接受，我不一定跟你争论，你跟我掰扯我不爱理你，但是呢，我心里也会为自己的生活方式提供辩护，场合合适会跟你一争。这个辩护也是论证的一种啊，也许在论证中所占的比例更大呢。这里的要点是，积极说服是要改变你，辩护却不是要改变你。当然在另外一个意义上要改变你，改变你对他的态度。

慈：就是你别改变我。

刘：是防御性的。

陈：防御性的。防御性这方面大家谈得很少，都在讲怎样改变别人。实际上呢，我倾向于认为在道德领域应该减少积极的论证。

刘：那这个有点像积极自由和消极自由的关系。他的防御性论证，defensive 也有 justification，justification 也是要试图让你看到一个你没有看到的理由。

陈：辩护所希求的是承认，是要你理解我。

刘：就像同性恋为自己辩护一样，辩护的时候并不要求把你也变成一个同性恋。

周：我觉得这种积极论证就像是把你逼到了墙角、然后最终改变你的那种论证。它以正确的形象出现，显得特别的正大光明，某种意义上正是这种正确性让接受者被迫接受之。

陈：虽然我岁数比你大，但是你刚才提的那点差不多是我的人生态度：谁讲一套大道理来改变我我都觉得烦。

周：就是那种正确性反而会让你觉得难受。

陈：我再补一句吧，就是刘擎刚才说的，学生希望听你讲道理，我的理解是，希望你帮他把道理讲明白。

刘：我跟我儿子说，我是在改变你，但你要明白，你所有的想法都是别人改变你的结果，我说你本来什么也没有，你现在有的"自我"都是被改变的结果。我要改变你，成功或不成功，也都成为你的一部分。他说，我现在就是不想让你改变我。我说，ok，fine，那今天就结束了。但他最近一段时间就比较希望我给他讲道理，十五岁开始的。而他十二三岁的时候就特别抵触。

周：我觉得是这样，陈老师刚才给我们勾勒的是非常低限度的说理，它需要一个特别漫长的亲密关系，慢慢地影响和渗透。我自己感觉，我现在越来越难以做到这一点。随着学生越来越多，这样的说理方式所消耗的心力就越大，你不可能跟如此之多的人长时间地去用这种方式讲道理，所以我有时候会特别硬邦邦地扔给他一句话——"你以后就明白了"。这种方式当然很粗暴。虽然我知道真正有影响力的方式是陈老师那种方式，但是在日常的教学和说理中却往往做不到。

陈：对啊，这个咱们也谈过不少，就是古今教育方式的不同。从前一个教师，哪怕弟子三千，真正听到老师教导的不过几个，今天在阶梯教室上大课。

刘：回到那天会议上保松的那篇文章，我做评论的时候没有讲得很清楚。我是觉得，哪怕这个讨论的方式能够 work*，它背后可能需要一个类似你刚才讲的"亲密关系"，就是我们大家共属一个伦理共同体这样一个基础。保松的意思是，由于我们能够这样讲理，最后大家就成为一个伦理共同体了，因为我们接受了一个共享的价值。我是说呢，它可能是不断的 reinforce each other**，由于我们是一个共同体，我们那样的说理才能够强化这种共识，是这样一个交互的过程。

慈：嘉映刚才区分的积极论证和消极论证或者辩护并不矛盾，而是适用于不同的目的和语境。辩护性的、消极性的论证经常出现

---

* 　work，起作用。——编者

** 　reinforce each other，互相强化。——编者

在一种不需要达成一致结果的语境之中，就是你让我做我想做的事情，我让你做你想做的事情，不需要什么一致，唯一的"一致"是允许不一致的原则。在这种语境中，需要的显然是辩护性的、消极性的论证。在另一种语境中，积极论证是无法避免的，为什么？因为我们要共同做一件事情，为此必须达成某种一致。当然你也可以说，允许不一致的"一致"也是一致，但这是二阶的一致，而我这里说的是一阶的一致。严格地说，共同行动需要一阶的一致，因此需要积极论证，个人行动则不然。

刘：但是在一个情境里边，一般来说积极论证与消极论证（姑且叫它消极论证）会是同时发生的。比如说你 defense*，你是 defending against something**。一个同性恋者 against*** 的对象可能是一个独断的异性恋者的积极论证。那个异性恋者会说我有一些理由，你们同性恋是变态的，违背自然的或者怎么样。那么同性恋者就需要 defense。一般来说，消极论证或者防御性的论证，总是要防御什么，是针对那个对他有说服企图的积极论证。

周：我觉得刚才陈老师说了一句特别有趣的话，就是从私人心理的角度来看，陈老师平时特别喜欢说理，但他刚才说他特别烦别人跟他说理，这是一个很有趣的紧张。

---

* defense，辩护，防御。——编者
** defending against something，抵御某事。——编者
*** against，反对。——编者

陈：不不不，我在生活中几乎从来不去教育别人，不会讲大道理说学生应该怎么做，我不知道你们做学生那么多年怎么看。我举个眼下的例子，有一个学生，他考进我的研究生以后，有一套 fancy[*]的想法，沉溺在很灵魂的东西里，他是个诺斯替主义者，想的是至善什么的，我觉得并不对头，也做此表示，但没多讲什么。最近一段他经历了很大的思想变化，有一天给我写了封信，有点"觉今是而昨非"的感觉，他说陈老师我说句不敬的话，实际上我没有从您那儿得到什么影响，但我觉得从您那儿得到的最大的东西是您一直对我很宽容。我不总是去教导学生，这个跟人际位置有关系。我更愿看到同学们之间的互相影响，这比来自老师的影响有益，因为同学间的关系没有那么多强制性。你老师总是高学生一等，说理的本事也高出一等。

慈：周濂刚才那个观察，虽然可能是特例，但揭示了一个道理或一个现象：总体来说，大家都更爱说，说道理，爱说的程度大大超过爱听、爱听他人讲道理的程度。也就是说，在说理活动中，想听和想说的愿望有一种很大的不对称，这种不对称非常说明问题：说理的人最关心的是什么，最想做的是什么，说理的状态是怎样一种状态。

刘：存在者状态。

---

　　*　fancy，空想，自命不凡。——编者

慈：存在者状态，或者说说理者状态。

刘：有些人在听这方面是有弱点的。我是到了年纪比较大以后才慢慢学会聆听。

慈：有时候一个人很仔细听，是出于特定的目的，或者因为说理双方的特殊关系。在一般的情况下，刚才说的那种不均衡、不对称是很明显的。最喜欢说理的人，包括学者也不例外。

刘：罗尔斯很喜欢听人家说。

陈：爱说不爱听，这在美国更突出。我刚到美国时，这一点让人印象深刻，比如咱们四个在这儿谈一个问题，刘擎先说，大家都守规则，不随便打断你，但不是在听你，而是在等自己的 turn*，你一停，我就发言，说我自己的一套，而不是聆听你发言后的想法。

慈：而且 turn 到了必须马上回应，快速回应，根本没有时间仔细把问题想清楚再回答。这个现象说明，说理活动有形式化、制度化的一面，而这一面很可能不利于说理，甚至说明说理活动本身的目的就不是、至少不完全是说理。

刘：我自己跟老师的交往经验是听与说并存的。至少，我跟

---

* turn，回合，轮到的机会。——编者

老师说话的时候，他们听得比较认真。特别是读硕士的导师，当时email 刚开始，我们之间有几百封通信，双方是又听又说，彼此都获得新的东西。还有就是博士时期的 seminar*，不是所有的，但有几个 seminar，有特别充分的对话交流。可能是这些偶然的经验，让我相信 communicative action** 是可能的，虽然难得。

陈：seminar，对于干我们这行，是一种比较好的形式。

周：陈老师有一个很好的习惯，在以前的 seminar 上，对于有些问题他会说"这个问题我想过，但我还需要再回去考虑一下"。他经常会说这样的话。但是我们一般在开会的时候，似乎很难说出这样的话，比如面对一些气势汹汹的质疑者，在与他 argue 的时候就不能说我回去先想想，而必须是以一个特别强势的方式跟他对抗。

慈：据我观察，什么时候大家听得特别耐心，这往往是因为说和听两方处于一种不平等的状态，所以这是特例。当说理双方处于平等关系时，或者说当说理活动之所以必要的平等预设成立时，这种耐心就比较少见了。

刘：如果是在朋友之间呢？

＊　seminar，研讨班。——编者

＊＊　communicative action，交往行为。——编者

慈：朋友之间可能不同，因为朋友关系的基础不是一方的权威。在一般关系中，最能让人做耐心听者的就是讲者的权威，其实权威的一种外化的形式就是别人洗耳恭听。

刘：如果这个差别比较大，这个权威本身也很容易进入"倾听"状况，他的倾听不影响他的权威身份。就像陈老师可以很从容地说"我回去想想"，他这样的态度不妨碍他和对话者的关系。

慈：这里起作用的是不平等关系，是权威的存在。

周：我觉得这个权威还分很多类型。有的权威他不会说"我回去想想"。

刘：这种权威往往会说"这个问题不知所谓"，很淡定很断然，但不是对话，是训导。不过问题是，能通过说理达成共识吗？

陈：当然不一定，说理不一定达到共识。有时候无论如何也无法达到共识。我现在跟甘阳见面，一般不谈政治，我们在政治观念上差得太远了，一年见个一两次，不太可能你说我说后来达成共识。

周：你跟甘阳，现在你们俩都没有身居高位，你们俩不争论，对国计民生都没有任何关系。假定你们两人都身居高位，但是一方面你们俩通过讲道理说服对方的可能性非常的小，另一方面政治决定又时不我待，在这种情况下面，您会采取一种什么样的方式改变彼此的观点？

　　陈：政治对手之间靠谈判。谈判也是一种说理，但跟求真类型
的说理不一样。利害之间的妥协可以说是共识，但这不像求真活动
得到了共同的结论。政治活动与求真活动之间是有张力的。梁治
平那天讲，满清末年需要变法，怎么变？不同观点之间大辩论，治
平再三地提到当时的讨论不是很深入，就开始施行了，但是呢很明
显，现实事务容不得你一直讨论下去，越来越深入，一直辩论下去
是不是一定会达成共识，这当然也不是能保证的。用维特根斯坦的
话说，哲学家悠着点儿，你急什么，十年不行二十年，二十年不行
还两千年呢，你慢慢来。立法者他不是这样的，到点了，他必须行
动，就按照我们现有的理解和认知的水平行动。

　　求真活动的任务不是去改变世界，有点像艺术家要做出优秀的
作品，它不可能把世界变为一个艺术的世界，但在卓越的作品的光
照下，生活的形态会发生改变——并非你刻意去改变世界，而是种
一棵桃花下自成蹊那种。政治活动要直接改变世界，它不能一味去
追问终极的真与不真，跟哲学家比，政治家更多依赖信念——我不
说这是一个缺点。

　　现实里当然分得没那么清楚。我是比较悠着来求真那种，上电
视，面对一般公众写文章，我也做一点儿，但做得比较少。周濂更
愿意起而做点儿什么，有心去影响公众，积极说服。胡平更突出，
宣传群众的冲动很强。我跟他说，你操心别人不明白，我更操心自
己不明白。

刘：但求真行动和政治行动也有关系。刚刚你说政治行动基本上是一种信念的行动（有点像韦伯说的心志伦理），但在古典思想里面，好的政治是和真知关联的，好的政治是一个正确的 order，而坏的政治是一个 disorder*，那么这就把真知和政治关联起来了。

陈：政治里当然也有真假对错，但跟物理学的真假不一样，不是有一个真理在那儿摆着，无论什么时代它都不变，就等谁来发现。政治真理不是这种类型的，在政治活动中，在所有实践活动中，真知都是围绕要做的事情组织起来的。

即使真有一个柏拉图说的正确的 order，恐怕也等不及我们获得这种真知，已经需要政治决断。

刘：这个争论在不同的前提下会有不同的走向。假如我的前提是柏拉图是对的，的确有一个真的 order 和 disorder，求真活动就有助于我们达成那个真正的 order。所以，这里面有两个问题，一个是柏拉图是对的吗？是不是有那个真的 order 和 disorder？另一个问题是，论证或说理是否有助于我们达到那个秩序？保松大概认为，只要我们大家讲道理，平等理性公开地展开讨论，我们最终就会获得某种关于（最低限度的）自由民主的共识。

陈：我倒觉得，平等理性公开地展开讨论，这本身已经有了自由民主的最低共识。至于这种讨论能否比其他方式更容易达到共

---

* order，秩序。disorder，混乱，骚乱。——编者

识，我不知道。问题是，人们怎样就达到了要去平等理性地进行讨论的共识？这肯定不是人们天然就有的共识。江山是我打下来的，凭什么跟你平等讨论该怎么享用江山？

慈：我最近看到周濂的五篇文章，其中最后一篇我特别喜欢，就是《好人电影与好公民电影》①。这篇文章把前景的道理、背景的道理都讲得非常清楚，这是很难得的。

陈：他博士论文辨析 legitimacy* 和 justification，也很出色。

慈：周濂这篇文章，不光是给看电影而且给观察中国社会提供了一个很有意义也很必要的视角，有了这个视角，好多问题就显现出来了。

陈：好人与好公民，这个题目本身就有意思。好公民对中国人是个新概念——希腊城邦政治传下来的传统之外，没有公民这个观念。但大概什么文化里都有好人这个概念。

慈：过去看冯小刚的某些电影，总有一种不太舒服的感觉，但又很难批评什么。为什么不好批评呢？这些是好人电影，而且又没有站在高墙一边，所以问题一下被遮住了。周濂点出了致命的地

---

① 周濂：《好人电影与好公民电影》，《文化纵横》2010 年第 6 期。

* legitimacy，合法性，合理性。——编者

方，就是对高墙保持沉默，仿佛高墙并不存在，这样一来，好人电影的意识形态特征和功能就一目了然了。

　　刘：就是把你的感受以一种概念化的方式澄清了。我要是冯小刚，我读了可能会非常不爽。那篇文章里隐含的有一个意思非常狠，虽然没有明说，就是说，在当下的语境中如果只是当"好人"而不去做"好公民"可能是一种"特殊的坏人"，其实非常有害。如果当坏人的话你还没有粉饰太平的作用。而在中国最需要好公民的时候，冯小刚的电影把好人和好公民这个区分抹去了。电影可能很有感召力，但越有感召力就越是把缺乏好公民这个问题给遮蔽掉了。他就是说让大家都去做好人，这就好了。但是，如果都去做好人的话，如果这个世界都是好人组成的，我们要一个无政府的世界也完全没问题。这就等于把问题给取消了。只要我们是好人，我们也不会有那么多的不满、内疚，然后遇到困难就去帮助嘛，体谅国家嘛。

　　周：我昨天在会议结束的时候说，美好生活要比正确生活更吸引人，但前提是这种美好生活不是一个自欺的生活。我觉得现在的问题是，很多人会很自觉地说我要过一个自欺的美好生活。包括我的一些学生都会说我宁可去过一个美好的自欺生活。

　　刘：所谓美好生活你得感到自己幸福。他会说人总是要现实一点。冯小刚的电影，还有许多文艺作品，有一个特征，就是总是把国家放入一个"家国"的概念，那么我们跟国家的关系是子女和父母的关系。在奥运会的开幕式上，成龙跟谁有一个二重唱，说"有国才有家，国是大的家"，这种歌词写得很浅白、很通俗、很朗朗上口。但就这个东西，在很微观的层面上强化一种"家国政治"，一种反现代的政治取向。

周：就是家国天下、家国同构那种逻辑。

刘：但有人就认为，这就是我们中国的东西啊。

周：这就是我们中国的传统。

刘：这个东西为什么虚假，不是说和西方不一样，或者不现代，它就错了。它之所以虚假，是因为这和你生命实践中的真实体验是相悖的。我们不是活在一个有机共同体的传统社会。你是流动的，而不是永久地从属于一个社群，这是现代社会中一种内在于生命的感受。一个农民工跑到城市里来，在什么意义上还是"一个大家庭"的成员？你脱离了原来的乡村，离开一个有机共同体，进入城市，你被抛入了有点原子化的状态当中，你要重建身份认同，寻找新的社群。但没有一个永远可以依靠的社群在那里。你要过有尊严的生活，你孩子要入学，你需要保障，这个时候，权利的问题就会出来，这不是西方不西方的事情，它是从生命实践中凸显出来的。但有人告诉你一套说辞，说反正我们是一个大的家庭，有困难我们一起承受。可实际上，往往没有人和你一起担当，于是这种说辞就变得虚假，没办法内化为你真实的信念。通过宣传机器，表面上不断让你去内化，其实是让你接受一个非常不公正的安排。

周：我昨天晚上躺在床上看电视，看到中央六在放《第二次握手》，其中有一句台词是这样的："我那饱受苦难的祖国啊！"然后我就觉得这个逻辑不对啊！这句感叹看似深情实则无情，因为饱受苦难的不是无人格的祖国而是有血有肉的人民。这句话不仅让真正的加害者隐身，让真正的受害者——人民隐身，而且最令人齿冷的是，祖国的代理人也即加害者摇身变成了受害者。

刘：而且我们知道祖国是母亲，她受到的伤害好像独立于我们受到的伤害，而我们需要救这个母亲。《第二次握手》给我一个很深的印象是，那个人要出国，好像是去读物理学博士吧，但他在校园里背的单词是"physics，物理，physics，物理"。（众笑）

共 识 与 理 解

刘：类似周濂的这种公共写作，对说理文化的培育是一个推动。我还是想回到刚才继伟谈的那个主题。我们进入一个说理文化，虽然我们说论证说理的过程中也有权力关系的介入（用福柯的眼光来看，权力关系无处不在），但我们仍然可以说，"心服口服"的说理和通常意义上的暴力，两者之间有一个很大的区别。就是说，我在说理过程中，哪怕被说服被改变，我还是能维护一个内在的自我。如果屈从暴力，那我就变成奴隶，或者有非常强的被奴役感。那么在这里，哪怕我们意识到暴力与说理都会涉及权力关系，但还是不能把它们一锅煮了，我们要承认两者的区别很重要，甚至是不是还可以做一个更强的表述，说从暴力到说理是一种进步？

慈：是个非常大的进步。

刘：就是一个社会发展到说理文化，哪怕说理实际上成就的东西不如我们预期的那么多，但进入了一种说理文化，就进入了一种新的文化生态。

慈：确实是一种生态，它的价值主要不是认知价值，而是文化生态价值，这个价值是不可低估的。比如有人比较看重说理的认知价值，而在我看来，达成一致很难，有时几乎不可能，但这并不可怕，在一般情况下最重要的是有说理的愿望，尤其是说理的态度，也就是尊重他人、平等待人的态度。

周：为什么呢？

慈：达成一致只是讨论的目的之一，另一个同时存在的目的、甚至更重要的目的是表达一种对待他人的态度，进而形成和维持一种平等的、相互尊重的社会关系、政治关系。就像我刚才说的，只有在某些情况下，比如立法的时候，才非要达成一致，而这种一致往往是通过投票之类的技术性做法而不是纯粹的说理达成的。

相互尊重，相互说理，在一般情况下这就足够了。如果两个人、任何两个人讲的不完全是同样的道理，那么最有意思的问题，

也是做最少预设的问题，就是双方如何达成一种确定的结果，一种
closure*。投票只是 closure 机制当中的一种，还有其他的机制，比如
利益的交换或妥协。我想说的是：通过说理达成一致，这种活动有
一个预设，那就是起 closure 作用的、造成确定结果的是理性本身，
或者说，理性可以完成自己的 closure。在我看来，实际发生的情况
往往不是这样。

　　陈：说理的认知内容不局限在是否达成一致，即使达不到共识，
也可能增加相互之间的理解。我现在的确觉得，理解最重要，没有
理解的愿望，就算争赢了也没啥意思。记得有一次跟马原，在我们
家，马原呢东北汉子，好侃，侃到某处，说一本小说的好坏就看它
卖多少，我就反驳他，马原一开始也许信口那么一说，听我反驳，
就把那当成自己的主张来极力辩护。当时有好几个人在边上，可
能我们也有点儿话语权力的欲望吧。最后我追问得马原理屈词穷。
但这有多大意思呢？他原来的说法本来是在表达某种东西，例如我
们不该太强调为艺术而艺术，应该考虑受众。他不是要提出一个命
题，在字面上去争那个命题的对错没多大意思，有意思的是探讨怎
么把他原来想表达的意思表达准确。不久前又见到马原，聊得挺好
的，我听他讲现代中国小说，很受益，他读得比我多得多，想得也多。
他讲的是他的实际阅读经验，而不像现在讲文学的，都在讲理论。
他会从一个小说写作者的角度去谈余华啊，谈王朔啊，谈各种人的
写作，你就会学到很多东西。你又何必跟他争实际上他自己都不持

---

　　* closure，（永久的）关闭，了结，终止。——编者

有的观点呢？

　　刘：现在我关心的一个问题是政治性的论证。因为在纯粹求真的哲学活动或是家庭事务中没有那种紧迫性。而在政治原则的讨论中有一种特殊的紧迫性，因为政治原则的共同性具有强制的特点，而不是你愿意不愿意、想不想接受的问题。由于我们大家有分歧，有不一样的政治观点，那么无法达成共识的话就出现一个特殊的困难。有人为某种政体辩护，而别的人反对这个政体，但如果这个政体关系到共同体的生存运转方式，关涉我们每个人的生活，就对我们具有强制的意义。那么，大家是否能达成一致的共识似乎就成为迫切的和必要的了。

　　陈：有时候，双方立场差得太远，对话就需要引进第三方。我跟周濂谈过这个。中间人不是一个外在的设置，他是一个内在的设置。这又跟我对论证的不同理解有关。如果像人们设想的那样，一个理由是对的，那么一个理性人就不得不接受，或就会接受，那么这个中间环节当然就多余了。但是如果论证是一个理解的过程，而这个理解是需要周边环境的，那么这个中间环节就不见得是多余的。我的看法依赖于我的一套背景，也许你远离这个背景，会觉得我持这种看法简直不可思议。但可能有中间的一方，他既比较熟悉我的背景，同时也比较熟悉另一方的背景，他比较能够理解我的看法，并能够把它翻译成另一方能够理解的看法。人与人的理解实际上很可能有这样一个连环翻译的过程。

慈：很多时候，很难达成一致，靠综合因素达成一致很难，单纯靠理性达成一致就更难。以女权主义为例，近些年女权主义取得了可观的成功，尤其在西方社会，这在多大程度上是靠说理，靠以理服人，在多大程度上是靠斗争，靠在社会上、在家庭里的斗争？我的假说是，斗争是最重要的，至少是必不可少的；同时，斗争的一部分就是用道理给自己的抗争行为赋予合理性，并且用道理来诠释斗争的成功，把这种成功说成是理性的胜利，价值的进步，让斗争的失败者、也就是男权本位主义者不得不接受，甚至口服心服。

刘：这个实际状况造成了一种新的对男人的评价。

周：你说的这个诠释是 interpretation 吗？

慈：对。女人先通过斗争改变男人，让男人不得不改变，然后或者同时告诉男人，他们应该改变，直到男人认同这种改变，在道理和道义上接受为什么要改变的原因。经过这一过程，男人不光口服心服，甚至可以说脱胎换骨，放弃了他们过去的自我。我不是说女权主义在现实中做到了这种程度，而只是用这个半真实半假想的例子说明说理的作用和局限性，说明斗争的必要性以及斗争和说理的关系，尤其是说理对斗争成功的诠释和强化作用。

刘：我觉得它成功的标志是改变了一个认知框架和评价框架，本来男人和女人都认为老婆听丈夫的是理所当然，是很好的。而现在是一个家庭里夫妇很平等,有对话交流,才是好的,是"文明的"。

慈:是这样。但这个过程不是一个单纯的价值论争的过程,不是一个只发生在价值层面上的冲突过程,而是一个强力或斗争和说理交织在一起的过程。它每一步的成功都会得到一个诠释,这个诠释使用的是道理,突出的是价值,让被战胜的一方口服心服,让胜利果实作为价值的进步、作为理性的提升巩固下来,被所有人自愿接受。

只有当诠释也成功了,不光是胜利一方的胜利,而且这一胜利的理由也被接受了,斗争才真正胜利了。胜利越彻底,以后就越不需要使劲儿去讲构成它一部分的道理,因为这些道理已经变成无须争辩的常识。

周:所以一旦洞察了这一过程,就会让人产生越会讲理的人越有 manipulation 的能力的感觉,因为说理从来都不是一个纯粹讲道理的过程。

刘:我问这个问题是因为对政治有这样一种理解,现在变得很时髦,被认为是深刻的,大概就是施米特的那种政治观——政治的本质是冲突,甚至是你死我活的斗争,而说理是非常表面的,效力也非常有限的。最后是谁斗赢了谁就有道理的,自由民主其实也是因为胜出了才显得有道理,实质上也是一种暴力。这种对政治的理解好像很有洞察力,见人所未见,也正是因为它好像能直面暴力的残酷,才让人觉得勇敢和深刻。但相反,保松的那种观点,相信说理的力量，认为说理比暴力的力量更强大，可能太过理想主义，听上去有点 naive*。但如果我们把文化生态的转变，从暴力文化到说理文化的转变考虑进来，保松的看法说不定就不是那么简单的天真，他可能把握到某种深层的变化。实际的政治是怎样呢？我觉得在那种暴力斗争的政治观和保松那种观点之间，可能有一个中间状态。

慈：确实。在斗争中用强力是要有道理的，是要有价值观念支撑的，但是道理、价值观念又是和强力连在一起的，同时起作用的。

周：我想问一个问题，因为这么说特别像施派强调的那种，修辞强于说理，我们刚才把说理的功能降到了很低，然后把说理的纯度也稀释了很多，那在这个意义上说的话，怎么跟那个修辞高于说理的表述区分开来？难道说我们跟他们之间的界线已经彻底模糊了？

慈：这些人的说法有一种自我解构的效果，你一旦跟别人做劝说活动，等于已经同意要讲道理，要以理服人，你心里可以认为修辞大于真理，但你不能向对方承认，承认就等于说自己是不讲理的，别人自然也就不会被你说服。而且，说理的一部分就是揭露对方的修辞，让人看出某种修辞遮蔽的道理或表达的歪理。其实，讲道理本身也是一种斗争，之所以是斗争，是因为有利益冲突价值冲突，

---

* naive，天真的，幼稚的。——编者

而且斗争起来很复杂，因为说理离不开修辞。但有一点是肯定的，"修辞大于真理"从第一人称的角度讲是自我颠覆的。从第三人称的角度讲就不一样了，同一个说法，同意的人认为它是道理，不同意的人认为是修辞，是强词夺理。这里还有一个有必要的区分，就是一阶和二阶的区分。在一阶的层次上，声称"修辞大于真理"是自相矛盾的。在二阶的层次上，如果提出"修辞大于真理"的假说必须能够解释为什么在一阶的层次上不能这么说，甚至不能这么想。

陈：你说的这个，我觉得就是刚才说到的 sophistry 和 philosophy 之间的关系。我一直认为没有一个外部的办法可以事先区分，没有纯形式的标准，只能在具体的说理过程之中联系着实质争点这一处那一处予以区分。这一点对理解何为说理非常重要。

陆丁是在狭义上来说修辞的，按照这种理解，philosophy 更像数理性质的东西，数学和逻辑之外，都是修辞。我多半在广义上来理解 rhetoric。比如说，我现在绑着一捆炸药，要去炸教堂里的人了，你跟我讲这个怎么不对，你有一千个理由，你会选择怎么跟我讲？你不会把自己限制在纯逻辑上，你无所不用其极，比如说，我来自一个政治组织，我想达到一个政治目标，你告诉我这么做达不到这个政治目标，反而伤害了我的政治目标，好像你挺同情我的政治目标似的。实际上，在这个场合，政治目标上的分歧是后话，当务之急是制止炸教堂。我说呢，管他娘的政治，我现在就想跟他玩儿命。你可以试试别的路子，你说，要玩命也不是这么个玩法。不管你尝试怎么说服我，你首先得对我有所理解，你只能在理解我怎么会有这样一种冲动的基础上才能劝转我。你说他们是恐怖分子，是些不可理喻的怪物，就断绝了说理的可能性。

我是这么来讲这个 rhetoric 的，不是狭义的 rhetoric，而是说，说理是情境化的，一个理由在特定的情境中构成理由。我们通过各种途径来说理，不只是狭义的逻辑，也包括你能够理解他的感情状态，诉诸他的"正当"感情。有些依赖于当事各方特有的知识储备、知识结构等等，甚至依赖于我的特殊身份、你的特殊身份。这种"对人论证"不是坏意思。我提供的理由并不是对一切人都均等有效的，它对那个对话者有效。这个 rhetoric 不能翻译成"修辞"，大意就是依乎情境的说理。因此，我们不能在具体说理活动之外分辨哪些是正当的 rhetoric，哪些是贬义上的 rhetoric。

你觉得你特别有道理，别人不同意你就是不合逻辑。你说逻辑具有强制性，给出了这个理由就不得不接受下一步的结论。维特根斯坦的很多讨论是想解构这种强制性。两个壮汉拧住你把你塞进后备箱，这是强制的原本意义。逻辑的强制是什么呢？数学推论的"不得不"从哪里来的？有一部分来自符号用法的单纯性，规则的明晰性，你接受了这个规则，就接受了这个规则的强制性。但这套规则不像壮汉似的，找上门来。我可以不接受它。维特根斯坦说，你对虔信的教徒证明了上帝不存在，你说这逻辑有强制性，虔诚的信徒会说，我要是连上帝都不信了，我为什么要信你的逻辑？

刘：我想这是唯理主义的一种信念吧。就是说，如果我们能够把日常生活中的那些道理澄清、达到明晰，近似于像数学、几何那种原理的话，那就一定会让人接受，会让人不得不来接受。近现代历史上很多思想家，霍布斯、笛卡尔等都是在做这个事情。

周：包括罗尔斯，他说自己想做道德几何学，但他做不了嘛。不过他的原初状态、无知之幕背后的根本想法还是这个想法，只是他为自己设定了一个非常窄的问题域，力求在社会基本结构层面上面达成全体一致的同意。

刘：哈贝马斯其实也是这样，他考虑了所有的复杂性，最后还是要论证那个"交往理性"。但最近他突然意识到，宗教很重要，没有宗教也不行。

学术体制与哲学

周：我是觉得像这种讨论就特别好。

陈：是，是，咱们在谈话中，我相信话语权力方面的因素很少。咱们几个更在意求真。刚才谈到话语权力，另一个就是表演性，表演性和话语权力连着。这个很常见，有的学术讨论更像在演戏。

周：有的学生特别容易被修辞性的表达所感染，谁的现场效果好谁就容易得到更多的掌声。我发现有些学生慢慢在有意识地摆脱这种外在效果的影响，认真辨析到底谁是真正在讲道。

刘：我们上公选课的时候，一开始学生很兴奋，后来就觉得无所适从。那么多思想家，这么多说法，该怎么办啊？

慈：讨论啊！通过讨论形成健康的政治文化生态。

刘：形成健康的不同意。

周：但是对于一般人，他们是很想归属到一个更高的存在，只有这样才能感到稳定、安全、温暖、有归属感，他需要这个东西，自由人的平等政治是把你暴露在信心的荒凉地带，作为一个纯个体的存在，背后无所依托。

刘：有一次我去邓正来那里开会，讨论哈耶克什么的。我说，康德不是说启蒙是一种人的成熟吗？我可以在另外一个意义上说，与不确定性共存是一种成熟。

周：换句话说，就是要有面对复杂性的勇气。

陈：大学生面对那么多不同的观点，会惶惑，甚至会失望，但这对他们来说也是一种很基本的教育。我跟本科生讲，你们在高中的时候可能对知识形成了那样一个图景，就是说所有人学的教科书都是一样的，知识是层层递进的，一开始加减乘除、乘方开方、一次方程、二次方程、高次方程，就像在一条河流里航行，只有一个走向，只是谁在前谁在后。到了大学以后发现呢，任何一个题目都有那么多分支，那么多不同方向，犹如河伯入海，基础的东西学完以后，知识的图景完全变了，你得自己选定方向，自己去组织学习哪些知识，编定你自己的教程。就不说像哲学这种了。

有时候，学术体制会给你一种确定性，但是呢，这种确定性也可能遮蔽了最重要的东西。我认为现在这个西方的分析哲学传统有很大的问题，它只接纳一些 institutionalized questions[*]。学生经过四年或八年的训练之后，开始熟悉这个游戏。他从葛梯尔问题开始，去讨论葛梯尔问题的衍生问题，衍生问题的衍生问题，然后写一篇 paper[**]，假设一种离奇的情况，在这种情况下，别人上一篇的某个假设不能成立，是吧？下一个学者再写一篇 paper，假设一种更离奇的情况，能够纠正前一篇 paper 中的一个细节。这种学术生产方式有很多问题，其中一个问题是，好像哲学的目标是产生一些普遍为真的命题，因此需要把所有可能情况都考虑到。现在的哲学生，或者哲学教授，跟从前所讲的 philosopher 是完全不同的概念。以前的 philosopher 是在想问题，现在的哲学教授是在写 paper，（慈：生产）对，生产 papers。他生产的东西是一个制度化生产系统要求他供应的东西。就这样，葛梯尔问题讨论到第四轮的时候，你如堕五里雾中，不知道他们干吗要讨论那些。这时候，我更像个民哲，我宁愿绕着最初让我困惑的问题转，而不是在一条狭道上越走越远。

慈：越走越远的原因之一是学术生产的逻辑：不论问题重要不

***

[*] institutionalized questions，制度化的，形成惯例的问题。——编者

[**] paper，论文。——编者

重要,不论结果有没有意义,只要能生产"知识"就行,而能生产"知识"意思就是能被杂志接受,能发表。

周:它跟你原来的困惑没有关系。

慈:没有关系。我最近听到一个学者做了一个区分,这个区分咱们都知道,但他说的特别清晰,就是 philosophical problems 和 philosophers' problems* 的根本不同。真正的问题都是 philosophical problems,但研究、争论了几轮之后,就变成了 philosophers' problems。

刘:Professional philosophers' problems**.

慈:没错。

刘:我们读博士时候,也有这样的抱怨。当时有一个老师,大概是被我们弄烦了,他说了些刺激人的话,大概意思是说,你要是连专业训练的关都过不了,就别指望成为什么思想家。大多数博士生毕业了就是个专业工作者,没有多少人会成为真正的思想家或者政治哲学家。真正的 philosopher 是经过这些 professional 训练以后,还能跳出来的,还能回到 philosophical question,而我们就需

---

* philosophical problems, 哲学的问题。philosophers' problems, 哲学家的问题。——编者

** professional philosophers' problems, 专业哲学家的问题。——编者

要少数几个就行了。大部分人就是做专业学者和教师。真正的哲学家不会被专业训练淹死，你要淹死了就活该，我们不需要这么多。言下之意，专业训练就变成一个过滤天才的机制，很残酷，但这是对的。

陈：这事儿的确很麻烦。民哲有民哲的毛病。他不管别人怎么想，想过什么，就是自己在那儿想，就好像思想是从他开始的。

刘：而且尼采为这些人树立了一个榜样，他可能会觉得自己跟尼采一样。以前我们办《世纪中国》网站，有时会收到一些投稿，作者完全不在学院里面的，但雄心勃勃，处理的都是大问题，是整个人类几千年、横跨东西方的大问题，并且郑重告诫你："你必须打开这个文件，否则你就会错过一个什么什么伟大的天才发现"。

我们华师大有一个学生，嘉映也认识的，那个童乙。他去明尼苏达大学读哲学了，也是有这样的疑惑。因为你知道，他本来是商学院的高材生，他是出于对人生的关怀才去学哲学，他是有 philosophical question 的。但进入哲学专业之后发现，学的东西，特别是逻辑啊，分析哲学那种，离开他本来的关怀好像很远。然后他就说，我不明白自己为什么会闯到这个行业里来。我就说，你还是要 be professional，这是没办法的。但也可以和纯粹的专业拉开些距离，去听听讲座和其他专业的课。

……

周：我有一个想法，就是想把这次这三四个小时的录音整理出来。我很早以前就采访过陈老师，这种对话往往会有很多很有趣、有质量的东西。

刘：就是那种哲学原生态吧，是这样一种状态。有意思的是把思考的过程放在里面了。

图书在版编目(CIP)数据

行止于象之间/陈嘉映著.—北京:商务印书馆,2023
(陈嘉映著译作品集;第10卷)
ISBN 978-7-100-21271-7

Ⅰ.①行… Ⅱ.①陈… Ⅲ.①哲学—随笔—文集
Ⅳ.①B-53

中国版本图书馆 CIP 数据核字(2022)第 095786 号

陈嘉映著译作品集

第 10 卷

行止于象之间

陈嘉映 著

商 务 印 书 馆 出 版
(北京王府井大街 36 号 邮政编码 100710)
商 务 印 书 馆 发 行
北京市十月印刷有限公司印刷
ISBN 978-7-100-21271-7

2023 年 6 月第 1 版   开本 710×1000 1/16
2023 年 6 月北京第 1 次印刷   印张 23½
定价:116.00 元

陈嘉映著译作品集